Le pilotage opérationnel de l'entreprise

Comment déployer la stratégie sur le terrain

Éditions d'Organisation
1, rue Thénard
75240 Paris Cedex 05

Consultez notre site:
www.editions-organisation.com

Du même auteur:

Avant l'an 2000, ouvrages épuisés :
• *L'économie mondiale de l'ordinateur*, Éditions du Seuil
• *Progrès techniques et stratégie industrielle*, Éditions Économie et humanisme
• *Pour définir une stratégie industrielle*, Documentation française

Contact auteur:

treille.jm@wanadoo.fr

© Éditions d'Organisation, 2004

ISBN: 2-7081-3083-8

Jean-Michel Treille

Le pilotage opérationnel de l'entreprise

Comment déployer la stratégie sur le terrain

Éditions
d'Organisation

Sommaire

Chapitre 6 – Le pilotage réactif, coordonné de l'entreprise

Introduction

Le nouveau contexte international, la crise latente de la société de consommation automatisée et mondialisée, remettent en question le développement régulier des marchés, la croissance des entreprises sans rigueur excessive de gestion, l'«argent facile» pour leurs actionnaires.

L'effondrement de groupes, qui n'étaient de fait que des colosses aux pieds d'argile, l'historique douloureux puis la disparition de multiples grandes, moyennes ou petites entreprises (plusieurs fois rachetées, réorganisées), confirment les dégâts économiques et sociaux de la «dictature» des rendements financiers, des politiques de résultats immédiats, menées à n'importe quel prix.

Les entreprises connaissent aussi de profondes transformations dans leur mode de fonctionnement. Toutes leurs fonctions (marketing, commercial, service après-vente, production, transactions d'affaires et de banque) sont automatisées, ou en voie de l'être, pour diminuer les coûts, réduire les délais, améliorer les produits et les services... En moins d'une dizaine d'années des personnels de tous âges, de tous niveaux, se sont adaptés à l'ordinateur, ont assimilé des procédures de travail désormais incontournables, ont découvert, sinon subi, les exigences de la rentabilité.

Mais là encore de nouvelles préoccupations apparaissent dès qu'il s'agit d'être réactif aux turbulences, aux compétitions externes, de coordonner des tâches de plus en plus parcellisées par filière de produits ou de services, d'optimiser les performances opérationnelles, en bref, de piloter l'ensemble complexe que devient rapidement l'entreprise.

Ceci expliquant cela, une «redécouverte» des vraies valeurs et des facteurs de développement de l'entreprise semble s'effectuer. Elle ne privilégie plus l'approche financière, mais indique des priorités, des contraintes de temps pour l'exécution de toute stratégie et le retour du capital investi. Elle remet l'accent sur le professionnalisme, la maîtrise des métiers et leur coordination sur les objectifs marchés clients.

Encore faut-il que les informations, les procédures, les instruments du «gouvernement» de l'entreprise soient au diapason de nouvelles exigences de pilotage et de management.

Pour mettre en évidence des principes et des réponses simples, nous pouvons prendre l'exemple du pilotage d'un avion. Piloter, c'est :

- choisir une destination, c'est-à-dire un objectif, après avoir évalué l'environnement et anticipé ses évolutions ;
- définir le chemin à parcourir à partir du point de départ ;
- estimer des étapes, des temps, des performances de parcours ;
- mobiliser et préparer en conséquence les «ressources» utiles, notamment l'avion, l'équipage et les consommables.

Quel que soit le parcours à effectuer, les caractéristiques de leur appareil, tous les pilotes se réfèrent aux même logiques de base pour :

- préparer les plans de vol, prévoir les performances et les ressources ;
- relever périodiquement leurs positions, estimer les écarts par rapport au chemin prévu.
- interpréter les informations de suivi du vol, captées dans différents systèmes de gestion, dont ils disposent sur des tableaux de bord.

Bien sûr, l'entreprise n'est pas un avion. Il n'y a pas un mais plusieurs objectifs, car il faut approcher, travailler, servir plusieurs marchés avec des lignes de produits adaptées.

Les pilotes et les équipages sont multiples : direction générale, direction des *business units*, responsables du développement, des réseaux commerciaux, de la production, des finances, des ressources humaines, de l'informatique, etc. Ils sont souvent répartis dans plusieurs pays. Les dirigeants, les cadres (les uns ingénieurs, les autres commerciaux ou financiers, les troisièmes formés sur le terrain), etc., ne viennent pas des mêmes «écoles de pilotage». Selon leur métier, leur formation, ils se réfèrent à des horizons, à des langages techniques, à des lectures de l'entreprise, à des modes de gestion différents.

Le choix des objectifs, la planification et la régulation de l'entreprise ne sont pas simples. Il faut conjuguer :

- des anticipations du futur, des risques à moyen long terme avec les attentes, les impatiences des actionnaires, les réalités financières et opérationnelles ;
- des décisions sur la conquête de nouveaux marchés, la mobilisation des financements, le développement des produits, qui portent sur plusieurs années ;
- les contraintes de gestion des personnels, des moyens d'exploitation, selon diverses réglementations locales, nationales et internationales ;
- les aléas, les incertitudes de terrain.

Cela tout en garantissant la sécurité et, bien sûr, le rendement élevé du capital investi.

En bref, l'entreprise doit transformer des incertitudes de toute dimension en certitudes, à la fois pour les banquiers, les administrations et les personnels.

Certes, beaucoup d'entreprises se sont organisées en conséquence, avec :

- des hiérarchies verticales, responsables de la gestion et des performances opérationnelles par fonction (commerciale, de production développement, etc.) ;
- des hiérarchies transversales, par exemple, responsables de petites ou moyennes entreprises, états-majors de *business unit*, chefs de produits, qui élaborent et coordonnent des politiques par marché.

Le contrôle de gestion s'est développé, les comptes sont désormais normés, découpés par produit, par centre de responsabilité (ou de coûts). Des entrepôts de données, les info-centres, où toute donnée de gestion est supposée accessible, ont été mis en place, après de lourds investissements informatiques, etc.

Souvent, ces évolutions ne sont pas suffisantes.

Il faut revenir à une évidence qui a souvent été négligée, à savoir que l'entreprise n'est pas seulement un capital, un rendement, une organisation, des informatiques, mais aussi un ensemble de personnes, mobilisées pour travailler en communauté sur les mêmes objectifs, et dans les meilleures conditions.

Les capacités de réflexion, de manœuvre de toute entreprise, sa rentabilité, ses performances, ses compétences sont donc celles de ses responsables, de l'encadrement intermédiaire, de ses personnels de base.

Dès lors, un pilotage réactif, simple parce que non centralisé, et surtout intelligent, des situations des décisions à prendre à tel ou tel niveau, ne peut être que celui de l'entreprise, réseau d'entreprises particulières.

Chaque entreprise particulière, c'est-à-dire tout centre de responsabilité, applique les principes et les logiques du pilotage. Elle dispose des informations des instruments de **son** pilotage, avec la formation nécessaire pour partager et assumer, dans son domaine, les enjeux, les objectifs, les exigences de performance et les résultats de l'entreprise.

L'emploi d'outils de Bureautique, tableur ou autres, de plus en plus simples à utiliser, permet de gérer efficacement, et à moindre coût, le système de pilotage, les échanges d'information entre pilotes, et de moderniser ainsi le gouvernement et le fonctionnement de l'entreprise.

Ce livre présente la démarche correspondante (méthode initialement mise au point dans le cadre du GAPSET, Centre d'Enseignement Supérieur des Affaires de Jouy-en-Josas) et ses conditions pratiques d'application, validée par l'expérience de nombreuses interventions pour des entreprises de quelques dizaines à plusieurs dizaines de milliers de personnes, dans divers secteurs d'activité et différents pays.

Trois séries de questions sont prises en compte.

Dans la **partie 1** : que signifie piloter sur objectif? Comment piloter efficacement l'entreprise et ses centres sur des objectifs de marchés et de performance interne? Quelles sont les exigences d'une telle approche?

Dans la **partie 2** : quelles sont les informations et les logiques de pilotage de tout centre de responsabilité, quelle que soit son activité, de toute entreprise, quels que soient ses dimensions et le nombre de ses centres de responsabilités?

Dans la **partie 3** : comment faire fonctionner le système de pilotage de l'entreprise, réseau d'entreprises particulières, avec des outils de Bureautique ? Puis comment préparer ses stratégies, comment piloter sur objectif ses plans et l'action de ses centres ?

Ce qui est proposé ici avec des exemples concrets et des commentaires d'expérience, c'est un **modèle** de management et ses **règles** d'application.

Un modèle fixe par principe une **exigence** et des normes de travail pour **atteindre un but**. Chacun pourra donc s'y référer et prendre ce qui peut lui être utile, selon ses formations, ses préoccupations, ses responsabilités, pour :

- organiser, lire et utiliser les indicateurs de pilotage, dont les indicateurs de performance ;
- construire les nomenclatures de pilotage de l'entreprise et de chacun de ses centres ;
- mettre en service le système de pilotage de l'entreprise, en partant de ses situations de gestion, avec la reprise de l'existant ;
- faire fonctionner une Bureautique de pilotage, pour gérer les informations et les instruments de chaque pilote, poste individuel pour une petite entreprise, «réseau» de postes pour des entreprises plus importantes ;
- de la stratégie à l'action, appliquer les logiques et méthodes de préparation des choix stratégiques, des plans sur objectif et des suivis de cheminement ;
- pratiquer un pilotage intégré et réactif à tous les niveaux de l'entreprise ;
- moderniser son gouvernement, la participation de ses femmes et de ses hommes.

Partie 1

Comment piloter l'entreprise?

Objectif : les exigences de base
du pilotage sur objectif,
les responsabilités à promouvoir
au sein de l'entreprise.

Chapitre 1

Besoins et exigences de pilotage

L'entreprise, un ensemble complexe

L'organisation de l'entreprise est rapidement complexe, dès qu'elle dépasse quelques dizaines de personnes. Pour mettre en évidence toutes les dimensions de cette complexité, prenons le cas d'une entreprise déjà importante, réalisant un chiffre d'affaires de quelques centaines de millions d'euros, réparti entre la France et l'étranger.

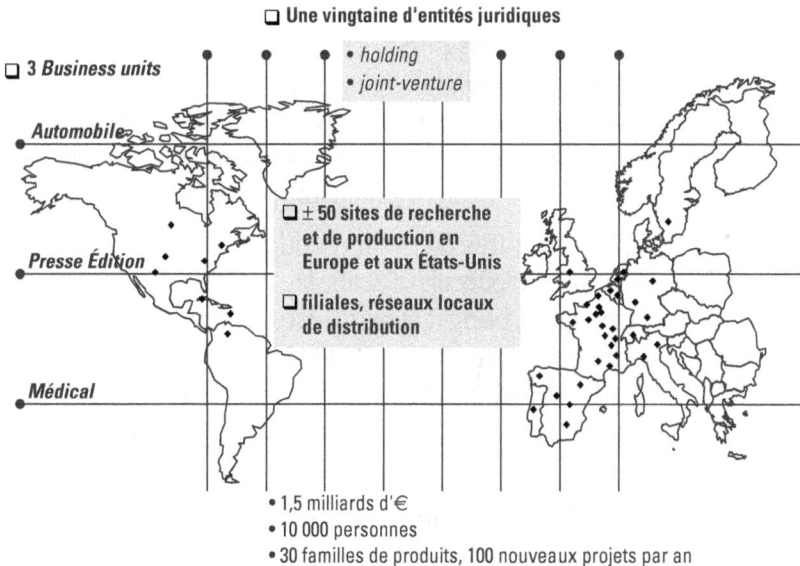

❏ Une vingtaine d'entités juridiques

❏ 3 *Business units*

• holding
• joint-venture

Automobile

❏ ± 50 sites de recherche et de production en Europe et aux États-Unis

❏ filiales, réseaux locaux de distribution

Presse Édition

Médical

• 1,5 milliards d'€
• 10 000 personnes
• 30 familles de produits, 100 nouveaux projets par an

Schéma 1.1
L'entreprise : un ensemble complexe

Son organisation est marquée par deux préoccupations principales :

- **réduire le coût des produits et des services,** optimiser l'emploi des ressources par l'automatisation et la taylorisation des tâches. Cette évolution, engagée sous la responsabilité des hiérarchies verticales, a pour corollaire la concentration des moyens, leur localisation là où les conditions économiques sont les plus avantageuses, des politiques d'externalisation au profit des prestataires les plus compétitifs;
- **coordonner les forces de l'entreprise sur les objectifs marchés produits.** Cette exigence se traduit par la mise en place de hiérarchies transversales (*business units,* directions centrales, des achats, des politiques de qualité, contrôle de gestion, etc.).

L'ensemble de base est constitué d'une cinquantaine de centres de responsabilité :

- des **centres opérations,** qui ont en charge les opérations directement liées aux produits, tels les centres de recherche et développement, les centres de production, les réseaux commerciaux;
- des **centres support,** qui délivrent des prestations au sein de l'entreprise (informatique, finances, comptabilité, ressources humaines, services généraux, etc.).

Ces centres sont localisés dans plusieurs pays en fonction des historiques, des proximités de marchés, des répartitions géographiques d'activité déterminées par les coûts, des avantages des pays d'accueil. Chaque centre appartient à une structure juridique, parfois en *joint-venture* avec une entreprise locale. Il est en lui-même un «petit monde» :

- il regroupe des centres de gestion budgétaires, comptables, des unités de gestion d'effectifs, d'actifs, etc., définis par les directions centrales, finances, budget et ressources humaines, par référence à des principes d'organisation générale de l'entreprise;
- il affiche une organisation hiérarchique interne, avec des directions, des départements et des services à vocation verticale ou transversale.

Trois *business units* (presse édition, équipements automobiles, médical; dont les exemples sont repris dans les différents chapitres) sont responsables des stratégies et des développements par marché. Leurs activités commerciales, par grande région et par pays, relèvent de réseaux de vente directe, de filiales locales, d'accords avec divers partenaires, etc. Ces *business units* disposent d'états-majors particuliers, les **centres coordinateurs**, responsables des plans **marchés produits** et de la coordination de tout ou partie de l'activité des centres opération (développement, production, etc.) sur les objectifs de *business unit*.

Une société holding centrale, des filiales de gestion des activités et des intérêts locaux dans les pays où l'entreprise est traditionnellement implantée complètent ce dispositif.

En conséquence, un centre de responsabilité, centre opération ou centre support, est sollicité par **plusieurs** hiérarchies verticales ou transversales :

- la direction à laquelle il appartient, en relation avec son activité (développement, commerce, industrie, finances, etc.) ;
- les *business units* dont il est l'un des fournisseurs pour les produits en exploitation ; les chefs de projet produits qui coordonnent, par *business unit*, les programmes de développement, les lancements de nouveaux produits ;
- les directions centrales de l'entreprise, ou des filiales locales dont il relève, pour les finances, les budgets, les normes de contrôle de gestion, les opérations bancaires, la trésorerie, etc.
- la direction locale des ressources humaines, par exemple, pour les recrutements, la gestion des personnels permanents ou intérimaires, selon les législations des pays, la direction des ressources humaines de l'ensemble de l'entreprise, entre autres pour les plans d'effectif, les politiques de rémunération, les stratégies de formation ;
- divers départements services de l'entreprise ou de ses filiales en charge des investissements (selon les actifs concernés, les montants et les modes de financement), ou des systèmes d'information, des projets informatiques, des politiques de qualité, ou bien de la performance achat (achats coordonnés, selon les cas, par pays, par grande région, pour optimiser les consommations et les stocks, négocier au mieux les contrats fournisseurs) ;
- etc.

N'oublions pas non plus les **transactions internes** entre centres d'un même métier, entre centres de métiers différents, du fait de la spécialisation et de la répartition géographique des tâches. Dans tous les cas, selon ses activités, chaque centre est en position :

- soit de client ou de coordinateur, vis-à-vis des autres centres, c'est le cas d'une *business unit* ou d'une direction des achats ;
- soit de fournisseur de contributions ou de prestations intermédiaires internes, c'est le cas des centres opération, vis-à-vis des *business units*, ou des centres support, vis-à-vis des autres centres de l'entreprise.

Chaque centre opère donc au sein d'un réseau de travail plus ou moins complexe, selon les dimensions, l'organisation et la diversité des activités de l'entreprise.

Pour preuve, une société de matériel médical réalisant un chiffre d'affaires de 15 millions d'euros, avec une centaine de salariés, est elle aussi une organisation complexe qui associe plusieurs centres de responsabilité et plusieurs hiérarchies verticales et transversales :

- le directeur industriel en charge, dans le cas d'exemple, de trois unités de production et d'assemblage, dont l'une est située en Tunisie ;
- le responsable logistique, pour les approvisionnements et les expéditions ;
- plusieurs chefs de produits responsables d'objectifs de marchés, du choix de nouveaux produits, des politiques de prix ;
- le responsable export avec des relais locaux dans plusieurs pays ;
- le responsable de l'administration des ventes pour les clients du public, les clients privés et les grands comptes ;
- le secrétaire général, pour les services généraux et les ressources humaines, la comptabilité, etc. ;
- plusieurs sociétés juridiques, la principale établie en France, les autres dans les principaux pays d'exportation.
- plus les actionnaires familiaux, la direction générale et le contrôleur de gestion.

Cette société, à son échelle, est confrontée aux exigences de réduction de coût, de coordination par ligne de produits, de synthèse des activités par pays, par centre de responsabilité, par structure juridique, etc.

Les difficultés du pilotage

Que dire enfin de la complexité de ces nouveaux mastodontes, tels qu'on n'en a jamais connu, résultats de multiples fusions et réorganisations, rassemblant des dizaines, des centaines de milliers de personnes de nationalités, de cultures différentes?

Mr Dupont, cadre du site de Bayonne, doit désormais servir de façon efficace les objectifs de la division industrielle d'un groupe dont l'état-major européen est à Amsterdam. Le site de Bayonne est devenu, il y a quelques mois, l'une des unités d'un dispositif complexe de production répartie entre les États-Unis, l'Europe et l'Asie.

C'est le troisième changement de propriétaire en dix ans. Chacun d'entre eux, avec des organisations et des priorités différentes, s'attachait aux même objectifs : prendre des marchés et réduire les coûts. Sur ce dernier point, sous des formulations variables, les conséquences étaient toujours les mêmes pour le site de Bayonne :

- renforcer sa spécialisation comme pôle de compétence pour des composants électroniques destinés au secteur automobile;
- normaliser ses processus de travail, ses systèmes de gestion pour l'intégrer dans un ensemble industriel comprenant plusieurs sites «pôle de compétence»;
- délocaliser certaines des opérations de production dans des pays à faibles coûts;
- travailler à flux tendus;
- optimiser les achats externes et les cessions internes.

Quelles que soient l'organisation et les priorités, qu'il s'agisse du site de Bayonne, des centres de recherche, de la logistique, des réseaux commerciaux, etc., les problèmes de pilotage qui se posaient à tout nouveau propriétaire étaient identiques :

- comment décliner clairement les objectifs de l'entreprise au niveau des centres de responsabilité, avoir la garantie de leur réalisation dans les meilleures conditions?
- comment organiser, coordonner, des relations transparentes entre des centres d'historiques et d'origines divers (du fait des rachats, des ventes, des réorganisations), les relations de ces centres avec les états-majors de l'entreprise?

⊛ comment faire en sorte que Mr Dupont et ses collègues comprennent les enjeux, s'approprient le nouveau projet d'entreprise, soient placés en position de responsabilité?

Ces questions se posent directement ou indirectement à toutes les
entreprises, à partir du moment où elles s'interrogent objectivement sur :

⊛ les différences de lecture, d'interprétation des objectifs, des
priorités de l'entreprise, selon les niveaux de responsabilité et
les échelons de travail ;

⊛ la difficulté à mesurer ou non, de façon transparente, les contributions et les performances des uns et des autres par rapport aux objectifs ;

⊛ le coût interne et l'efficacité des dispositifs de coordination
transversale ou verticale ;

⊛ l'évolution des responsabilités de terrain et de leurs conditions
d'exercice ;

⊛ le pourquoi du fatalisme, de la démotivation, de la «versatilité»
des personnels, sans cesse sollicités par de nouveaux dis-
cours, de nouvelles promesses, de nouvelles organisations et
de nouveaux plans de modernisation.

Que signifie piloter sur objectif ?

De même que les principes et les méthodes de pilotage d'un avion sont
les mêmes, quel que soit l'avion et les parcours qu'il effectue, les principes et les méthodes à appliquer pour piloter des entreprises publiques ou privées sont uniques et identiques, quelles que soient leurs
dimensions et leurs activités. Cette remarque s'applique aussi aux
administrations et aux collectivités territoriales, avec la prise en compte
de leurs objectifs spécifiques.

Piloter, c'est en effet :

⊛ **regarder devant soi,** évaluer, anticiper les environnements
généraux, économiques, financiers et techniques de l'entreprise, les marchés, le comportement des clients, l'évolution des
concurrents et des fournisseurs ;

- **situer les opportunités de développement**, les enjeux qui en résultent pour l'entreprise ;
- **choisir des objectifs** à atteindre, en fonction des ambitions de l'entreprise, de ses capacités (fonction planification stratégique voir [1] du schéma 1.2) ;
- **définir les plans** qui indiquent comment atteindre les objectifs opérationnels, plans marchés produits des centres coordinateurs, plans des contributions des centres opération, plans des centres support qui mobilisent les ressources nécessaires (fonction planification opérationnelle [2]). Ces plans mettent en évidence les chemins à parcourir, les étapes intermédiaires, les hypothèses de performances, les ressources nécessaires ;
- **mesurer périodiquement**, les écarts constatés par rapport aux chemins prévus, mettre en évidence leurs causes, prendre les décisions utiles, en revenant sur les hypothèses de travail prises en compte dans les plans initiaux, voire les choix d'objectifs (fonction navigation sur objectif [3]).

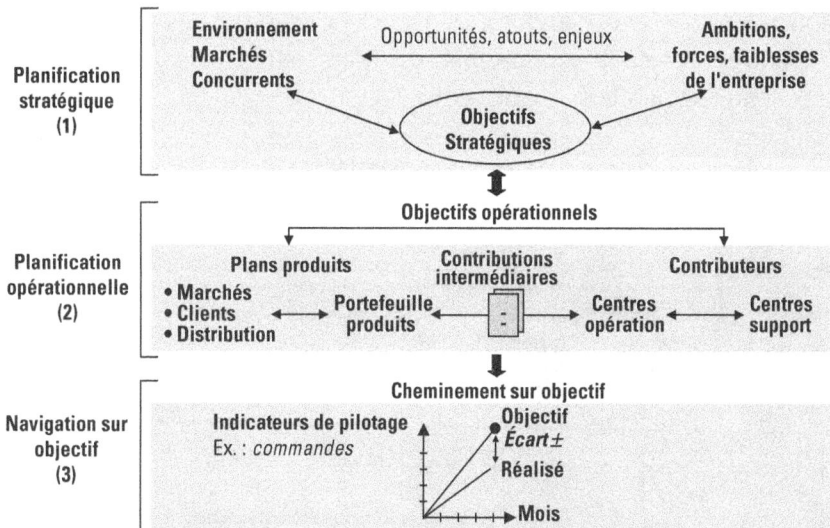

Schéma 1.2
Les fonctions du pilotage sur objectif

Le pilotage est efficace et réactif lorsque tout événement relatif aux objectifs stratégiques ou opérationnels, à leur réalisation est «**tracé**» dans ses préalables ou dans ses conséquences à tous les niveaux de l'entreprise appelés à décider, à agir. Ces événements sont de nature diverse, ce peut être :

- une évolution des marchés, des comportements clients;
- l'apparition d'une nouvelle technologie ou d'un nouveau concurrent;
- l'acquisition d'une société et la prise en charge de ses contributions;
- une modification de la politique de prix des produits;
- des décalages dans les prises de commande;
- des difficultés d'approvisionnement auprès des fournisseurs;
- etc.

Baliser la chaîne marchés produits, contributions, centres contributeurs

Le schéma ci-dessous présente les relations à maîtriser pour aller des objectifs marchés produits aux objectifs de contributions, puis aux ressources (ou vice-versa). Il met en évidence les centres contributeurs impliqués: des centres coordinateurs (par exemple, les *business units)* aux centres opération et aux centres support.

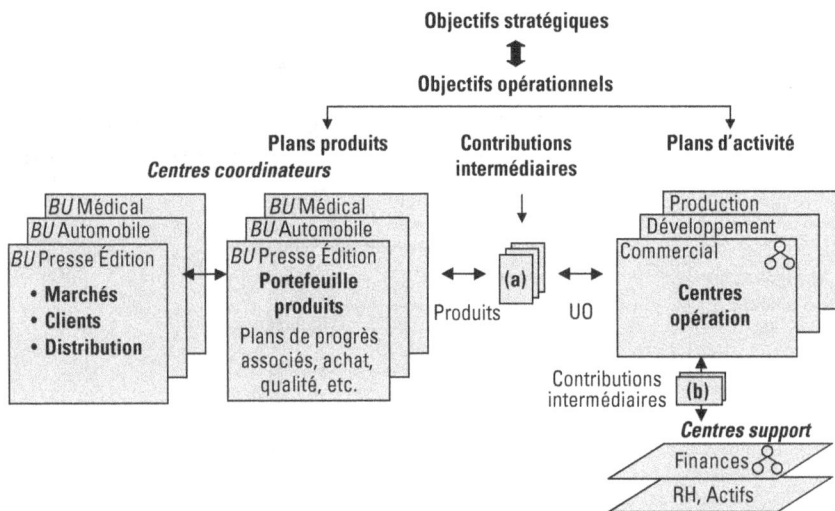

Schéma 1.3
La chaîne à piloter marchés, produits, contributions, contributeurs

Le schéma de référence montre que deux groupes d'information de pilotage sont à considérer et à conjuguer :

- d'une part, les informations sur les marchés, les produits ;
- d'autre part, les informations sur les contributions intermédiaires des centres opération (a) et des centres support (b).

Ce schéma montre aussi, de gauche à droite, que la chaîne de travail se **ramifie** dans toute l'entreprise, avec l'exigence pour la piloter dans son ensemble, de mettre en place et de faire fonctionner des balises, là où il y a des acteurs et des enjeux de performance.

Ces «balises» rassemblent donc les informations de pilotage des responsables de tel ou tel **maillon de la chaîne de travail,** centre coordinateur, opération, support. Les informations de pilotage de chaque centre indiquent ses objectifs, la façon de les atteindre, les ressources à mettre en œuvre (prévisions) avec des relevés périodiques de situation (suivi des réalisés).

Le chaînage des informations des différents centres est assuré par le fait que chacun effectue ses mesures en se référant aux rubriques des nomenclatures de pilotage de l'entreprise qui le concernent. Ces nomenclatures permettent de «descendre» les objectifs globaux marchés produits de l'entreprise, au niveau des centres, sous des vocabulaires qu'ils reconnaissent et, à l'inverse, de «remonter» les réalisés qu'ils déclarent.

Nous reviendrons en détail dans les prochains chapitres sur l'organisation des informations de pilotage et sur la façon de relire les informations de gestion dont disposent les centres sous leurs nomenclatures de travail.

À tous les niveaux, les raisonnements de planification des objectifs aux ressources (ou vice-versa), dont nous expliquerons que les logiques sont identiques quels que soient les centres, sont structurés par l'emploi de modèles de pilotage qui mettent clairement en évidence les hypothèses de travail et de performance.

L'organisation des «balises» garantit le chaînage des raisonnements de planification, des comptes de pilotage et des tableaux de bord de navigation associés du «général» (gauche du schéma) au particulier (droite du schéma).

Les «balises» fonctionnent sur des postes de Bureautique de pilotage avec une circulation périodique, ordonnée, des informations de pilotage entre postes. La chaîne de travail est donc réactive à tout événement externe ou interne.

Mais avant de nous intéresser à l'organisation et au fonctionnement du système de pilotage, nous allons l'introduire en présentant :

- le compte produits de l'entreprise;
- les comptes des centres qui contribuent au développement, à l'exploitation des produits (avant d'expliquer en fin de chapitre pourquoi les centres contributeurs doivent être des centres de responsabilité) gérés comme des entreprises;
- la façon de chaîner, de façon transparente, le comptes produits et les comptes des centres.

Piloter les produits

À un instant donné, le portefeuille produits de l'entreprise comprend des produits qui en sont à des étapes différentes de développement et d'exploitation, par référence à la courbe de vie d'un produit, rappelée ci-après. Le renouvellement du portefeuille, avec l'offre de nouveaux produits, résulte de ses efforts de recherche et de développement de l'entreprise. Ce renouvellement, en moyenne de l'ordre de 30 % par an, est plus ou moins rapide suivant le secteur d'activité, son niveau d'innovation, la demande potentielle des marchés, les pressions de la concurrence.

Le montant des chiffres d'affaires, la rentabilité du portefeuille produits, évalués sur plusieurs années, indiquent la justesse des choix de l'entreprise.

Les produits

Le terme «produit» utilisé tout au long de l'ouvrage indique tous types de produits, matériels ou immatériels (biens d'équipement et de consommation, composants, infrastructures), et tous types de prestations de service (banque, assurance, informatique, études générales ou spécialisées, distribution, etc.), qui sont les résultats de l'activité de l'entreprise, ou de l'un ou l'autre de ses centres de responsabilité (produits, prestations de services intermédiaires), par rapport à des marchés externes ou internes.

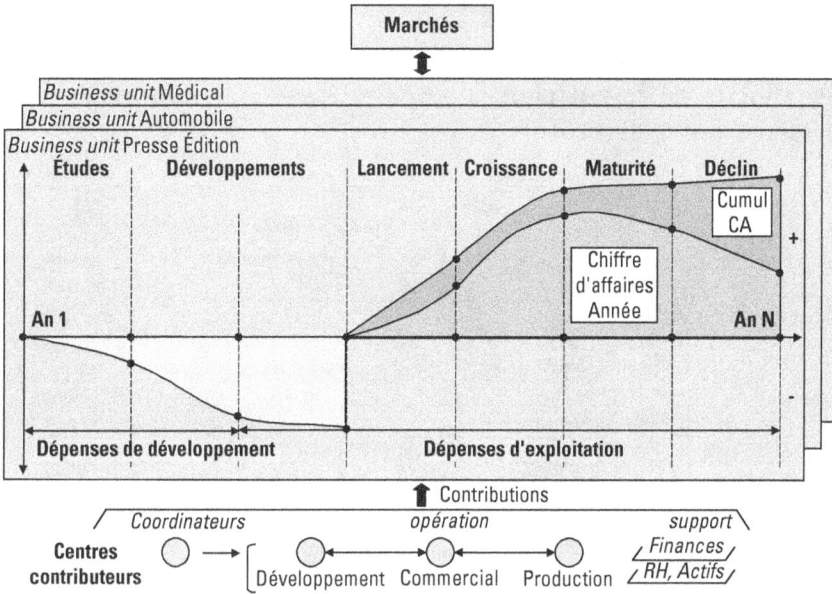

Schéma 1.4
La courbe de vie d'un produit, les centres contributeurs

Le pilotage optimisé des évolutions du portefeuille produits, les choix de développement et de lancement de nouveaux produits s'appuient sur l'emploi du compte de pilotage produits de l'entreprise.

Ce compte de synthèse (voir [1] schéma suivant) oppose sur plusieurs années (cinq ans, par exemple), selon la durée moyenne de vie des produits et le taux de renouvellement du portefeuille :

- les hypothèses de chiffre d'affaires des produits en exploitation, en distinguant plusieurs statuts marketing tels que produits en déclin, à promouvoir ou à lancer, etc.
- les hypothèses de concessions commerciales, en faveur des clients directs, des réseaux de distribution ;
- les prévisions de coûts associés à l'exploitation, au développement du portefeuille produits, soient le coût des contributions des centres concernés (commercial, de développement, de production), ainsi que les prévisions d'achats.

Il indique l'évolution des marges (chiffre d'affaires total moins les concessions commerciales et les coûts de développement et d'exploitation) ainsi que les besoins en fonds de roulement déterminés par les hypothèses de gestion et de financement des stocks, des crédits fournisseurs, des crédits clients, etc.

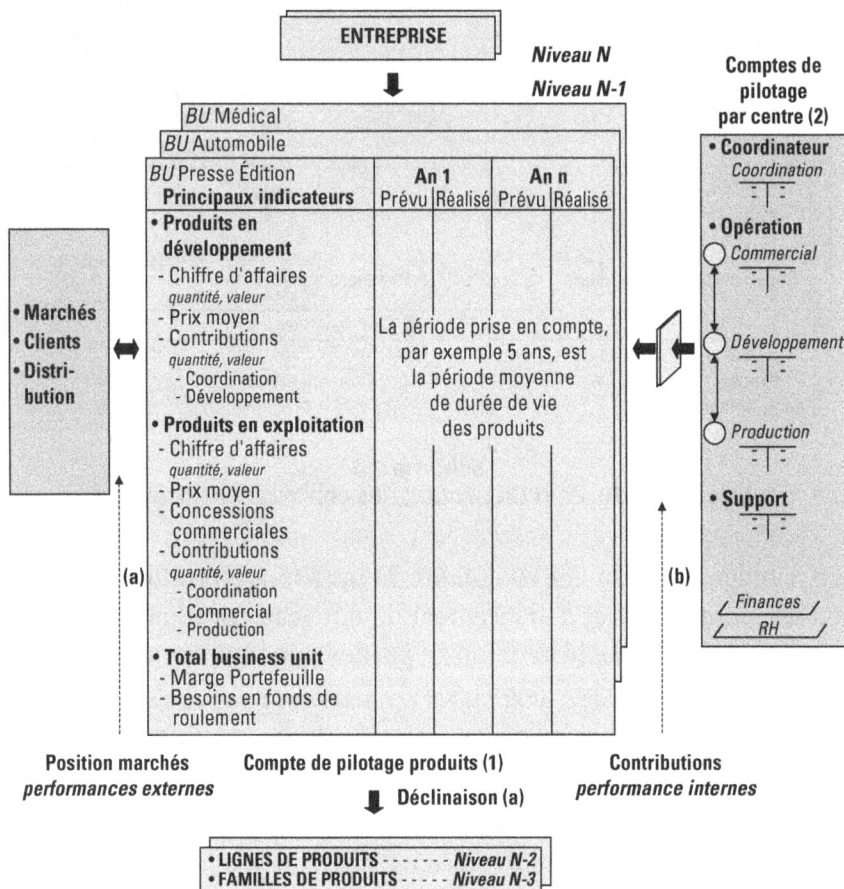

Schéma 1.5
L'organisation du compte de pilotage produits

La planification précise du compte est le résultat des travaux effectués chaque année, pour réviser les prévisions de l'année en cours, établir les prévisions de l'année à venir (voir chapitre 6), en cohérence et en aller-retour avec :

- d'une part, les objectifs d'évolution à moyen et à long terme du portefeuille produits, couplés avec les objectif stratégiques de l'entreprise ;
- d'autre part, la «revue» des produits en exploitation, de leurs performances, à partir des relevés de situation établis tous les mois, avec la mesure des écarts sur les objectifs de l'année et la mise en évidence de leurs causes.

Tout projet de produit est aussi évalué en estimant sa propre rentabilité, sa contribution à la rentabilité du futur portefeuille. Plusieurs méthodes d'évaluation sont utilisées, par exemple : calcul du retour du capital investi, de la valeur ajoutée nette, du taux de rendement interne, etc. Chacune apporte un éclairage particulier pour arbitrer.

Évaluer la rentabilité d'un projet

Calcul du retour sur le capital investi

Le Retour sur le Capital Investi (RCI) est le délai, par exemple 4 ans, qu'il faut pour récupérer le montant du capital investi. Le calcul de ce délai s'appuie sur la construction d'un plan de trésorerie pluriannuel qui indique :

- les «sorties» de trésorerie durant la période d'investissement et d'exploitation ;
- les «entrées» de trésorerie durant la période d'exploitation et, dans des cas particuliers, durant le développement (avances des futurs clients) ;
- les soldes nets de trésorerie mis en évidence par mois, par année, puis cumulés, le taux d'actualisation de ces soldes est, par exemple, les coûts des capitaux investis.

Le capital investi est de «retour» lorsque le solde cumulé actualisé de trésorerie est positif.

Par exemple : un projet de 4 millions d'euros, qui aboutit à une trésorerie actualisée positive au terme de la 4e année d'exploitation, a un RCI de 4 ans.

Calcul de la Valeur Ajoutée Nette (VAN)

La valeur ajoutée nette est le surplus monétaire au terme de l'exploitation du projet après remboursement du capital investi, et rémunération de ce capital à un taux égal au coût des capitaux. Le projet est rentable, si la VAN est positive. Dans ce cas, l'entreprise rembourse et récupère le capital investi, et dispose d'un surplus monétaire.

Calcul du taux de rendement interne

Le taux de rendement interne est le taux d'actualisation pour lequel la VAN est nulle. C'est le coût maximal que les capitaux peuvent supporter.

Nota : le thème de la rentabilité des projets, des capitaux investis est traité dans une abondante littérature. On peut consulter, par exemple, l'excellent ouvrage : *Investissements et Financements* de Jacques MARGERIN et Gérard AUSSET, éd. SEDIFOR.

Notons que, dans beaucoup d'entreprises, les données historiques sur les évolutions des performances du portefeuille produits et les plans produits associés sont souvent difficiles à reconstituer. Les hypothèses de chiffre d'affaires et des dépenses, prises en compte pour justifier le lancement et la rentabilité de nouveaux projets, sont souvent modifiées par la suite, avec la perte, l'oubli volontaire ou non des dossiers initiaux… Enfin, les fusions et les réorganisations successives n'arrangent rien en la matière.

Une démarche de pilotage sur objectif structure les plans produits et mémorise les informations correspondantes, de façon telle que la documentation et l'emploi des comptes de pilotage soient rapidement améliorés.

Le compte de pilotage produits est décliné (a) sur le schéma, selon la nomenclature de **pilotage commercial de l'entreprise**. Cette nomenclature est hiérarchisée du général au particulier, par exemple :

- niveau N, total des produits de l'entreprise ;
- niveau N-1, *business units* ;
- niveau N-2, lignes de produits ;
- niveau N-3, familles de produits ;

D'une entreprise à l'autre, l'emploi de termes spécifiques de la nomenclature peut varier : par exemple, groupe de produits, famille, sous-famille.

L'objectif est de définir des **regroupements** (ici, avec notre vocabulaire par *business unit,* lignes et familles de produits) significatifs d'enjeux de marchés, de clients, de politiques d'innovation et d'investissement.

Les regroupements déjà utilisés sont repérables, entre autres, dans les rapports annuels où les entreprises distinguent leurs principales activités par *business unit,* par ligne de produits, dans les têtes de chapitres des catalogues commerciaux qui présentent les produits de base sous divers types de regroupements (thèmes, segments de clients, etc.).

Des techniques statistiques, des méthodes d'analyse multicritères peuvent être utilisées pour travailler ces regroupements et construire la nomenclature de pilotage commercial, en particulier lorsque les produits de base sont nombreux et très divers. Quelle que soit la sophistication de ces techniques, il est important d'associer les chefs de produits, les commerciaux, les responsables de projets de développement à la définition de la nomenclature de pilotage commercial, en nourrissant leur réflexion par les travaux effectués sur les différents fichiers. C'est la meilleure démarche pour qu'ils établissent les relations utiles entre les principaux objectifs de l'entreprise, définis par *business unit* et par ligne de produits, et leurs objectifs de travail sur le terrain, avec leurs critères et leurs nomenclature particulières de travail.

Construire les regroupements de pilotage commercial, gérer les «mixes»

Le premier niveau de regroupement est dans le cas d'exemple, tableau ci-dessous, la famille de produits, niveau N–3, qui regroupe des **produits de base** du fichier des ventes, niveau N–4.

Les données de pilotage de chaque famille de produits (a), chiffres d'affaires, quantités de produits, etc., sont des agrégats des données relatives aux produits de base qu'elle regroupe (b).

Le prix moyen pour la famille (c) est mis en évidence en divisant les chiffres d'affaires par les quantités (a).

Pour chaque indicateur de pilotage de la famille, par exemple le chiffre d'affaires ou les quantités, la composition du **mixe produits** de la famille est indiquée par le pourcentage que représente chaque produit de base dans les totaux de la famille (d). Ainsi, les tableaux de bord bleus représentent 34,89 % du mixe d'affaires de famille tableau de bord.

Les synthèses par ligne de produits, niveau N-2, à partir des familles, niveau N-3, puis par *business unit*, niveau N-1, à partir des lignes de produits, niveau N-2, sont effectuées selon la même démarche.

Les prévisions de pilotage et les plans sont établis au niveau des regroupements : *business unit*, lignes de produits, familles. Ces prévisions portent sur les quantités, les prix, les chiffres d'affaires.

Les prévisions établies au niveau supérieur, par exemple *business unit*, sont déclinées au niveau inférieur; ici, les lignes de produits, *via* des coefficients prévisionnels de mixe. L'évolution de ces coefficients traduit des choix, des hypothèses d'évolution de la composition du portefeuille produits (entrées, sorties de produits) ou d'un produit (chiffre d'affaires, prix, quantités).

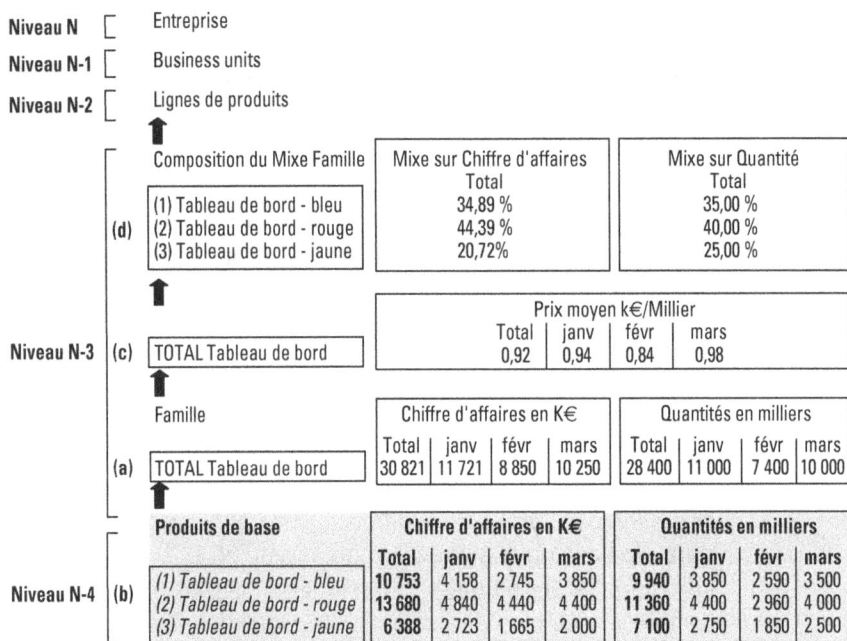

Niveau N [Entreprise

Niveau N-1 [Business units

Niveau N-2 [Lignes de produits

Composition du Mixe Famille	Mixe sur Chiffre d'affaires Total	Mixe sur Quantité Total
(d) (1) Tableau de bord - bleu	34,89 %	35,00 %
(2) Tableau de bord - rouge	44,39 %	40,00 %
(3) Tableau de bord - jaune	20,72%	25,00 %

Niveau N-3 (c)

	Prix moyen k€/Millier			
	Total	janv	févr	mars
TOTAL Tableau de bord	0,92	0,94	0,84	0,98

Famille

	Chiffre d'affaires en K€				Quantités en milliers			
	Total	janv	févr	mars	Total	janv	févr	mars
(a) TOTAL Tableau de bord	30 821	11 721	8 850	10 250	28 400	11 000	7 400	10 000

Niveau N-4 (b)

Produits de base	Chiffre d'affaires en K€				Quantités en milliers			
	Total	janv	févr	mars	Total	janv	févr	mars
(1) Tableau de bord - bleu	10 753	4 158	2 745	3 850	9 940	3 850	2 590	3 500
(2) Tableau de bord - rouge	13 680	4 840	4 440	4 400	11 360	4 400	2 960	4 000
(3) Tableau de bord - jaune	6 388	2 723	1 665	2 000	7 100	2 750	1 850	2 500

Schéma 1.6
**La construction des nomenclatures de pilotage,
regroupements, principe de mixe**

La technique du mixe s'applique à d'autres informations de pilotage, par exemple aux consommations d'unités d'œuvre, d'achats par famille, ligne de produits (voir p. 81).

Relier pilotage des produits et pilotage des centres de responsabilité

Pour construire, ce que nous appellerons tout au long du livre la «**nomenclature de pilotage produits**» de l'entreprise, la nomenclature de pilotage commercial, évoquée ci-dessus (*business unit*, ligne de produits, famille de produits, etc.), est complétée par les nomenclatures de pilotage :

- des marchés, des clients distingués en fonction des enjeux qu'ils représentent et de leurs caractéristiques ;
- des modes de distribution commerciale, mis en place pour accéder aux marchés et aux clients ;
- des contributions intermédiaires des centres de responsabilité (coordinateur, opération, support).

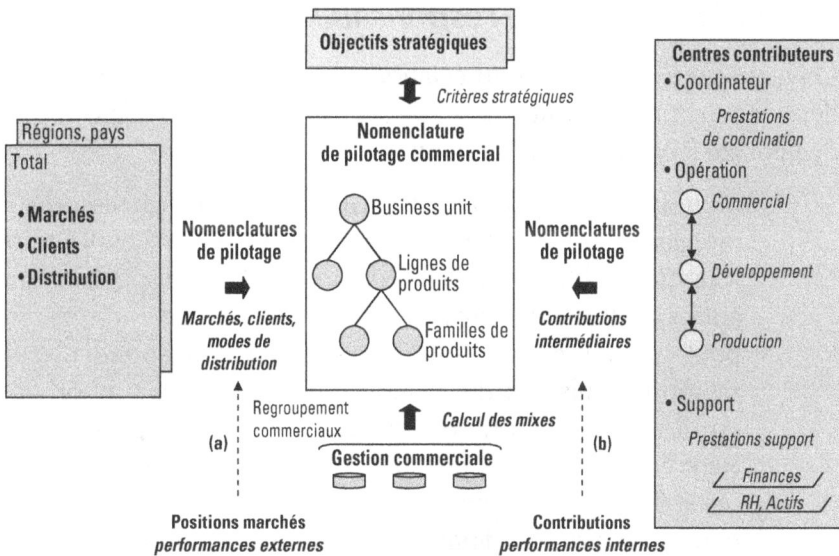

Schéma 1.7
L'organisation de la nomenclature de pilotage produits de l'entreprise

La nomenclature de pilotage produits, dont la méthode de construction est précisée au chapitre 4 (p. 116), est la **colonne vertébrale** du système d'information de pilotage. C'est en effet à cette nomenclature que tous les centres doivent se référer pour mesurer :

◉ les indicateurs qui situent les positions, les performances de l'entreprise sur ses marchés, par rapport à ses clients (chiffre d'affaires, prix, quantités, concessions commerciales) et l'efficacité de ses modes de distribution, c'est-à-dire les **performances externes** de l'entreprise (point a, schéma ci-dessus);

◉ les indicateurs, en valeur, en volume, sur les contributions des centres aux objectifs de l'entreprise et sur leurs performances, c'est-à-dire les **performances internes** de l'entreprise (point [b]).

Cette nomenclature de synthèse, facile à construire, précisée par étapes successives, garantit le chaînage des informations de pilotage **marchés clients, produits commercialisés, contributions intermédiaires, centres contributeurs**, selon les exigences indiquées au schéma 1.3 (p. 10).

Piloter les centres de responsabilité

Chaque centre contributeur (prestations de coordination, commercial, développement, production, prestations support) dispose de comptes de pilotage (voir schéma ci-dessous) :

◉ pour un centre support, les «entrées» sont les ressources mobilisées sur le marché du travail et les marchés fournisseurs, les «sorties» sont les ressources mises à disposition des autres centres et les prestations associées;

◉ pour un centre opération, les «entrées» correspondent aux ressources mises à disposition par des centres support, les «sorties» sont les contributions du centre au compte produits («entrées du compte produits») dont les «sorties» sont les résultats marchés clients;

◉ pour un centre coordinateur, les «entrées» sont les ressources mises à disposition, les «sorties» les prestations qu'il assure, («entrées» du compte produits).

Les informations des comptes sont cohérentes, qu'ils s'agissent de prévisions ou de données sur les réalisations, si les «sorties» des comptes du centre support égalent les «entrées» des comptes opération et si les «sorties» des centres opération et des centres coordinateurs égalent les «entrées» des comptes produits. C'est élémentaire…

Sinon, cela indique qu'il y a des zones d'ombre, dans le pilotage de l'entreprise ; quelque part des ressources, des produits, des coûts mal identifiés, non pris en compte volontairement ou non par les centres, ou des mesures de pilotage, dont les règles varient selon les centres.

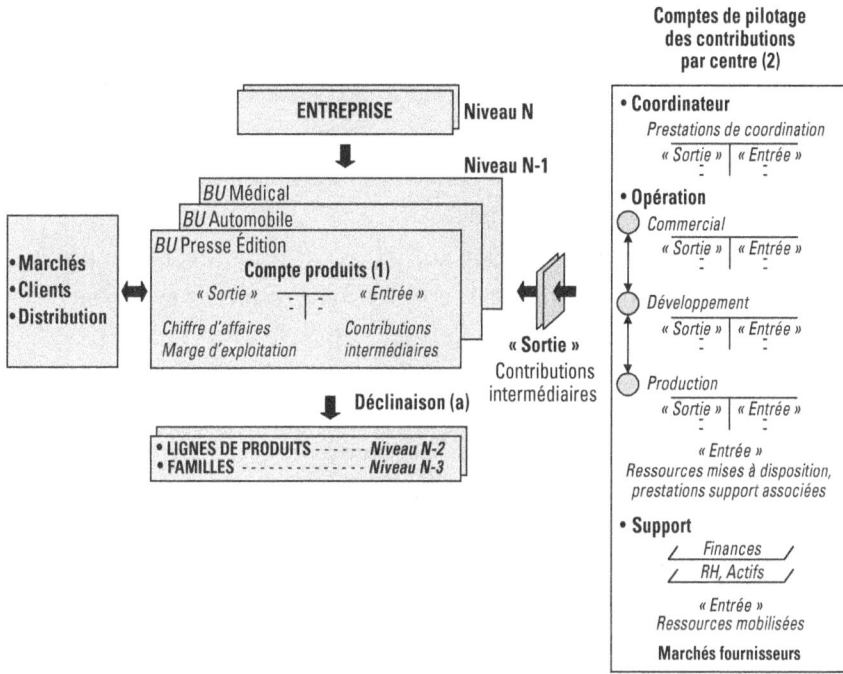

Comptes de pilotage des contributions par centre (2)

Schéma 1.8
La chaîne des comptes marchés, produits, contributions, contributeurs

C'est au niveau des comptes d'un centre de responsabilité que sont mis en évidence et pilotés les indicateurs économiques (valeur ajoutée, prix de revient), ainsi que les ratios de performance opérationnelle. Ces ratios, calculés à partir des informations de pilotage, opposent ce que produit le centre pour servir les objectifs de l'entreprise (valeur, volume) aux ressources (effectifs, actifs) de travail mises à sa disposition.

Le fonctionnement conjoint des comptes produits et des comptes par centre de responsabilité garantit la **cohérence**, la **transparence** et l'exécution rapide de tous les raisonnements de préparation et de suivi des plans avec les allers-retours nécessaires : des objectifs aux ressources, des ressources aux objectifs.

Dans l'entreprise de quelques personnes, il est essentiel de disposer d'un compte de pilotage produits et du compte de pilotage du centre de responsabilité, que représente l'entreprise. Mais ce n'est pas toujours évident.

Dans les entreprises de petite ou moyenne dimension (qui dépassent quelques dizaines de personnes), un pilotage réactif et efficace requiert la conjugaison des comptes de quelques lignes de produits et des comptes de quelques contributeurs, cela devient rapidement compliqué.

Enfin, dans un groupe de grande dimension, avec plusieurs *business units,* des centaines de centres de localisation, de métiers multiples, ce n'est pas évident et c'est compliqué.

L'exemple ci-dessous, qui porte sur des produits industriels, illustre la diversité des informations à rassembler, à lire, pour les synthèses d'un compte de pilotage produits, de même que la diversité des centres impliqués.

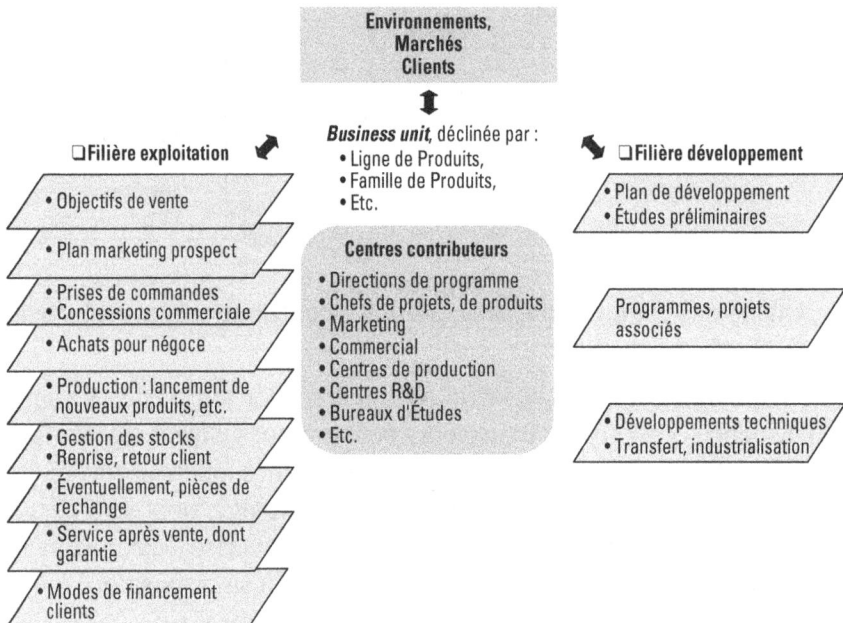

**Environnements,
Marchés
Clients**

Business unit, déclinée par :
• Ligne de Produits,
• Famille de Produits,
• Etc.

❑**Filière exploitation**

• Objectifs de vente

• Plan marketing prospect

• Prises de commandes
• Concessions commerciale

• Achats pour négoce

• Production : lancement de nouveaux produits, etc.

• Gestion des stocks
• Reprise, retour client

• Éventuellement, pièces de rechange

• Service après vente, dont garantie

• Modes de financement clients

Centres contributeurs

• Directions de programme
• Chefs de projets, de produits
• Marketing
• Commercial
• Centres de production
• Centres R&D
• Bureaux d'Études
• Etc.

❑**Filière développement**

• Plan de développement
• Études préliminaires

Programmes, projets associés

• Développements techniques
• Transfert, industrialisation

Schéma 1.9
**Les comptes de pilotage produits,
diversité des informations à rassembler**

Rentabilité, performances de l'entreprise et capacités internes de pilotage

En revenant à quelques observations du début de ce chapitre, notons que chaque centre contributeur est généralement placé sous les objectifs de plusieurs hiérarchies :

- ceux des hiérarchies verticales (direction commerciale, direction du développement, direction industrielle), pour optimiser ses performances opérationnelles, c'est-à-dire **pour bien faire les choses** ;
- ceux des hiérarchies transversales (*business unit*, responsables de plans de progrès), souvent multipliées dans le temps, pour servir les objectifs marchés produits, c'est-à-dire **pour faire les choses qu'il faut.**

Les obligations, les priorités qui sollicitent le centre sont dès lors difficiles à **mettre en cohérence.**

Par ailleurs, les effectifs de l'entreprise répartis dans les centres sont des personnels de différents métiers (marketing, commercial, production, finances, comptabilité, informatique, logistique, etc.). Or, chaque métier a son vocabulaire, ses calendriers, ses techniques de planification, ses systèmes de gestion, ses lectures particulières de l'entreprise. Le financier, le comptable ne lisent pas l'entreprise (ses objectifs, ses réalisations) comme les producteurs ou les commerciaux. Le personnel de base, l'encadrement intermédiaire, les états-majors ne sont pas toujours sur la même longueur d'onde. De plus, les contextes, les pratiques, les conditions d'application des procédures différent, selon que les personnes travaillent dans une structure française, espagnole, allemande, arabe ou américaine.

Tout cela s'oppose à la **transparence** requise pour le pilotage de la chaîne marchés produits, contributions intermédiaires.

Face à ces problèmes, la tendance est généralement :

- de centraliser les fonctions de planification et de contrôle au niveau d'états-majors verticaux ou transversaux, entre lesquels les relations ne sont pas toujours évidentes ;

- d'unifier et intégrer les processus opérationnels et les systèmes de gestion de base, c'est long, avec beaucoup d'efforts ;
- de regrouper à grand prix des millions d'informations de gestion dans des info-centres (entrepôts de données, *data-warehouse*) pour faciliter les synthèses et les contrôles. Cette remarque ne met pas en question l'utilité des info-centres, mais certains de leurs emplois. Elle est précisée p. 212.

Mais les planifications et les contrôles centralisés, confrontés à la complexité du système à piloter, s'alourdissent rapidement et consomment du temps et de l'énergie à tous les échelons. Compte tenu des circuits de communication et des volumes d'information, ils sont en déphasage permanent par rapport aux situations de terrain, à moins de réduire le pilotage central à quelques synthèses financières, sans prise sur l'opérationnel. Enfin, ils détériorent l'exercice des responsabilités, en particulier au niveau des centres contributeurs (opération, support), qui disposent des ressources de l'entreprise, mais qui sont de plus en plus cadrés, sollicités et contrôlés par les diverses hiérarchies et de moins en moins motivés.

De fait, les performances et la réactivité de l'entreprise sont liées à la capacité de ses états-majors, de ses départements, services, entités opérationnelles et de leurs personnels à agir en entrepreneurs, à **se piloter sur objectif et à se coordonner entre eux.**

Rentabilité, Performances	Centres de responsabilité	Capacités de pilotage
Performance produits par rapport aux marchés et aux concurrents	Dirigeants (1)	❏ **Capacité de pilotage stratégique et opérationnel :** • justesse et qualité des anticipations moyen et long terme, marchés, comportements clients concurrence, technologies ; • pertinence des axes de développement ; • pilotage du portefeuille produits.
Maîtrise, optimisation des filières de contributions sur objectif	États-majors de coordination (2)	❏ **Capacité de pilotage transversal de contributions :** • par *business unit*, par exemple, plan produits, plan de développement, plans d'exploitation, déclinés par contributeur et par métier; • par thème de progrès, (achat, qualité, progrès production, etc.).
Performance des contributeurs	Centres opération (3) Centres support (4)	❏ **Capacité de pilotage vertical :** • par métier (marketing, commercial, production, développement, etc.) ; • par groupe de contributeurs ou par contributeur (usines, groupe d'usines, agences, réseau d'agences, centres de recherches, centres logistiques, département RH, direction financière, etc.) Avec, à la base, la maîtrise des processus opérationnels (gestion des vente, de production, logistique, etc.) ou support (gestion informatique, des RH, des finances, etc.).

Schéma 1.10
La rentabilité, les performances, les capacités internes de pilotage

Comme le rappelle le schéma ci-dessus, les performances et la réactivité de l'entreprise dépendent de la capacité :

- de ses dirigeants (1) à évaluer, à anticiper des environnements et des marchés, à identifier les opportunités de développement, à élaborer et à promouvoir les bonnes stratégies, à piloter en conséquence les évolutions du portefeuille produits, les investissements, etc.;
- des responsables des centres coordinateurs (2), *business unit*, plans de progrès, etc., à piloter les contributions des centres opération, avec la préparation et la coordination des plans correspondants (de développement, de promotion, de distribution, commercial, de production);
- des responsables des centres opération (3) de divers métiers (développement, commercial, production); chacun étant sollicité par une ou plusieurs *business units*, pour une ou plusieurs lignes ou familles de produits, à utiliser au mieux les ressources (ressources humaines, actifs de travail, budgets), mises à leur disposition;

- des responsables des centres support (4), finances, budget, ressources humaines, systèmes d'information, services généraux, etc., à mobiliser et à préparer efficacement les ressources (personnels, bâtiments, actifs de travail, budget, etc.), mises à disposition des centres, y compris eux-mêmes, et à assurer les prestations support associées.

Toute défaillance de pilotage, au niveau de l'un des acteurs, a des conséquences sur le travail des autres et obère la rentabilité globale :

- quelle est l'efficacité de plans visant à conquérir de nouveaux marchés, si les ressources utiles ne sont pas disponibles?
- à quoi sert-il d'avoir un service commercial très performant, si la production, les services après-vente ne suivent pas?
- etc.

Promouvoir le réseau d'entreprises particulières

La rentabilité et les performances de l'entreprise requièrent donc que ses dirigeants et ses personnels se pilotent sur objectif, en exerçant pleinement leurs responsabilités.

Cette démarche est cohérente avec le fait que, d'une façon ou d'une autre, dans le dispositif complexe qui a été évoqué, chaque centre est client ou fournisseur d'autres centres ou de clients externes. Il est donc fondamental qu'il :

- soit considéré et géré comme une **entreprise particulière**, responsable de l'emploi des ressources mises à sa disposition (personnels, bâtiments, actifs de travail, budgets) et de ses résultats, mesurés par ses contributions aux objectifs de l'entreprise;
- dispose, en conséquence, des informations et des instruments de pilotage utiles pour établir les «plans de vol», naviguer sur objectif, échanger les informations nécessaires avec les autres centres et les diverses hiérarchies verticales ou transversales.

Ainsi, l'entreprise est un **réseau d'entreprises particulières,** qui sont à la fois **spécifiques** par leurs contributions, leurs enjeux de performance et leurs métiers, mais aussi **solidaires** par le partage d'un projet d'entreprise et d'objectifs communs.

Les informations de pilotage sont réparties entre ces entreprises particulières, en adéquation avec leur domaine de **responsabilité.** La cohérence, la coordination de leurs plans et de leurs navigations sur objectif sont garanties par la référence aux nomenclatures, aux logiques et aux procédures de pilotage de l'entreprise et par des échanges structurés d'information entre «pilotes».

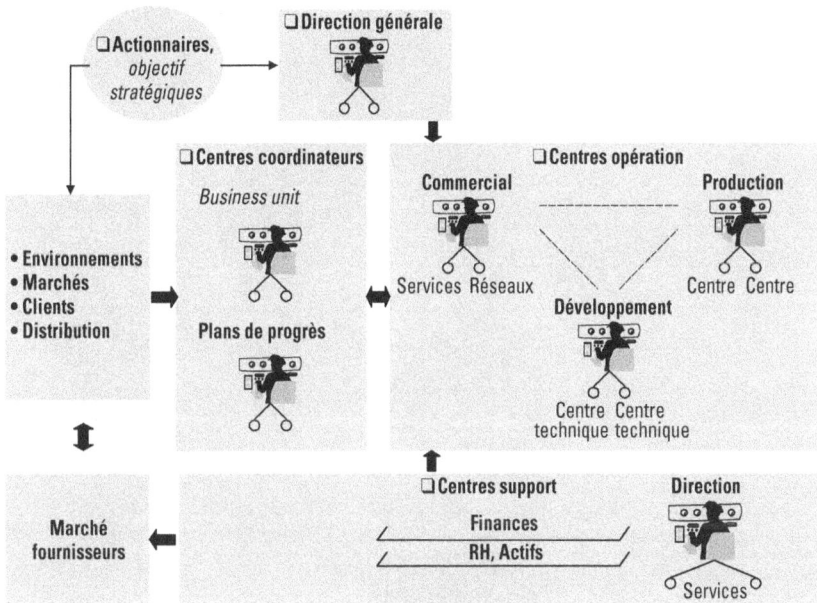

Schéma 1.11
Le réseau des pilotes

Engager une démarche de progrès

Les chapitres suivants indiquent la démarche, la méthode à appliquer pour :

- organiser, gérer les informations et les instruments de pilotage, en prenant en compte les calculs, les logiques de base du pilotage ;

- faire fonctionner le système de pilotage, réparti sur un ou plusieurs postes de Bureautique;
- préparer la stratégie de l'entreprise et piloter sur objectif les plans et l'action de ses centres de responsabilité.

Ces logiques, les raisonnements et les règles de travail associées ne peuvent pas être imposés. L'entreprise doit se les approprier par des actions et des dialogues internes, qui seront évoqués au cours des prochains chapitres. Elle s'engage alors, ainsi que ses personnels, dans un processus continu d'amélioration de ses capacités de réflexion et d'action, d'optimisation du management et des performances.

Partie 2

Informations et logiques de pilotage

Objectif : organiser l'information et les calculs
de pilotage de l'entreprise, quels que soient
ses activités, ses dimensions, le nombre
de ses centres de responsabilité.

Une entreprise de quelques personnes peut être considérée comme un centre de responsabilité **unique**. Au sein d'entreprises moyennes ou de grands groupes, dont l'organisation est plus complexe, les directions centrales, les centres opération, les centres support, leurs départements, les filiales, leurs services, peuvent être considérés comme **autant** de centres de responsabilité, d'entreprises particulières, selon le mode de gestion, les partages de responsabilité que l'on souhaite promouvoir.

Le chapitre 2 explique les logiques de pilotage, d'un centre de responsabilité, c'est-à-dire une entreprise de quelques personnes ou telle ou telle entreprise particulière au sein d'une entreprise moyenne, d'un grand groupe.

Le chapitre 3 indique l'organisation, le mode de fonctionnement des comptes de pilotage du centre de responsabilité. Ces comptes rassemblent périodiquement (mois, année) les informations de pilotage, d'une part, sur les objectifs, les engagements de performance, les plans de ressources du centre (prévisions) et, d'autre part, sur leurs réalisations (suivi des réalisés). Les indicateurs économiques et les indicateurs de performance opérationnelle y sont mis en évidence.

Une entreprise de quelques personnes, ou bien l'une des entreprises particulières d'une entreprise plus importante, qui souhaite engager une démarche de pilotage sur objectif trouvera les indications utiles dans ces deux chapitres.

Le chapitre 4 complète les deux précédents. Il concerne les entreprises moyennes, les grands groupes, constitués par des dizaines, des centaines de centres (coordinateurs, opération, support) à promouvoir comme autant d'entreprises particulières. Il explique comment organiser le système des **informations de pilotage de l'entreprise** pour coordonner sur objectif chacune des entreprises particulières qui la constitue.

Retenons que, quels que soient les centres et leurs activités, leurs «pilotes» se réfèrent aux mêmes logiques de pilotage.

Chapitre 2

Informations de pilotage d'un centre de responsabilité

Métrique de pilotage d'un centre

Les informations de pilotage d'un centre de responsabilité, piloté sur objectif, concernent :

- les ressources mises à sa disposition, selon son domaine d'activité et ses missions;
- ses performances d'emploi des ressources;
- ses résultats, exprimés en termes de contributions à ses objectifs, déclinés de ceux de l'entreprise.

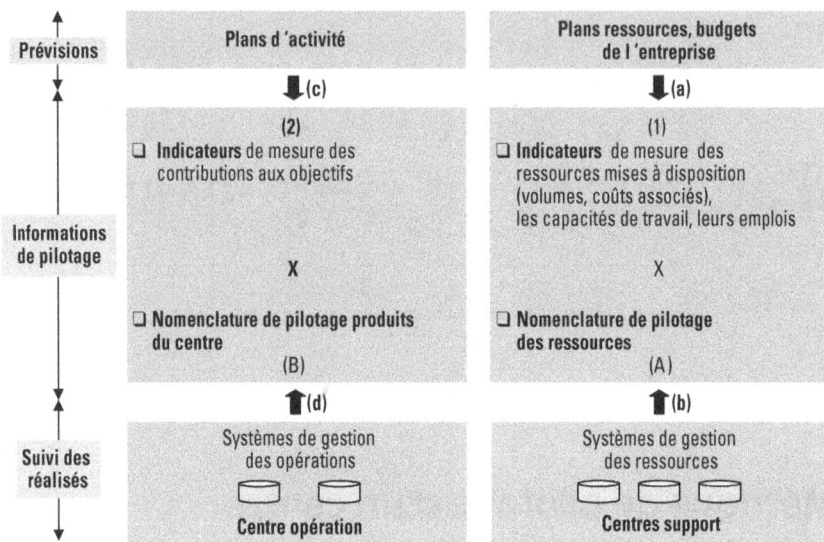

Schéma 2.1
L'organisation de la métrique de pilotage d'un centre

Comme le montre le schéma ci-dessus, les indicateurs sur les ressources (1) mesurent le volume et le coût des ressources, les capacités de travail qu'elles représentent, leurs emplois en se référant aux catégories de ressources (personnels, actifs de travail) répertoriées dans la nomenclature de pilotage des ressources de l'entreprise. L'organisation de cette nomenclature (A) est précisée plus loin (p. 42).

Les prévisions de volume et de coût des ressources sont établies par les centres support, après synthèse des besoins des centres utilisateurs. Elles sont disponibles dans les divers plans (d'effectifs, d'investissements) et les budgets dont les centres support ont la responsabilité (a).

Les réalisés, c'est-à-dire les informations sur les ressources effectivement mises en œuvre et leurs coûts, sont des synthèses des centres support, établies à partir des systèmes de gestion des personnels, des paies, des actifs, etc., qu'ils utilisent (b).

Les indicateurs sur les contributions du centre (2) sont mesurés en volume et en valeur par référence à la nomenclature de pilotage produits (B), présentée au chapitre 1 (p. 19).

Le centre établit ses prévisions de contributions (plans d'activité commerciale, de production, de développement) selon les règles de son métier (c). Les informations sur les réalisés sont des synthèses établies à partir des systèmes de gestion (d) utilisés par le centre : gestion des opérations commerciales, de production, de recherche et développement, etc.

Le chapitre 3 explique la logique des raisonnements, des calculs de planification et de navigation d'un centre de responsabilité. Le chapitre 5 indique l'organisation et le mode de fonctionnement des modèles et des tableaux de bord de pilotage correspondants sur le poste de Bureautique du centre.

Les chapitres 4 et 5 précisent les méthodes de construction des suivis de réalisés et les relations entre le système de pilotage et les systèmes informatiques de gestion.

Les paragraphes qui suivent présentent :

- les indicateurs et les nomenclatures de pilotage des ressources d'un centre (ressources humaines, actifs de travail, budgets de fonctionnement, prestations support de fonctionnement reçues) ;
- le principe de leur déclinaison, en fonction des enjeux du centre et des besoins de précision de son pilotage.

La seconde partie du chapitre porte sur la mesure des capacités de travail, de leur disponibilité, de leurs emplois et des contributions sur objectif qui en résultent, avec le calcul d'indicateurs de performance opérationnelle et d'indicateurs économiques.

L'ensemble du chapitre est descriptif, les exemples chiffrés sont volontairement simples avec le but d'expliquer des principes, des méthodes de base, que chacun peut appliquer avec des variantes.

Mesurer les ressources mises à disposition

Les ressources «physiques»

Une première catégorie de ressources mises à disposition du centre comprend les personnels et les moyens physiques :

- **personnels** de divers métiers et formations, personnels administratifs et financiers, personnels de production, personnels
commerciaux, etc., de niveau et de statut différents, personnel
salarié (cadres, non cadres, CDD, CDI), intérimaires, etc., recru-
tés, gérés par les directions des ressources humaines ;
- **actifs généraux** (bâtiments, équipements de communication,
matériels de bureau), gérés par les services généraux ;
- **actifs de travail,** matériels ou immatériels (équipements commerciaux, machines de production, réseaux de distribution,
logiciels, procédés de fabrication), mobilisés par l'intermédiaire des services achat ou des directions techniques.

Les indicateurs de pilotage correspondants mesurent, d'une part, des
nombres de personnes, des superficies de bâtiments, des capacités
installées d'actifs de travail, c'est-à-dire le **volume des ressources,** et,
d'autre part, leurs **coûts associés.**

Qu'il s'agisse des ressources humaines, des actifs généraux ou des
actifs de travail, trois catégories de coûts, qui indiquent des responsabilités et des enjeux différents, sont distinguées :

- les coûts de mise à disposition des **ressources mobilisées,**
masse salariale des personnels, dépenses d'intérim, montant
des amortissements calculé par répartition du montant
d'achat initial des actifs sur les années d'exploitation. À ces
coûts s'adjoint, pour un pilotage précis, le coût des prestations
assurées par les centres support qui mobilisent les ressources.
Ce seront, par exemple, les coûts internes de la DRH pour les
prestations de recrutement, de gestion des salaires et des
effectifs, complétés par les achats correspondants (annonces,
honoraires de recrutement, etc.). Ce seront, pour les actifs de
travail, les coûts internes des prestations de la direction technique ou des services achat, qui évaluent les investissements,
consultent les fournisseurs, etc. ;
- les coûts internes et externes de **mise à niveau opérationnel
des ressources.** Ils portent sur les formations du personnel, la
maintenance des actifs de travail, l'entretien des bâtiments, des
infrastructures spécialisées, etc. Leur planification et leur suivi
sont importants, puisque leur insuffisance aboutit à une détérioration des ressources mobilisées. Les interventions inter-

nes, les achats correspondants, relèvent généralement des centres support (DRH, directions techniques, services généraux) ;

- les coûts de fonctionnement **liés à l'emploi des ressources**, par exemple les dépenses du personnel (voyages, frais de missions, vêtements de travail spécifiques, fournitures, etc.), les dépenses de petit entretien, de consommables pour le fonctionnement des actifs (énergie, fournitures, etc.), les dépenses d'entretien, de gardiennage des bâtiments, etc. Les budgets correspondants sont généralement gérés par le centre de responsabilité.

Mesurer les prestations des centres support

Les centres support, pilotés sur objectif, disposent d'indicateurs de pilotage, selon les normes du présent chapitre. Les coûts de leurs prestations, par exemple le coût de gestion des salaires, sont alors mis en évidence de façon claire et sont opposables à des volumes, par exemple, le nombre de salaires gérés. Cette évolution est souhaitable, si les dimensions de l'entreprise, les coûts de gestion des centres support, des enjeux de performance et de rentabilité, le justifient.

Dans l'hypothèse inverse, les coûts des prestations assurées par les centres support, c'est-à-dire leurs coûts de fonctionnement et leurs achats, restent dans les frais généraux. Ces frais généraux sont répartis selon les méthodes classiques, par centre de responsabilité, qui les subissent plus ou moins (p. 62).

Mesurer les amortissements

Le coût des ressources mobilisées est pour les actifs :

- soit le montant de l'amortissement comptable, formule la plus simple si le montant des investissements et les enjeux opérationnels ne justifient pas un amortissement économique;
- soit le montant de l'amortissement économique, calculé en relation avec la durée et le rythme d'emploi opérationnel de l'actif, c'est-à-dire du point de vue de l'exploitant et du pilotage opérationnel des performances d'actifs. Cette formule a aussi l'avantage de poser une norme unique par catégorie d'actifs, quelle que soit la localisation du centre de responsabilité. En effet, les formules d'amortissement comptables varient d'un pays à l'autre, selon les législations fiscales locales.

Pour certains types d'actifs, l'amortissement économique est accompagné d'une «provision» extra-comptable de renouvellement de l'actif en service, si l'on présume que le montant de l'investissement correspondant sera plus élevé que celui qui est couvert par les amortissements. Ce montant est alors défini en actualisant, année par année, le montant initial de l'actif en service, en relation avec une observation de l'évolution technique, économique de l'offre du marché fournisseur.

Les amortissements économiques, les provisions extra-comptables de renouvellement, sont calculés par référence à des préoccupations de gestion opérationnelle et n'ont pas la valeur juridique des données comptables.

La réconciliation entre les amortissements comptables et les amortissements économiques s'effectue lorsque l'actif concerné est déclassé, avec mise en évidence d'une plus ou moins-value comptable.

Budgets et prestations de fonctionnement

Les ressources mises à disposition du centre sont aussi :

- ses **budgets de fonctionnement**. Les dépenses correspondantes sont précisées, selon les besoins, par nature de dépense et par catégorie de ressources, comme nous le verrons plus loin (p. 45);
- les **prestations de fonctionnement** (informatiques, juridiques, comptables, etc.), **reçues** de divers centres support. Elles sont mesurées au global en valeur et précisées en volume et

en valeur par type de prestations, si des enjeux économiques, opérationnels le justifient. Les centres support sont alors gérés comme des entreprises particulières de services internes.

Les principales informations de pilotage des ressources

Les informations de pilotage des ressources (ressources humaines, actifs de travail, bâtiments, budget de fonctionnement, prestations de fonctionnement, frais généraux) du centre de responsabilité, dont les chiffres sont pris comme exemple pour les explications du chapitre, sont présentées dans le tableau ci-après.

Le but est d'expliquer une démarche générale. Les chiffres et les calculs de démonstration sont donc simples. Ils ne prennent en compte que des rubriques principales : par exemple, le calcul des coûts des ressources humaines ne prend en compte que la masse salariale et n'inclut pas les dépenses d'intérim, etc.

Indicateurs principaux	Prévu	Réalisé
I – RESSOURCES PHYSIQUES		
I.1 – Ressources humaines		
1 – Effectif moyen	610	600 Pers.
2 – Masse salariale	1 390	1250 K €
Coût de mise à disposition		
3 – Formation	100	100 K €
4 – Nombre de personnes	50	50 Pers.
Coût à niveau opérationnel (2 + 3)	*1490*	*1 350 K €*
I.2 – Actifs de travail		
5 – Capacité installée	31	31 h.
Nombre d'heure / jour	7	7 h.
6 – Amortissement technique	135	135 K €
Coût de mise à disposition	*415*	*415 K €*
7 – Maintenance	15	15 K €
Coût à niveau opérationnel	*430*	*430 K €*
I.3 – Actifs généraux		
8 – Bâtiments	10 000	10 000 m²
9 – Amortissement	50	50 K €
10 – Travaux d'entretien	10	10 K €
II – AUTRES RESSOURCES		
II.1 – Budget de fonctionnement	**200**	**200 K €**
11 – dt Personnel - *Voyages, etc.*	100	100 K €
12 – dt Actifs de travail - *Consommables, etc.*	50	50 K €
13 – dt Bâtiments - *Nettoyage, etc.*	50	50 K €
II.2 – Prestations internes reçues		
14 – Montant total	120	100 K €
III – FRAIS GÉNÉRAUX	**400**	**400 K €**
IV – TOTAL	**2 500**	**2 350 K €**

Années — Année 1
Mois 3 / Mois 2 / Mois 1

Schéma 2.2
Les indicateurs de pilotage des ressources d'un centre

Ce tableau de synthèse prend en compte une **dizaine d'indicateurs principaux** de mesure des ressources mises à disposition du centre et de leurs coûts associés. Établi par période (mois, année), il est utilisé pour les calculs de pilotage, ratios entre indicateurs, etc.

Calculer les ratios de pilotage

Par exemple, pour un mois réalisé donné, il est possible de calculer :

- le coût salarial moyen par personne, 2 080 euros par salarié (2/1) ;
- les dépenses de formation rapportées à l'effectif moyen du centre (3/1), soit 166 euros par personne, à la masse salariale, soit 8 % (3/2), au nombre de personnes formées (3/4), soit 200 euros par personne ;
- les dépenses de maintenance des actifs rapportées au montant des amortissements, 11 % (7/6) ;
- le montant des frais généraux ré-imputés au centre, rapporté au montant total des coûts du centre, soit 17 % (III/IV), ou le pourcentage du montant des prestations internes reçues des centres support gérés en centre de responsabilité, opposé aux frais généraux, soit 25 % (II.2/III) ;
- etc.

Il est également possible de mettre en évidence les évolutions de ces ratios, mois par mois, année par année. Des exemples d'emploi de ces ratios, en particulier pour planifier sur objectif, sont présentés dans les chapitres 3 et 5.

Ces ratios n'ont de sens que s'ils sont interprétés pour mettre en évidence des situations de gestion, préparer des décisions. Par exemple le pourcentage de frais généraux dans le total des coûts du centre, soit 17 %, indique qu'il est fortement chargé en frais généraux, sans moyen de contrôle des prestations reçues des centres support concernés. Il est dans la position d'une entreprise qui est taxée pour des fournisseurs internes, dont les prestations et les tarifs ne sont pas mesurés.

Décliner les informations de pilotage des ressources

Lorsque des enjeux de pilotage le justifient, le tableau précédent est précisé (tableaux associés). Les indicateurs principaux sont complétés et mesurés par catégorie de ressources (ressources humaines, actifs) désignées dans la nomenclature de pilotage des ressources. Par exemple, au niveau des indicateurs (voir exemple p. 43 et 44) :

- l'effectif moyen est complété et expliqué par les indicateurs sur les situations, les mouvements de personnel (effectifs début de mois et fin de mois, entrées, sorties du mois), utilisés pour le calculer ;

- la masse salariale est précisée par le montant des heures supplémentaires, leur nombre, en relation avec les options d'emploi des effectifs au-delà des horaires de base;
- les dépenses de maintenance des actifs de travail sont ventilées par type de maintenance, par référence à des choix, des risques particuliers de fournisseurs;
- etc.

Il n'y a pas de liste standard en la matière. Les indicateurs associés aux indicateurs principaux sont mis en place par étape, après une analyse des premières synthèses, établies par mesure des indicateurs principaux. Les réunions et les pédagogies nécessaires sont organisées avec les départements, les services du centre pour :

- situer les coûts, les volumes globaux, les ratios qui appellent des mesures plus précises, car il y a des enjeux ou des risques de gestion;
- définir les indicateurs complémentaires, expliquer leur signification par référence à ces enjeux;
- faire en sorte que les travaux à effectuer pour les mesurer régulièrement (prévus et réalisés) soient d'autant plus justifiés et acceptés par les personnes qui en auront la charge.

La démarche est identique pour définir les catégories d'effectifs, d'actifs de travail, par rapport auxquelles sont mesurés des indicateurs. Ces catégories sont prises en compte dans la **nomenclature de pilotage des ressources** construites au niveau de l'entreprise, avec les centres support qui gèrent les ressources et les centres opération qui les utilisent. Cette nomenclature est définie et déclinée du **général au particulier,** en fonction des caractéristiques particulières de telle ou telle catégorie de ressources (disponibilité sur le marché, conditions de mobilisation et de mise à niveau, acteurs concernés au sein de l'entreprise), des volumes, des valeurs en cause.

Chaque centre de responsabilité se réfère aux catégories de ressources qui le concernent. Les tableaux ci-après présentent des exemples d'indicateurs (en italique) qui précisent des indicateurs principaux, ainsi que le principe de déclinaison des nomenclatures de pilotage.

Les ressources humaines

INDICATEURS	NOMENCLATURES
Ressources humaines	**Ressources humaines** déclinées par niveau
• Effectif moyen :	**Niveau N**
– *Effectif début de mois ;*	• Fonctions principales :
– *Entrée ;*	– administration ;
– *Sortie ;*	– production ;
– *Effectif fin de mois.*	– recherche et développement ;
• Effectif moyen par tranche d'âge :	– commercial.
– *25-40 ans ;*	
– *40-55 ans ;*	**Niveau N-1**
– *55 ans et plus.*	• Métiers relatifs à ces fonctions :
• Effectif moyen par niveau d'expérience :	– représentants commerciaux ;
– *Confirmé ;*	– ingénieurs de recherche
– *Débutant.*	– main d'œuvre directe de production ;
• Masse salariale :	– contrôleur de gestion.
– *Heures supplémentaires ; montant ;*	
– *Heures supplémentaires ; nombre ;*	**Niveau N-2**
– *Intéressements.*	• Principaux profils de postes en fonction des
• Formation :	besoins d'exploitation : par exemple, représentant
– *Nombre de personnes ;*	commercial confirmé région
– *Nombre de jours / personne.*	

X

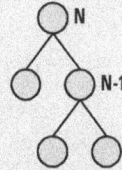

Schéma 2.3
Principe de déclinaison des informations de pilotage, ressources humaines

INDICATEURS	NOMENCLATURES
	Actifs généraux, ici bâtiments, actifs de travail **déclinés** par niveau
Actifs de travail	**Niveau N**
	• Fonctions principales :
• Capacité installée par tranche d'âge :	– administration ;
– *0-3 ans ;*	– production ;
– *3-6 ans.*	– recherche et développement ;
	– commercial.
• Amortissement :	
– *0-3 ans ;*	**Niveau N-1**
– *3-6 ans.*	• Processus de métiers :
	– promotion commerciale ;
	– distribution ;
	– fabrication, usinage ;
Actifs Généraux	– assemblage.
• Bâtiments :	**Niveau N-2**
– *Norme A ;*	• Familles d'actifs, configuration opérationnelle :
– *Norme B.*	– mobiliers commerciaux ;
	– terminaux point de vente ;
	– presse de plasturgie ;
	– équipements de manutention.
	• Etc.

X

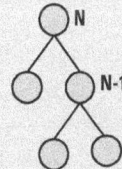

Toujours par application du principe de déclinaison évoqué plus haut, c'est-à-dire selon les critères qui indiquent des choix particuliers de pilotage :
- les indicateurs sur les ressources humaines peuvent mesurer des effectifs par tranche d'âge, par statut (contrat CDD, contrat CDI, cadre, non cadre, intérimaire, etc.);
- les indicateurs sur les actifs peuvent être précisés par tranche d'âge, par statut (actif en leasing, actif en propriété), par référence à des politiques de financement des investissements, des options fiscales.

Schéma 2.4
Principe de déclinaison des informations de pilotage, actifs

Comme pour les informations de pilotage des ressources physiques, les informations de pilotage des budgets et des prestations supports de fonctionnement sont précisées, en fonction des besoins, du «général au particulier» :

- les budgets de fonctionnement qui concernent le personnel, les actifs de travail, avec la mesure d'indicateurs par nature de dépenses (volume, valeur). Par exemple, l'application par le centre d'une politique d'économie sur les locations de véhicules le conduira à distinguer les frais de location de véhicules, le nombre de jours de location, les kilomètres parcourus et le nombre de personnes concernées. Un plan d'économie d'énergie distinguera les montants de dépenses d'électricité, les volumes de consommation par catégorie de tarifs, plages horaires, etc. Si les principes d'une bonne gestion budgétaire sont appliqués, plusieurs montants (engagé, ordonnancé, facturé, enregistré, payé) sont pris en compte. Nous reviendrons sur ce point chapitre 4 (p. 149).
- les prestations reçues des centres supports avec la mesure d'indicateurs (volume, valeur) par types de prestations répertoriées dans la nomenclature de pilotage produits (contributions intermédiaires des centres support).

Budget et prestations supports de fonctionnement

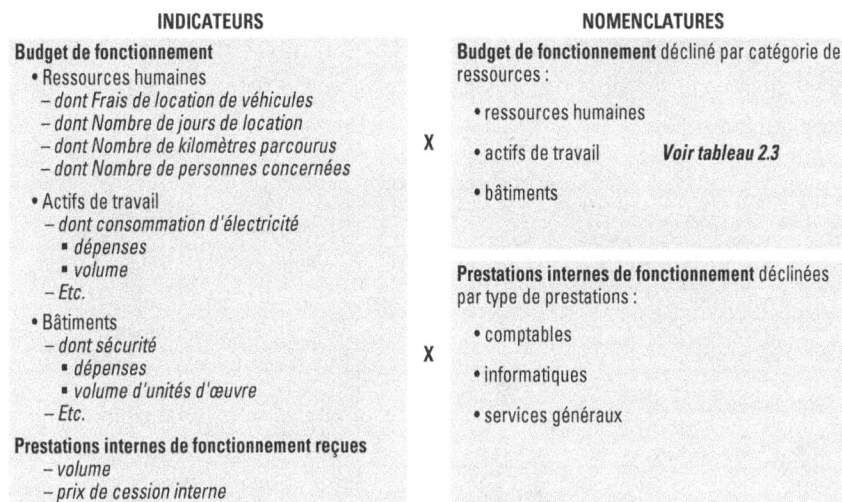

INDICATEURS		NOMENCLATURES
Budget de fonctionnement		**Budget de fonctionnement** décliné par catégorie de ressources :
• Ressources humaines		
– *dont Frais de location de véhicules*		• ressources humaines
– *dont Nombre de jours de location*		
– *dont Nombre de kilomètres parcourus*	X	• actifs de travail ***Voir tableau 2.3***
– *dont Nombre de personnes concernées*		
• Actifs de travail		• bâtiments
– *dont consommation d'électricité*		
▪ *dépenses*		
▪ *volume*		**Prestations internes de fonctionnement** déclinées par type de prestations :
– *Etc.*		
• Bâtiments		• comptables
– *dont sécurité*	X	
▪ *dépenses*		• informatiques
▪ *volume d'unités d'œuvre*		
– *Etc.*		• services généraux
Prestations internes de fonctionnement reçues		
– *volume*		
– *prix de cession interne*		

Schéma 2.5
**Principe de déclinaison des informations de pilotage, budget
de fonctionnement, prestations internes de fonctionnement reçues**

Dans tous les cas, ce sont les enjeux de rentabilité, de performance et d'amélioration du management de l'entreprise, de promotion de l'exercice des responsabilités qui doivent justifier la précision des mesures. En effet, chacune a un coût de définition, de préparation, de construction, puis de gestion périodique et d'emploi.

Les centres support, «entreprises particulières»

Le tableau ci-après résume les informations de pilotage sur les ressources dont doit disposer tout centre de responsabilité :

- les prévisions de ressources physiques en volume et les coûts associés, définies dans les plans d'effectifs, d'investissement, de formation, de maintenance (1) des centres support ;
- les prévisions de budgets de fonctionnement et de prestations à recevoir des centres support (1a), en relation avec les activités prévues.

Aux prévisions sur les ressources physiques sont opposés les suivis de réalisés établis tous les mois, à partir des données disponibles dans les systèmes de gestion des ressources (2).

Enfin, les centres support établissent les synthèses de pilotage sur les prestations de gestion des ressources (3 a), de fonctionnement (3 b), qu'ils délivrent.

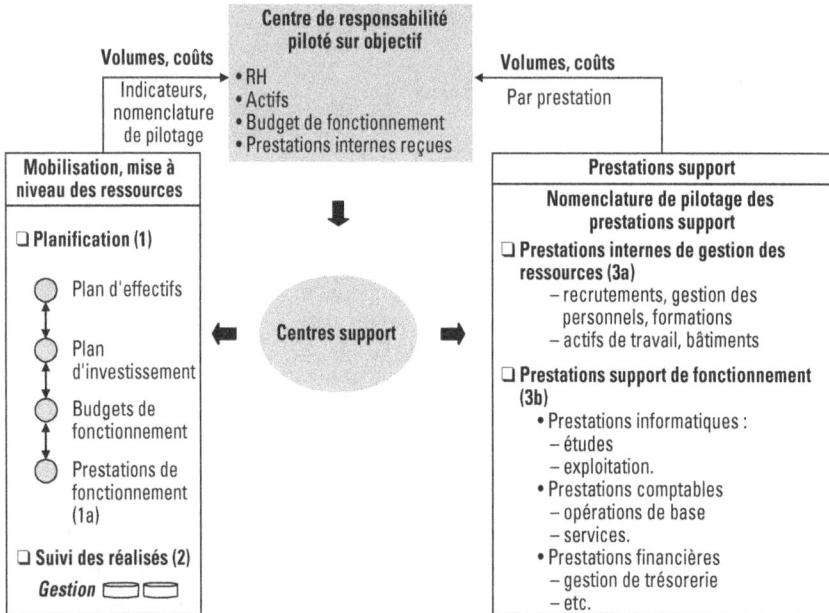

Nota : Les centres support, organisés en centres de responsabilité, déclarent des prestations internes mesurées en volume et en montant, par référence à la nomenclature de pilotage produits de l'entreprise. Si ce n'est pas le cas, leurs coûts de fonctionnement et d'achats sont inclus dans la masse des frais généraux.

Schéma 2.6
La responsabilité des centres support

La qualité et la disponibilité de ces informations, et plus précisément des dernières, dépendent la capacité des centres support à se piloter comme des entreprises particulières, qui fournissent à leurs clients internes soit des prestations de fonctionnement, soit des ressources physiques, avec les prestations associées de mobilisation, de gestion des ressources.

Si les centres support appliquent les normes de pilotage, ils planifient et suivent, dans des conditions claires, leur contribution directe aux objectifs de leurs clients internes et, par le jeu des chaînages évoqué au chapitre 1 (p. 21), aux objectifs de l'entreprise. Ils gèrent aussi, plus efficacement, leurs propres ressources de travail et celles qu'ils mobilisent à l'extérieur.

Les centres support sont souvent les «parents pauvres» de l'entreprise, perçus comme des centres administratifs qui représentent une charge fixe, avec des jugements sceptiques sur leurs performances. Il apparaît ici que les exigences et les normes de pilotage s'appliquent, à leur niveau, avec la promotion des responsabilités correspondantes.

Évaluer les capacités potentielles de travail

Les informations sur les ressources physiques indiquent des nombres de personnes, des capacités installées d'actifs de travail, des mètres carrés de bâtiments, etc. Il faut calculer les capacités potentielles de travail qu'elles représentent effectivement.

Les calculs s'effectuent par année, par mois, à partir des prévisions de jours et d'heures ouvrés, en distinguant, si besoin est, des statuts de jours ou d'heures, jours de travail, de week-end, heures supplémentaires, heures de nuit, etc., qui appellent des options particulières et des coûts spécifiques. Les exemples qui suivent portent sur des données mensuelles.

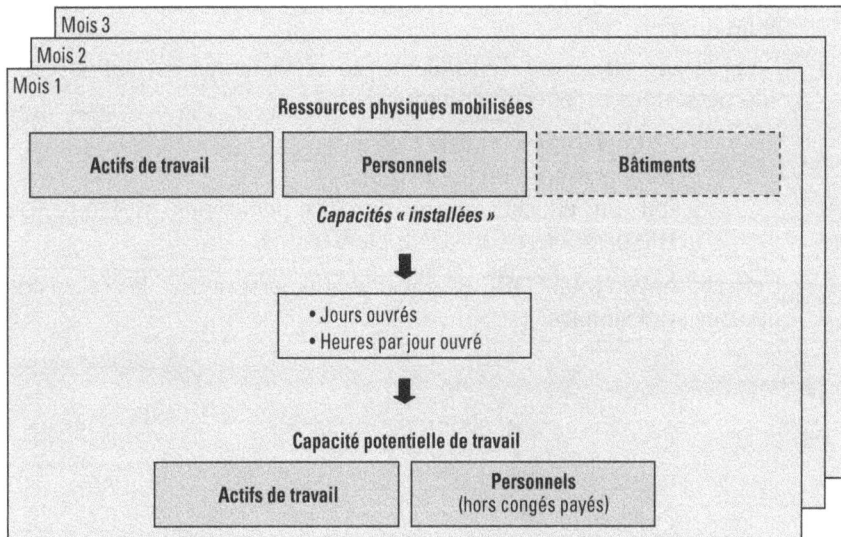

Figure 2.7
Le calcul des capacités potentielles de travail du centre

Les ressources humaines

Certaines personnes de l'entreprise travaillent à temps partiel, d'autres ont pu la rejoindre ou la quitter en cours de mois. La capacité potentielle de travail des ressources humaines est donc estimée en jours ou en heures de personnes **équivalent plein temps,** personnes **EQPT,** ou *full time,* équivalent FTE, ou, si la précision de pilotage l'exige, en heures HF EQPT.

Calculer les capacités potentielles de travail

Le centre, pris comme exemple, dispose d'un effectif moyen total de 600 personnes, qui représente l'équivalent de 500 personnes plein temps, du fait de personnels à temps partiel.

Pour un mois supposé de 20 jours ouvrés, sa capacité potentielle de travail (6) est de 10 000 jours homme femme, soit 500 JHF EQPT(3) x 20 jours ouvrés (4) pour des jours de 7 heures de travail.

L'effectif moyen JHF EQPT est calculé en distinguant :

- l'effectif moyen personnel plein temps ;
- l'effectif moyen personnel mi-temps ;
- l'effectif moyen personnel quart de temps ;
- etc.

On divise par deux, pour chaque catégorie, la somme des effectifs début et fin de mois.

Dans le cas du centre, l'effectif moyen plein temps est supposé de 400 personnes et l'effectif mi-temps de :

- 220 personnes en début de mois ;
- 180 personnes en fin de mois ;
- soit un effectif moyen de 200 personnes mi-temps ou 100 personnes équivalent plein temps.

L'effectif moyen total EQPT est donc de 500 personnes… les calculs de pilotage sont simples !

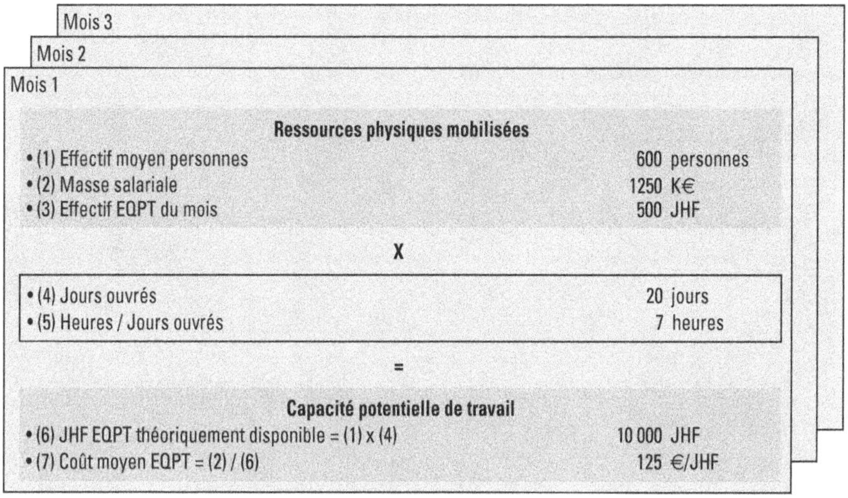

Schéma 2.8
Le calcul des capacités potentielles de travail, ressources humaines

Pour ce même mois, le coût moyen du jour homme femme EQPT est de 125 euros, ce coût est un **coût moyen salarial,** soit la masse salariale 1 250 Keuros (2)/10 000 JHF EQPT (6). Il n'inclut pas, pour simplifier la présentation des tableaux, les dépenses d'intérims qui s'ajouteraient à la masse salariale, les coûts de gestion du personnel, etc.

Les actifs de travail

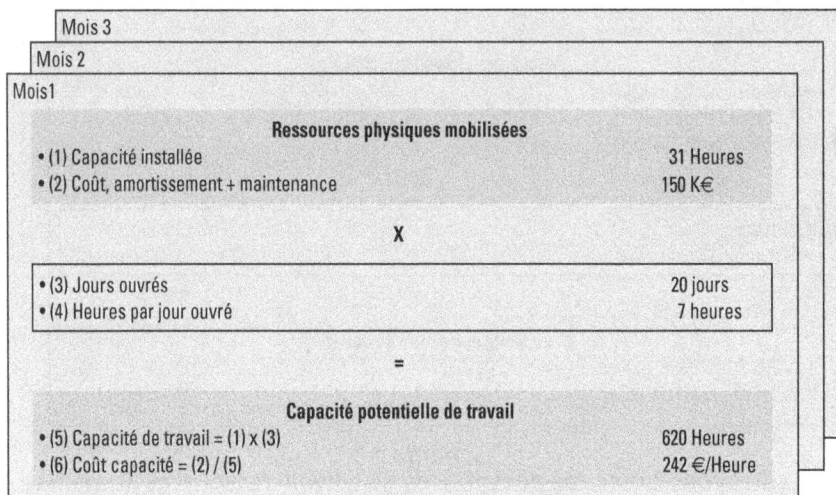

Schéma 2.9
Le calcul des capacités potentielles de travail, actifs de travail

La capacité potentielle de travail liée aux actifs, est calculée sur le même principe. L'unité de mesure utilisée pour le pilotage est plutôt l'heure de travail d'actif. Si la capacité installée, répartie entre plusieurs d'actifs de base d'une même catégorie, est l'équivalent de 31 heures de travail potentiel (1), par jour de 7 heures (4), la capacité potentielle pour 20 jours ouvrés est de 620 heures (5).

Le coût moyen de l'heure de capacité potentielle (6) est de 242 euros, soit le total des coûts de mise en œuvre des actifs (2), ici l'amortissement, et des coûts de maintenance, 150 Keuros, divisés par 620 heures potentielles de travail.

Le calendrier ci-après indique un exemple de nombre de jours ouvrés, mois par mois, pour une année. À effectifs ou à capacité installée fixes, les variations mensuelles de jours ouvrés ont des incidences directes sur le volume des capacités potentielles de travail, calculées chaque mois, et sur les coûts moyens cités plus haut.

Année	Jours ouvrés	Ressources humaines		Actifs de travail	
		Effectif moyen EQPT	Capacité potentielle JHF EQPT*	Capacité installée Heures/Jour	Capacité potentielle Heure
janvier	22	500	11 000	31	682
février	20	500	10 000	31	620
mars	21	500	10 500	31	651
avril	21	500	10 500	31	651
mai	19	500	9 500	31	589
juin	20	500	10 000	31	620
juillet	23	500	11 500	31	713
août	20	500	10 000	31	620
septembre	22	500	11 000	31	682
octobre	23	500	11 000	31	713
novembre	19	500	9 500	31	589
décembre	22	500	11 000	31	682
Total	252	500	126 000	31	7 812

* Non inclus l'impact des congés payés, les absences pour des formations

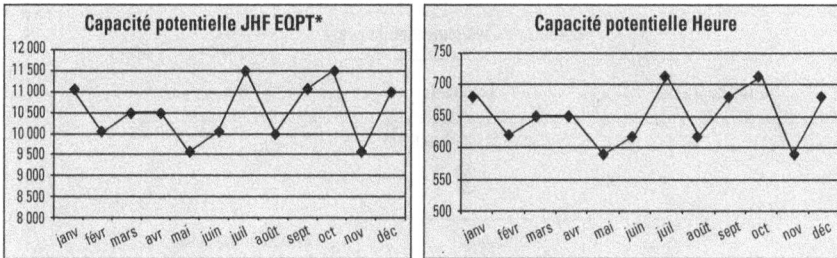

Schéma 2.10
Les jours ouvrables par mois d'une année

Les centres de production se réfèrent à des mois de quatre semaines pour éviter cet inconvénient dans les planifications mensuelles. Cela étant, ces mois de production ne recoupent pas exactement les mois calendaires, qui sont les périodes de référence, par exemple pour les budgets, les opérations comptables.

Il est donc prudent que les centres de l'entreprise qui se réfèrent aux mois calendaires pour planifier leurs activités d'abord le précisent puis tiennent compte des variations de jours ouvrés d'un mois sur l'autre, de la répartition des jours de congés et de formation, pour évaluer précisément les capacités potentielles de travail avant d'en préciser les emplois.

Calculer les capacités directement productives

Durant les périodes ouvrées, les capacités potentielles de travail, telles que nous venons de les calculer, ne sont pas disponibles en totalité. Des indicateurs de pilotage mesurent donc les capacités indisponibles, les causes d'indisponibilité, précisées selon les enjeux qui s'y attachent pour le pilotage des ressources. Les capacités disponibles pour réaliser les contributions du centre, c'est-à-dire les **capacités directement productives** sont calculées en conséquence.

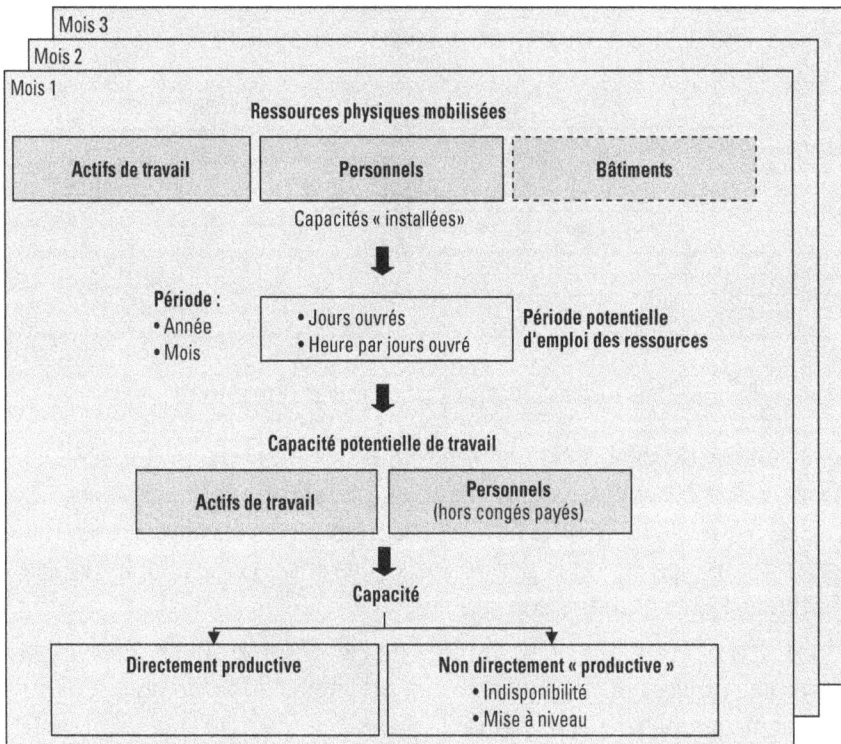

Schéma 2.11
L'emploi des capacités potentielles de travail par le centre

L'indisponibilité des personnes du centre pour les tâches productives, définies dans les nomenclatures de gestion des activités du centre, dépend de causes telles que :

- les prises de congés payés, les congés parentaux, l'absentéisme, les maladies de longue durée ;
- les détachements dans un autre centre ;
- les stages, les sessions de formation, les séminaires, les missions à l'étranger, toutes les opérations visant à améliorer le niveau professionnel des personnes ;
- etc.

L'indisponibilité des actifs de travail est liée, par exemple, à des opérations de mise à niveau, à des pannes, etc.

Les indicateurs de pilotage des tableaux 2.8 et 2.9 précédents sont donc complétés pour mettre en évidence :

- la **disponibilité** des ressources, mesurée par des taux de disponibilité ou d'indisponibilité, déclinés par cause (congés, etc.), avec le calcul des ratios correspondants, par exemple les ratios (1) pour les ressources humaines, les ratios (2) pour les actifs (tableau ci-après) ;
- les **volumes** de capacités productives qui indiquent des volumes d'**unités d'œuvre** (**UO**) délivrables, JHF EQPT (9), heures d'actifs (14) ;
- le **coût** des capacités productives par unité de jour ou d'heure, soit 152 euros par JHF EQPT productif (17) et 283 euros par heure d'actif effectivement productive (19).

Mois 3		
Mois 2		
Mois 1		

1	Jours ouvrés	20 Jours
2	Nombre d'heure / jour	7 h.
3 = 1 x 2	*Nombre d'heures / mois*	*140 h.*
❑ RESSOURCES HUMAINES		
4	Effectif moyen	600 Pers.
5	Effectif moyen EQPT	500 JHF
6 = 1 x 5	*Capacité potentielle de travail*	*10 000 JHF*
7	Masse salariale	1 250 K€
8	Capacité non productive	1 800 JHF
8	– Congés	700 JHF
8	– Absentéisme	500 JHF
8	– Formation	500 JHF
8	– Détachement	100 JHF
9 = 6 - 8	*Capacité productive disponible*	*8 200 JHF*
	• Ratios (1)	
= 8.2/6	*Taux d'absentéisme*	*5 %*
= 8.3/6	*Taux de formation*	*5 %*
= 9/6	*Taux de disponibilité*	*82 %*

Mois 3		
Mois 2		
Mois 1		

❑ ACTIFS DE TRAVAIL		
10	Capacité installée	31 heures
11 = 1 x 10	*Capacité potentielle de travail*	*620 heures*
12	Coût total des actifs - *Amortissement, entretien*	150 K€
13	Capacité non productive	31 heures
14 = 11 - 13	*Capacité productive disponible*	*589 Heures*
	• Ratio (2)	
= 14/11	*Taux de disponibilité ou taux d'emploi*	*95 %*
15	Capacité de production effective	530 heures
	• Ratio (3)	
= 15/14	*TRS Taux de rendement synthétique*	*90 %*
= 15/11	*Taux de production*	*85 %*
❑ COÛTS DES CAPACITÉS PRODUCTIVES		
16 = 7/6	*Prix JHF EQPT potentiel*	*125 €/JHF*
17 = 7/9	*Prix JHF EQPT productif*	*152 €/JHF*
18 = 12/14	*Prix Heure d'actif productive*	*255 €/heure*
19 = 12/15	*Prix Heure d'actif effectivement productive*	*283 €/heure*

Schéma 2.12
Les indicateurs de volume et de coûts des capacités, les ratios associés

Calculer les ratios et les coûts liés aux capacités productives

Les ratios et les termes utilisés pour indiquer la disponibilité ou l'indisponibilité des capacités potentielles de travail varient selon les entreprises :

- taux d'absentéisme, taux d'indisponibilité, taux de formation, etc., pour les ressources humaines, ratios (1) du tableau ;
- taux d'ouverture ou taux de disponibilité ou taux d'emploi des machines, pour opposer les capacités théoriques productives aux capacités totales, ratio (2) du tableau.

Dans les domaines de production, des indicateurs techniques normés, par exemple, le Taux de Rendement Synthétique (TRS), sont calculés (ratio 3 du tableau ci-dessus). Ce taux oppose les capacités effectivement productives (heures dites «de production») aux capacités productives disponibles. Le TRS global peut être précisé par des taux qui l'expliquent : heures de réglage, de reprise de panne opposées au montant des heures de production, etc.

Certaines entreprises appliquent la notion de TRS à la main-d'œuvre directe de production (MOD), ce qui présuppose d'ailleurs que les catégories de personnels concernées soient clairement définies. Ce n'est pas toujours le cas. Les définitions peuvent varier d'un centre à l'autre, au sein d'une même entreprise, selon l'historique de leur organisation, les définitions statutaires des catégories de personnels MOD, les avantages associés.

Le calcul effectué dans le dernier paragraphe du tableau ne met en évidence que le coût interne direct du JHF EQPT, à partir des effectifs salariés et de la masse salariale. Cela ne modifie pas le raisonnement, tout en permettant de simplifier les tableaux d'exemple du chapitre. Pour être plus précis, il faudrait rajouter les JHF EQPT d'intérim et les coûts directs associés, complétés par les coûts de formation des personnels, les coûts des centres support pour la mobilisation et la gestion des salariés, des intérimaires, etc.

Un coût total prend en compte les différents coûts directs **clairement** mis en évidence, complétés par les frais généraux du centre, les frais généraux extérieurs au centre, en expliquant la façon dont ils sont réimputés et les coûts qu'ils couvrent, principe de transparence (p. 62).

Dans tous les cas, les ratios, les coûts établis à partir des indicateurs de pilotage sont compréhensibles, concrets, en relation avec les performances opérationnelles. Leur définition, leur mode de calcul, leur signification sont stables et clairement expliqués, dans le lexique des informations de pilotage, et reconnus de tous les personnels.

Le niveau et les évolutions des ratios et des coûts de capacité d'UO, que nous venons d'évoquer, indiquent des modes de gestion et des performances dans l'emploi des ressources. Deux centres de responsabilité, totalement identiques par leurs activités et par leurs ressources, marquent des différences de gestion, de performance, par des taux différents d'absentéisme, de formation des personnes ou des taux différents d'emploi et de rendement des actifs.

Pour des actifs de travail (de production, de tests, de logistique, etc.), les mesures distinguent :

- d'une part, les heures d'actif **productives disponibles,** ce sont les heures pendant lesquelles l'actif **fonctionne** effectivement (voir [14] schéma 2.12);
- d'autre part, les heures d'actif **de production effective,** ce sont les heures dites «de production», pendant lesquelles l'actif **produit** effectivement (voir [15] schéma 2.12).

Sur le terrain, ces différences s'expliquent par les opérations de préparation, les temps de montée en puissance et de ralentissement (changer le moule d'une presse, placer une pièce à tester, effectuer la *check-list* d'ouverture d'un système de distribution automatique, etc.), l'efficacité des procédures et des ordonnancements, mais aussi par la maîtrise des processus de travail par les opérateurs.

Si les précisions du pilotage l'exigent, les ratios et les calculs de coût de capacité sont mesurés par catégorie d'effectif ou d'actif, selon le principe de déclinaison présenté plus haut.

Mesurer les contributions aux objectifs

Les capacités productives indiquent un volume d'UO, JHF EQPT, heures d'actifs, utilisables pour réaliser des quantités, des volumes de produits et de prestations intermédiaires, qui représentent les contributions du centre.

Ces contributions sont désignées dans la nomenclature de pilotage produits de l'entreprise. Cette nomenclature, déjà mentionnée au chapitre 1 :

- regroupe par *business unit,* par ligne de produits, etc., les produits, les prestations de service de l'entreprise délivrés sur les **marchés**. Elle leur attache de façon claire les produits et prestations intermédiaires délivrés en **interne** par les centres.
- permet donc de décliner les objectifs marchés produits de l'entreprise en objectifs de produits et prestations intermédiaires des centres de responsabilité et de suivre leur réalisation, par retour d'information de chaque centre.

Tout centre placé sous norme de pilotage sur objectif se réfère à cette nomenclature pour planifier ses contributions, rendre des comptes sur leurs réalisations, sur ce dernier point, en relisant et en traduisant en conséquence les informations dont il dispose dans ses systèmes de gestion.

Ce principe est appliqué quels que soient les activités, les produits, les services et les prestations du centre :

- prestations de négociation, de planification et de contrôle des centres coordinateurs ;
- opérations d'achat, de revente, pour un centre de négoce ;
- campagnes marketing, opérations de promotion, visites de clientèle, gestion clients, pour une direction commerciale et ses départements ou services ;
- études de faisabilité, travaux de spécification, développements de prototype, pour un centre de recherche ;
- production de biens de consommation, d'équipement, de composants, etc. ;
- transports, services logistiques associés ;
- prestations de support technique (laboratoire de test, services informatiques et juridiques) ou de fonctionnement (comptabilité, finances, services généraux), de mobilisation et de gestion des ressources ;
- prestations bancaires et financières, gestion de patrimoine immobilier et mobilier, opérations de courtage, gestion de dossiers pour des banques ou des assureurs ;
- etc.

Mesurer le volume des contributions

Les volumes d'unités d'œuvre de pilotage (JHF EQPT, heures d'actifs) délivrés par le centre concernent :

- soit des **produits en exploitation** avec des opérations en série (productions de composants, de produits physiques intermédiaires, opérations administratives, opérations bancaires de back-office, services de distribution);
- soit des **projets,** c'est-à-dire des opérations sur mesure et devis (ingénierie, recherche et développement, test de laboratoire, opération de promotion commerciale).

Les volumes de contribution en UO correspondants sont rapportés :

- à des quantités ou à des volumes de produits ou de services en exploitation;
- à des volumes estimés de travaux réalisés pour les projets, avec mise en évidence d'un pourcentage d'avancement.

Exemple de contributions mesurées en volume

Revenons sur l'exemple de notre centre, qui opère de fait pour la *business unit* automobile. Ses contributions portent sur :

- diverses productions rattachées à deux familles de produits en exploitation (tableaux de bord, garnitures intérieures de véhicules);
- le développement de nouveaux produits avec en particulier un projet rattaché à la famille équipement sièges.

Les consommations d'unités d'œuvre du mois sont les suivantes :

- 2 100 JHF EQPT et 130 heures d'actif pour les productions tableaux de bord;
- 4 000 JHF EQPT et 250 heures d'actif pour les productions garnitures intérieures de véhicules;
- 2 100 JHF EQPT et 150 heures d'actif pour le projet équipements sièges.

Il en résulte la production de 7 500 tableaux de bord, 8 000 garnitures. Au niveau du projet de développement des sièges, le centre estime que l'avancement du projet a été de +10 %.

Ce sont les contributions intermédiaires du centre par référence à la nomenclature de pilotage produits de l'entreprise.

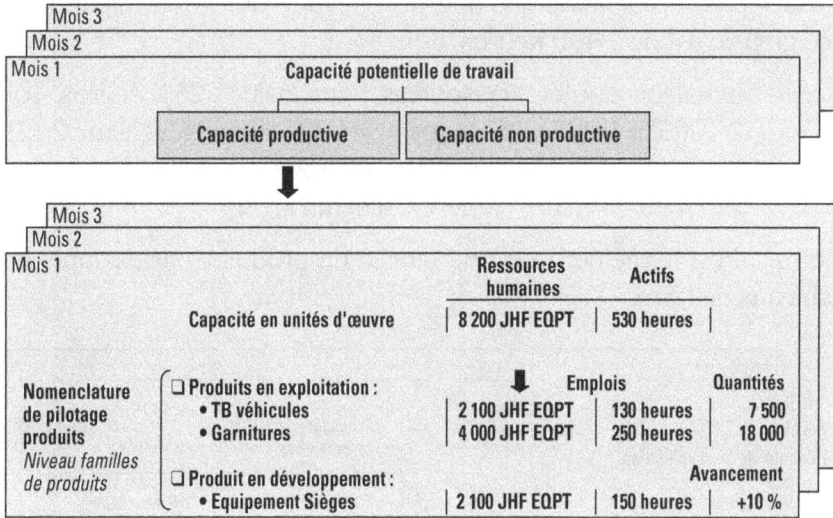

Schéma 2.13
La mesure des contributions du centre, en unités d'œuvre, en produits

Valoriser les contributions

Calculer les valeurs ajoutées

Les contributions en UO du centre sont valorisées en multipliant les volumes d'UO productives utilisées par leur coût unitaire, on pourrait dire leur «prix». La valeur des contributions représente la valeur ajoutée du centre, c'est-à-dire la valeur du travail effectué avec ses ressources pour les produits et les projets qui relèvent de son activité.

Schéma 2.14
Le calcul des valeurs ajoutées du centre

Le tableau précédent indique que, pour le mois affiché, la valeur ajoutée globale est de 1 400 Keuros, dont :

- la valeur ajoutée «ressources humaines» 1 250 Keuros, soit 2 100 JHF EQPT x 152 euros/JHF EQPT (ligne 17, schéma 2.12);
- la valeur ajoutée «actifs de travail» 150 Keuros, soit 530 heures x 283 euros/heure (ligne 19, schéma 2.12);

Le calcul est le même pour une famille de produits, par exemple les tableaux de bord.

Mois 1 Tableaux de bord véhicules	Ressources humaines	Actifs
❏ Consommation	2 100 JHF EQPT	130 heures
❏ Coût de l'unité d'œuvre	152 €	283 €
❏ Valeur ajoutée	319 K€	37 K€
Soit une valeur ajoutée totale de :	356 K€	

Schéma 2.15
Le calcul de la valeur ajoutée du centre pour une famille de produits

Dans tous les cas, les valeurs ajoutées calculées se réfèrent à des coûts d'unité d'œuvre clairement définis, par exemple, ici, le coût du JHF EQPT salarié, compte tenu des calculs précédents, effectués hors intérim pour simplifier la présentation et la lecture des exemples. Les valeurs ajoutées ressources humaines affichées ci-dessus, pour le total des activités du centre et pour l'activité tableaux de bord, sont donc des valeurs ajoutées effectif salarié, ce qu'il conviendrait de préciser dans un document opérationnel. La prise en compte de la valeur ajoutée des personnels intérimaires s'effectuerait selon la même logique.

Calculer les coûts directs et les prix de revient

Les produits et les services intermédiaires délivrés par le centre intègrent des achats, entrants de production pour des équipements, achat d'espaces publicitaires, objets de promotion pour des opérations commerciales, tests extérieurs pour un programme de développement, etc.

Les budgets d'achat correspondants sont définis dans les plans de production, les plans projet, etc., établis et gérés par le centres, en coordination avec les responsables transversaux de la performance achat de l'entreprise.

	Produits en exploitation : *Famille tableaux de bord véhicules*	
(1)	• Coût direct hors achats, valeur ajoutée,	356 914 €
(2)	• Achats	300 000 €
(3)	• Coût direct achats inclus = 1 + 2	*656 914 €*
(4)	• Quantité	7 500 U.
(5)	• Prix de revient direct - achats inclus = 3/4	*88 €*
(6)	• Valeur ajoutée du centre *pm*	1 400 000 €
(7)	• Frais généraux globaux du centre *pm*	400 000 €
(8)	• Prorata de la valeur ajoutée	25 %
(9)	• Frais généraux du centre réimputés = 9 X 8	*100 000 €*
(10)	• Total des coûts, inclus frais généraux = 3 + 9	*756 914 €*
(11)	• Prix de revient chargé frais généraux = 10/4	*101 €*

Mois 3
Mois 2
Mois 1

Schéma 2.16
Le calcul des prix de revient du centre hors achats, achats inclus, produits en exploitation

Comme le montre le tableau ci-dessus, le **coût direct** des contributions du centre aux produits est donc représenté :

- **hors achats** (1) par la valeur ajoutée calculée aux coûts directs ;
- **achats inclus** (3) par la valeur ajoutée aux coûts directs, plus les achats (2) liés aux produits.

Pour des produits des services en exploitation normée, le **prix de revient direct unitaire**, hors achats ou achats inclus (5), divise ces montants, ici le coût direct achats inclus, par la quantité de produits (4).

Le **prix de revient global** comprend le total des coûts directs (3, ici achat inclus), chargé en frais généraux (9) de plusieurs façons, ci-dessus, au prorata de la valeur ajoutée (8) par type d'activité, soit 25 % pour les tableaux de bord, etc.

Gérer les frais généraux

Les frais généraux d'un centre comprennent :

- les **coûts des centres coordinateurs** (états-majors des hié-rarchies verticales et transversales) et des centres supports dont il est chargé, parce que ces centres ne mesurent pas leurs unités d'œuvres et leurs contributions ;
- les **coûts de ressources du centre**, par exemple, les dépenses de formation, les budgets de fonctionnement du centre, le montant des prestations de fonctionnement reçues, qui ne sont pas pris en compte dans les coûts directs d'unités d'œuvre et/ou les achats de production de projet qui ne seraient pas rattachés aux produits et aux projets concernés.

Par exemple, selon le mode de gestion du centre :

- le coût d'heures productives d'actifs intègre ou non les coûts et les achats d'une équipe locale d'entretien ;
- le coût du JHF EQPT intègre ou non les budgets de formation, etc.

Tout ce qui n'est pas intégré dans les coûts directs d'UO se retrouve dans les frais généraux. Dans le cas où il n'est pas nécessaire de distinguer les UO d'actifs du centre, parce que les enjeux de gestion ne le justifient pas, les coûts correspondants sont imputés sur les UO de JHF EQPT.

La logique consiste à placer :

- les frais généraux du centre sur les unités d'œuvre qu'il délivre. La maîtrise des coûts correspondants relève de sa responsabilité, à lui de l'assumer ;
- les frais généraux extérieurs au centre sur les produits qu'il délivre (par exemple, les tableaux de bord), comme un impôt. Le centre n'en porte pas la responsabilité.

Du point de vue du pilotage, retenons que le pourcentage des frais généraux dans le total des coûts d'une entreprise, ou d'un centre, indique la transparence et la rigueur de leur gestion, leur capacité à mesurer les ressources et leurs emplois par objectif de produits et services. Un taux de frais généraux de quelques pour-cent par rapport au total des coûts est la bonne norme.

Les projets sont souvent répartis sur plusieurs mois (ce peut être aussi le cas de certains produits en exploitation, dont les cycles de production sont longs). Les contributions d'un mois, hors achat, avec achat, sont calculées comme pour les produits en exploitation et sont opposées à l'estimé d'avancement des travaux.

Par exemple, dans le tableau ci-dessous, 2 100 JHF EQPT et 130 heures d'actifs, ont été utilisés pour le projet équipement sièges, avec pour résultat estimé la réalisation durant le mois de 10 % du projet. Ce pourcentage d'avancement physique des travaux résulte d'une appréciation commune des départements et des services, impliqués dans la réalisation des lots du projet, avec la référence aux indicateurs physiques et aux calendriers de pilotage définis dans les plans initiaux. Le cumul des situations mensuelles (contributions en volume, en valeur, en avancement) indique l'évolution globale du projet par rapport aux prévisions. Les achats de projet sont pilotés de la même façon.

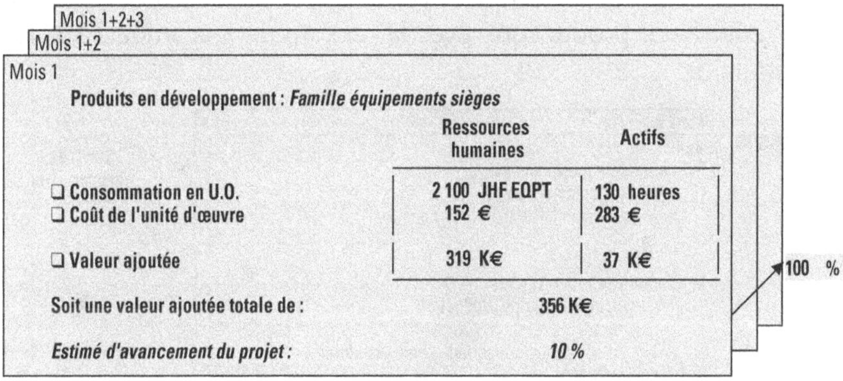

Schéma 2.17
Le calcul de la valeur ajoutée par le centre à un programme (grand projet), un projet, hors achats, achats inclus

Mesurer la qualité des contributions

Une opération de promotion commerciale est un échec, si les prises de commandes et les livraisons ne suivent pas, par exemple, parce que les services commerciaux et la logistique de distribution n'ont pas bien planifié et chaîné leurs actions.

Le retard d'approvisionnement d'un composant essentiel désorganise des plans de production. Certaines entreprises veillent d'ailleurs à garantir des approvisionnements, qu'elles jugent stratégiques, par des contrats avec les principaux fournisseurs, l'organisation d'une seconde source, la pratique de stocks de sécurité.

En complément des indicateurs de pilotage des ressources et des contributions, et selon les enjeux, le centre met en place des indicateurs sur la qualité de ses contributions, mesurée par les retards sur objectif et la maîtrise des processus opérationnels.

Les retards sur objectif

Une première catégorie d'indicateurs sur la qualité des contributions concerne les retards de ses clients, de ses fournisseurs internes ou externes et ses propres retards. Ces retards sont estimés en nombre de jours (équivalent production), avec la mesure de leur impact sur les contributions.

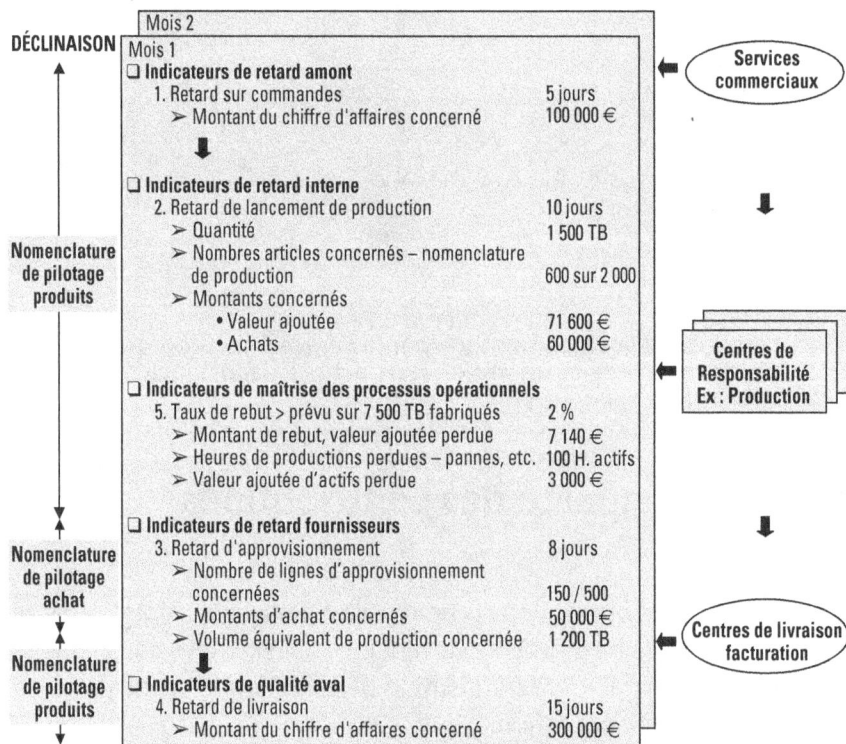

Schéma 2.18
Les indicateurs de qualité, retards sur objectif, maîtrise des opérations

Comme l'indique le tableau ci-dessus, ces retards sont, par exemple, pour notre centre de référence :

- les jours de retard des commandes, par rapport au calendrier prévu, le montant de chiffres d'affaires impliqué (1);
- les jours de retard moyen de lancement de production (2), les quantités, les montants, le nombre d'articles, les valeurs ajoutées, les achats, des productions concernées, etc.;
- des retards d'approvisionnement (3), le nombre de lignes d'approvisionnement, les montants, éventuellement répartis par fournisseur les volumes équivalents de production concernée;
- les retards sur livraison (4), les montants de chiffre d'affaires en jeu;

Il est possible d'utiliser des ratios et des courbes pour mesurer la propagation des retards ou des avances (sources également de problèmes et de surcoûts, notamment de stockage) dans tout le système de travail.

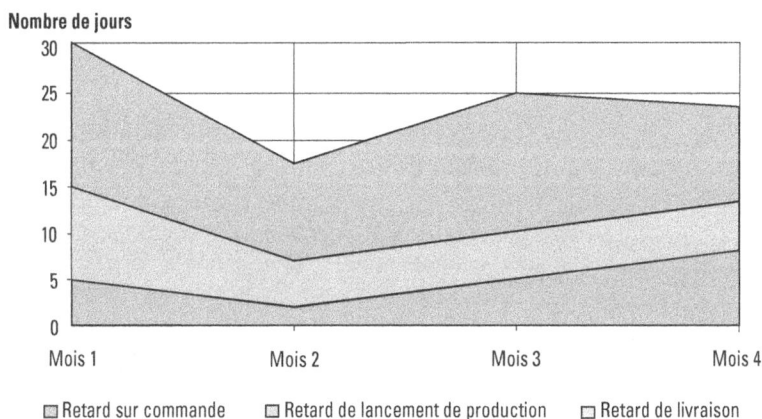

Nombre de jours

☐ Retard sur commande   ☐ Retard de lancement de production   ☐ Retard de livraison

Schéma 2.19
Les indicateurs de retard, exemples de courbes

Le graphique de principe ci-dessus indiquerait que le centre a réussi à maîtriser l'effet des retards de commandes internes ou externes qu'il reçoit, sans les aggraver à son niveau. Les retards sur livraison sont de ce fait relativement constants, hormis l'amélioration du mois 2.

Maîtrise des processus opérationnels

Une seconde catégorie d'indicateurs de qualité (exemple partiel 5) mesure la maîtrise des processus opérationnels, par rapport aux hypothèses de performances initiales, et les pertes de contributions qui en résultent :

- des pertes physiques sur les contributions internes, mesurées par les rebuts de production, les services, les prestations non conformes ou les pertes sur les achats (contributions externes), mesurés par les déchets matières, les retours fournisseurs pour non conformité, etc. ;
- des pertes de capacités de travail avec, par exemple, des indicateurs sur les pannes d'actifs, leur fréquence, à opposer aux volumes et aux coûts de maintenance préventive ou curative ou des indicateurs sur les accidents de personnes à opposer aux actions de sécurité.

Ces indicateurs complètent les indicateurs sur les taux d'emploi et de rendement évoqués plus haut (voir tableau 2.12). Des exemples de graphiques de pilotage, basés sur leurs emplois, sont présentés plus loin (p. 75).

Comme les autres indicateurs, les indicateurs de qualité sont précisés et déclinés, selon les nomenclatures de pilotage : nomenclatures produits pour la mesure des décalages, des rebuts ; nomenclature ressources, ici pour les actifs de travail et leurs pannes, etc. (voir commentaires du tableau).

Ce sont des indicateurs de pilotage particuliers : plus ils sont bas, plus la performance est élevée. Ils sont bien définis et répertoriés dans le lexique des informations de pilotage, utilisé par les responsables et les personnels opérationnels de base du centre. Ces derniers sont préalablement associés, de diverses façons, à sa définition.

Organiser le lexique des informations de pilotage

Le lexique des informations de pilotage du centre décrit les indicateurs et les nomenclatures de pilotage. Il décrit aussi les ratios, les indicateurs calculés (par exemple, capacité potentielle, capacité productive, valeur ajoutée, prix de revient) et leur signification (aux coûts directs, avec les frais généraux).

Ce lexique est établi, sous la coordination du responsable pilotage du centre (voir chapitre 6) en relation avec les départements, services du centre. Sa construction rejoint un travail de pédagogie et d'organisation avec la clarification des vocabulaires, des calculs de gestion des uns et des autres, et le rapprochement de points de vue jusqu'alors divergents.

Par exemple, deux prix de revient, établis par deux services différents peuvent être une source d'embrouille permanente car ils ne se recoupent pas. En fait, sous le terme «prix de revient», chaque service utilise son mode de calcul (calcul se référant à des coûts directs différents avec ou sans frais généraux, etc.). Or, chaque prix de revient peut avoir une utilité, si sa définition est précisée, de même que la façon de l'interpréter pour optimiser le pilotage opérationnel.

Le lexique est donc un outil fondamental pour éviter des pertes de temps, des conflits, liés à des ambiguïtés de vocabulaires et de méthodes au sein du centre. Il est précisé en adéquation avec les évolutions de gestion et la formation des personnels à la mesure des données. Le lexique est géré sur les postes de Bureautique de pilotage (voir chapitre 5).

Chapitre 3

Logiques de pilotage d'un centre de responsabilité

Construire les comptes de pilotage

Les comptes de pilotage des centres ont été présentés de façon générale au chapitre 1 (p. 21). Rappelons que les comptes de pilotage d'un centre sont l'un des maillons de la chaîne des comptes marchés produits et des comptes par contributeur, qu'il faut organiser pour piloter sur objectif l'entreprise et ses centres de responsabilité.

Pour chaque centre, ils opposent par mois, par année, les ressources du centre aux contributions sur objectif avec la mise en évidence de ratios de performance opérationnelle et des indicateurs économiques, valeur ajoutée, prix de revient.

Leur principe d'organisation est identique, quelle que soit l'activité du centre coordinateur, opération, support.

Au plan pratique, comme le confirme le tableau ci-après :

- les «entrées» des comptes (1) sont les ressources du centre (ressources humaines, actifs de travail, budgets de fonctionnement, prestations de fonctionnement reçues sous normes UO, ou de frais généraux [voir chapitre 2]);

- les «sorties» des comptes (2) sont les contributions du centre aux objectifs de l'entreprise (4), déterminées par les performance d'emploi des ressources (3). Ces performances sont

mesurées par les ratios, les taux de disponibilité, de rendement, etc. et la qualité des contributions (voir chapitre 2);
  • les prévus sont opposés aux réalisés (5), (6).

Lorsque l'entreprise établit plusieurs prévisions (chapitre 6), la dernière
prévision révisée (5 rév.) est opposée à la prévision initiale (5 init.). Différentes versions des réalisés (6) peuvent aussi être comparées, par
exemple, l'estimation mensuelle des responsables opérationnels
(6 op.) et l'estimation des contrôleurs de gestion (5 cpt), en fonction de
l'intérêt à observer leurs écarts pour améliorer la gestion et le pilotage.

Il peut aussi exister des sources et des circuits d'information parallèles,
par exemple sur les réalisés, dont certains sont inutiles. Lors de la mise
en place d'un système de pilotage, des actions sont engagées pour
repérer les diverses versions du prévu, du réalisé, avant de procéder à
des mises en ordre ou à des simplifications (p. 172).

Les comptes annuels et les comptes mensuels fonctionnent en relation
réciproque (7), pour la mensualisation des prévisions annuelles et la
reconstitution des cheminements sur objectifs annuels, à partir du
suivi des réalisés mensuels.

La construction des comptes à partir des informations de pilotage, leur
gestion, s'effectue sur le poste de Bureautique de pilotage du centre.

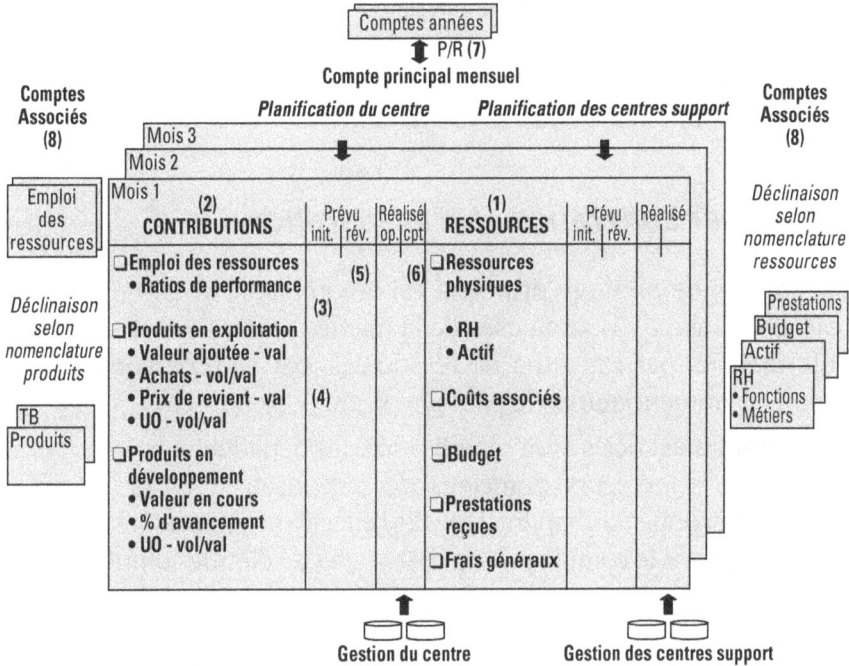

Schéma 3.1
L'organisation des comptes de pilotage d'un centre

Comme nous l'avons déjà mentionné, les prévisions et le suivi des réalisés relèvent :

- des centres support pour les ressources mises à disposition (1) ;
- du centre de responsabilité pour ses contributions (4) et ses performances (3).

Les informations de pilotage sur les ressources gérées par les centres support sont donc redistribuées à chaque centre et placées sur le poste de Bureautique de pilotage, afin qu'il dispose de l'ensemble des informations qui lui permettent d'assumer pleinement ses responsabilités, comme une véritable entreprise.

Cette **redistribution** est un principe de base du pilotage sur objectif. Elle doit être considérée comme l'une des missions de base des centres support et gérée comme telle.

Ses conditions exactes, liées aux dimensions de l'entreprise, aux outils informatiques de gestion dont elle dispose sont définies durant la première étape de construction du système de pilotage. Les échanges d'information qui en résultent sont organisés en conséquence entre les postes de Bureautique des différents centres.

Organiser cohérence et transparence

Le **compte de pilotage principal** est accompagné de comptes associés ([8] schéma 3.1), organisés de la même façon, et qui déclinent les informations par catégorie de ressources, par type de contribution, selon les nomenclatures de pilotage produits, ressources.

Les comptes **associés** sont répartis entre les départements, les services du centre, selon leurs domaines de responsabilité. Pour revenir à l'exemple évoqué au chapitre 2 (p. 42), l'effectif moyen mesuré au prévu, au réalisé, dans le compte principal, sera précisé dans le compte associé du responsable du personnel du centre par les effectifs début et fin de mois, les mouvements d'entrée et de sortie, puis, si besoin en est, par métier, par profil de poste, etc. Le pilotage est alors partagé par :

- l'ensemble des responsables, des personnels du centre, qui se réfèrent au même compte principal. C'est le **principe de cohérence** ;
- chaque département, service, équipe de base, qui dispose de photographies plus précises (les comptes associés) pour se piloter sur ses objectifs particuliers, déclinés des objectifs principaux par le jeu des nomenclatures. C'est le **principe de transparence**.

Lire les comptes pour piloter et coordonner

Le compte ci-après affiche la photographie d'une situation mensuelle (avec la reprise des chiffres des tableaux du chapitre 2) pour l'une des versions du prévu (dernier prévu) et du réalisé (réalisé estimé), mais aussi pour les principaux indicateurs de pilotage et de performance : jours ouvrés (I), ressources mises en œuvre (II), emploi des ressources (III), contributions (IV), maîtrise des contributions (V).

Mois 3
Mois 2
Mois 1

EMPLOIS - CONTRIBUTIONS	Dernier Prévu	Réalisé Estimé	RESSOURCES	Dernier Prévu	Réalisé Estimé
III. Emploi des ressources			**I. Jours ouvrés**	20 j.	20 j.
• **Ressources humaines**					
– *Taux de disponibilité*	83 %	82 %	**II. Ressources**		
– EQPT Productif	8 750 JHF	8 200 JHF	• **Ressources humaines**		
dt TB véhicules	*2 750 JHF*	*2 100 JHF*	– Effectif moyen	610 pers.	600 pers.
– *Coût JHF EQPT Prod.*	159 €/JHF	152 €/JHF	– Effectif moyen EQPT	525 JHF	500 JHF
• **Actifs de travail**			– Masse salariale	1,39 M€	1,25 M€
– Capacité disponible	620 H.	620 H.	– JHF EQPT disponibles	10 500 JHF	10 000 JHF
– *Heures productives*	589 H.	589 H.			
– *Taux de rendement*	90 %	90 %	• **Actifs de travail**		
– Heures production	130 H.	130 H.	– Capacité disponible	620 H.	620 JHF
dt TB véhicules	*130 H.*	*130 H.*	– Coût total	0,13 M€	0,15 M€
– *Coût Heure Actif Prod.*	245 €/H.	283 €/H.			
			• **Budget de**		
IV. Contributions			**fonctionnement**	0,20 M€	0,20 M€
• **Quantité produits**			– Personnel	0,10 M€	0,10 M€
– *dt TB véhicules*	*12 000 U.*	*7 500 U.*	– Actifs de travail	0,05 M€	0,05 M€
• *Valeur ajoutée*	**0,47 M€**	**0,36 M€**	– Bâtiments	0,05 M€	0,05 JM€
– *dt TB véhicules*	*0,47 M€*	*0,36 M€*			
• **Achats**			• **Prestations internes**		
– *dt TB véhicules*	*0,40 M€*	*0,30 M€*	**reçues** *par type de*		
• *Prix de revient*			*prestations*	0,12 M€	0,10 M€
– *dt TB véhicules*	*72 €*	*88 €*			
V. Qualité des			• **Frais généraux**	0,40 M€	0,40 M€
contributions					
• **Retard sur production**	0 j.	15 j.			
• *Taux de rebut*	1 %	2 %			

Schéma 3.2
Exemple de compte mensuel de pilotage

Nous notons à nouveau que les indicateurs de performance (ici, en caractère italique gras) sont exprimés par des ratios, des coûts qui résultent de calculs sur les indicateurs de pilotage (ici, en caractère normal). Ce sont des indicateurs secondaires par rapport aux indicateurs de base que sont les indicateurs de pilotage, avec la possibilité de calculer différents indicateurs de performance, en fonction des évolutions de management et de la formation des personnels à leur signification et à leurs emplois.

Tous ces calculs, avec la possibilité de simuler de nouvelles combinaisons d'indicateurs, se font sur le poste de Bureautique pilotage.

Construire des graphiques de pilotage significatifs

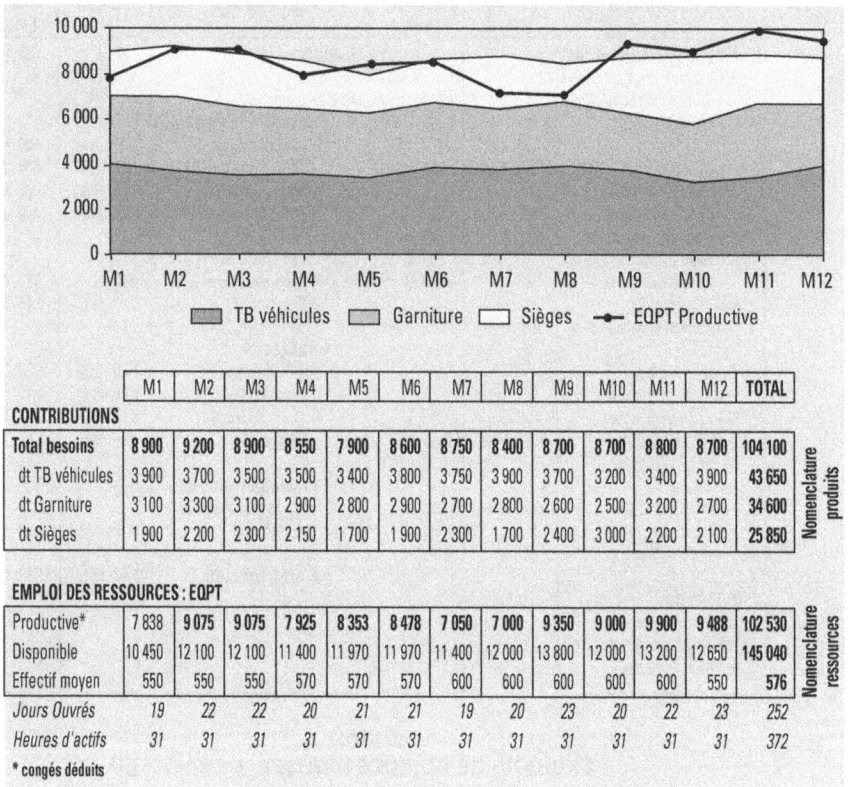

	M1	M2	M3	M4	M5	M6	M7	M8	M9	M10	M11	M12	TOTAL	
CONTRIBUTIONS														
Total besoins	8 900	9 200	8 900	8 550	7 900	8 600	8 750	8 400	8 700	8 700	8 800	8 700	**104 100**	Nomenclature produits
dt TB véhicules	3 900	3 700	3 500	3 500	3 400	3 800	3 750	3 900	3 700	3 200	3 400	3 900	**43 650**	
dt Garniture	3 100	3 300	3 100	2 900	2 800	2 900	2 700	2 800	2 600	2 500	3 200	2 700	**34 600**	
dt Sièges	1 900	2 200	2 300	2 150	1 700	1 900	2 300	1 700	2 400	3 000	2 200	2 100	**25 850**	
EMPLOI DES RESSOURCES : EQPT														
Productive*	7 838	9 075	9 075	7 925	8 353	8 478	7 050	7 000	9 350	9 000	9 900	9 488	**102 530**	Nomenclature ressources
Disponible	10 450	12 100	12 100	11 400	11 970	11 970	11 400	12 000	13 800	12 000	13 200	12 650	**145 040**	
Effectif moyen	550	550	550	570	570	570	600	600	600	600	600	550	**576**	
Jours Ouvrés	19	22	22	20	21	21	19	20	23	20	22	23	252	
Heures d'actifs	31	31	31	31	31	31	31	31	31	31	31	31	372	

* congés déduits

Schéma 3.3
**Exemple de graphique de pilotage, équilibre besoins (UO),
ressources (JHF EQPT)**

Le premier graphique oppose, mois par mois, pour les douze mois à venir :

- le nombre d'heures productives JHF EQPT que doit délivrer notre centre de référence, pour assurer ses contributions sur objectif;
- les ressources JHF EQPT productives prévues disponibles, compte tenu des hypothèses d'effectif moyen et des périodes de prises de congés.

Ces données résultent d'un premier travail de planification avec la synthèse des **besoins** (objectif de contributions en UO JHF EQPT) et des **ressources** (capacités de travail, en relation avec les effectifs disponibles) pour mettre en évidence des choix d'équilibrage.

Ce graphique peut être décliné par :

- catégorie, statut d'effectif, par exemple personnel de production (caristes, intérimaires, salariés, CDD, etc.), répertoriés dans la nomenclature de pilotage des ressources pour préciser les options de recrutement, de recours à l'intérim, de gestion des congés ;
- client, gamme de produits, selon la nomenclature de pilotage produits pour préciser des options de régulation des commandes clients, **de** sous-traitance, etc.

La même démarche est applicable aux actifs de travail.

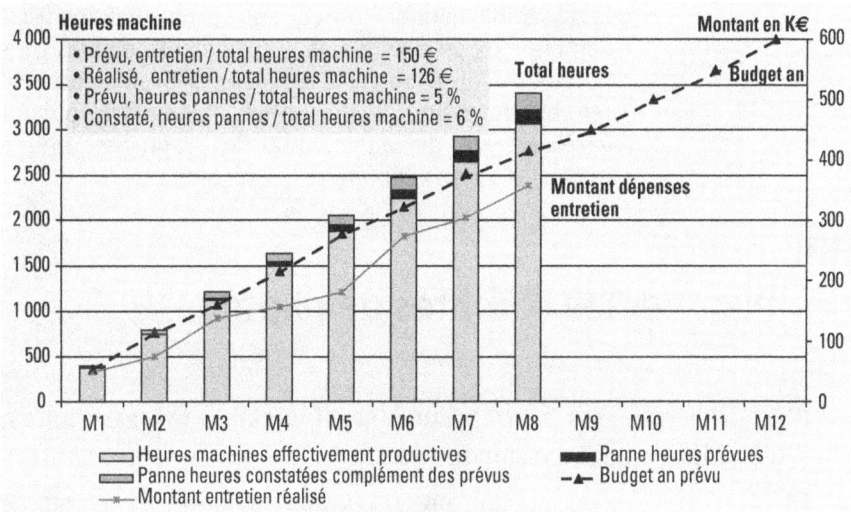

Schéma 3.4
Exemple de graphique de pilotage, entretien,
heures de production d'actifs de travail

Le second graphique oppose en données mensuelles cumulées :

- les heures machine productives, les heures de panne (prévu, réalisé ; histogrammes du tableau) ;
- les dépenses d'entretien (budget prévu, réalisé).

Il apparaît, par exemple, qu'au terme du 8e mois les dépenses d'entretien réalisées sont en deçà du budget prévu, avec la détérioration de ratios significatifs d'une bonne gestion des actifs (coût d'entretien par heure machine) et des performances opérationnelles du centre (nombre d'heures de panne par nombre d'heures productives).

Ces deux exemples de graphique sont loin d'être exhaustifs, compte tenu des diverses possibilités de lecture et de croisement des informations de pilotage.

Ils désignent deux caractéristiques majeures, communes à tous les graphiques de pilotage, que nous retrouverons dans les exemples de tableau de bord du chapitre 5 (p. 202) :

- l'opposition de données en **valeur**, en **volume**, **prévu**, **réalisé**, pour mettre en évidence soit des **équilibres besoins ressources**, soit des **performances de gestion**, à tel ou tel niveau de la chaîne, à piloter : ressources mobilisées, capacité de travail, contributions en UO, contributions intermédiaires produits ;
- le rassemblement en conséquence d'informations (ici, sur les commandes, les ressources humaines disponibles ou sur les heures d'actif, d'entretien, les dépenses associées, etc.), qui relèvent de centres, de personnels différents, ce qui appelle à les réunir pour dialoguer autour des graphiques, pour examiner les situations et prendre les décisions.

Planifier les comptes de pilotage

Pour planifier ses activités sur objectif et établir les prévisions de ses comptes de pilotage, chaque centre :

- considère les objectifs de volume de contribution, définis pour les produits et les services (intermédiaires ou livrables aux clients) dont il a la responsabilité. Ces produits et services sont obligatoirement répertoriés dans la nomenclature de pilotage produits de l'entreprise ([1] schéma suivant) ;
- traduit ces objectifs en besoin d'UO productives, JHF EQPT, actifs de travail (2), à partir d'hypothèses de consommation, c'est-à-dire en volume de capacité productive dont il faudra disposer (3) ;

- fixe à partir d'hypothèses de disponibilité, d'emploi, de rendement des ressources, le format des capacités potentielles à prévoir (4);
- calcule, en fonction des périodes ouvrées prévues, le volume de ressources à mobiliser (5);
- les oppose aux ressources disponibles pour situer les besoins en ressources complémentaires, effectue les arbitrages (6);
- calcule le budget direct d'exploitation, à partir d'hypothèses de coûts moyens, calcule les coûts de prestations de fonctionnement, à recevoir de centres support, et les frais généraux, puis établit le budget total (7);
- rapporte le coût des ressources mises en œuvre aux capacités productives, aux volumes de contributions prévues, puis calcule le coût des UO productives et la valeur des contributions (8).

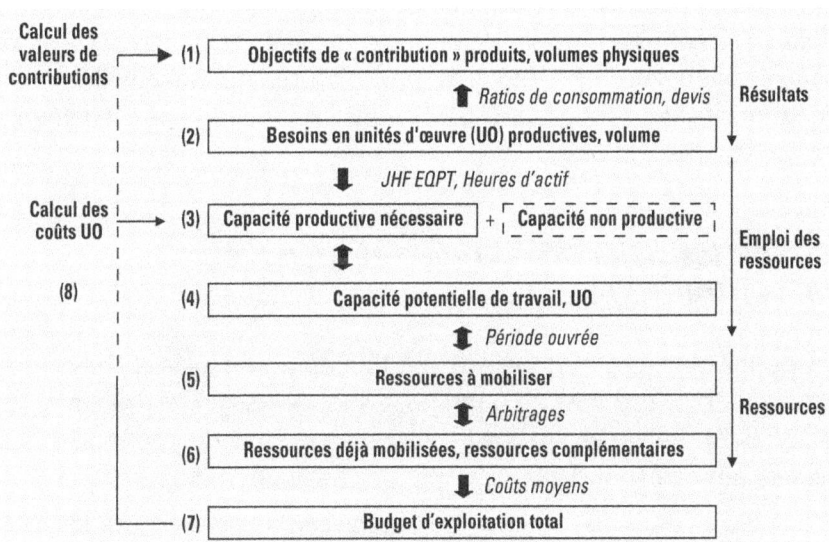

Schéma 3.5
Les principales étapes d'une planification sur objectif

Les calculs du chapitre précédent, pour mesurer les volumes de ressources mises en œuvre, les capacités de travail potentielles disponibles, productives, les consommations d'UO par type de contribution, enfin, les coûts associés sont appliqués «à l'envers», c'est-à-dire **des objectifs aux ressources.**

Les schémas et commentaires suivants précisent étape par étape les travaux à effectuer pour :

- définir les objectifs annuels et mensuels de contribution ;
- calculer les besoins en UO productives ;
- calculer les capacités potentielles de travail nécessaires ;
- équilibrer les ressources et les besoins ;
- calculer les ressources à mobiliser et les budgets associés.

Ces travaux concernent **tout centre** qui se pilote sur objectif (coordinateur, opération, support). Chaque centre ne diffère des autres que par les informations qu'il traite selon les produits et les services qu'il délivre, les ressources qu'il utilise (personnels de tel ou tel métier, telle ou telle catégorie d'actifs de travail).

Il en résulte que les modèles de planification (modèle de pilotage) placés sur les postes de Bureautique de pilotage sont organisés et fonctionnent toujours selon la même logique, avec les cohérences et les simplifications qui en découlent pour la préparation des plans de l'entreprise et leur programmation rapide en fonction des événements (voir chapitres 5 et 6).

Définir les objectifs annuels et mensuels de contribution

Étape 1. Les objectifs annuels d'évolution du portefeuille et des comptes de pilotage produits de l'entreprise sont définis en relation avec les objectifs stratégiques à moyen et à long terme de l'entreprise. La démarche correspondante est expliquée au chapitre 6.

Étape 2. Ces objectifs sont déclinés, au niveau du centre, pour les produits et les services de la nomenclature de pilotage produits qui le concernent. Ils se traduisent par :

- les quantités de contribution à délivrer pour les produits en exploitation, production en série ;
- les pourcentages d'avancement à atteindre pour les projets, dont le développement exige souvent plusieurs années, «production» sur mesure.

Étape 3. Les prévisions annuelles sont mensualisées.

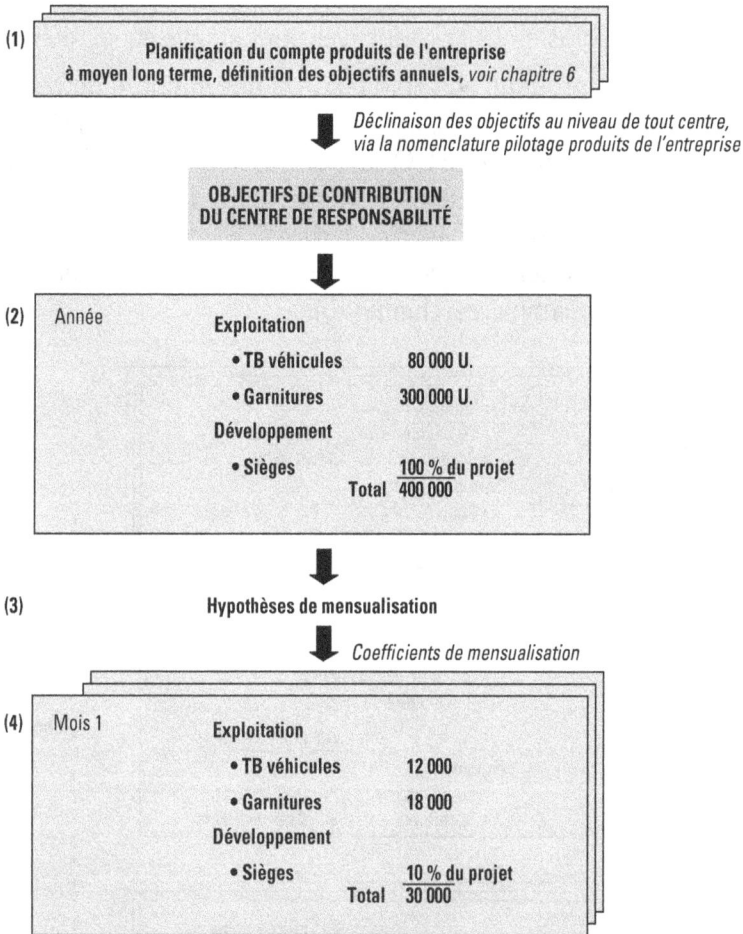

(1) Planification du compte produits de l'entreprise
à moyen long terme, définition des objectifs annuels, *voir chapitre 6*

*Déclinaison des objectifs au niveau de tout centre,
via la nomenclature pilotage produits de l'entreprise*

**OBJECTIFS DE CONTRIBUTION
DU CENTRE DE RESPONSABILITÉ**

(2) Année

Exploitation

• TB véhicules 80 000 U.

• Garnitures 300 000 U.

Développement

• Sièges 100 % du projet
Total 400 000

(3) Hypothèses de mensualisation

Coefficients de mensualisation

(4) Mois 1

Exploitation

• TB véhicules 12 000

• Garnitures 18 000

Développement

• Sièges 10 % du projet
Total 30 000

Schéma 3.6
La planification des objectifs annuels, mensuels de contribution

Étape 4. Les objectifs mensuels résultent de la multiplication des objectifs annuels par des coefficients de mensualisation, éventuellement établis à partir d'historiques.

Dans l'exemple ci-dessus, 12 000 tableaux de bord sont prévus le 1er mois, soit 15 % (coefficient prévisionnel de mensualisation) des quantités (80 000 tableaux de bord) prévues pour l'année.

Calculer les besoins en unités d'œuvre productives

Étape 5. Les besoins en UO productives sont établis en se référant :

- pour les produits en exploitation à des matrices de consommation standard (5 a), c'est-à-dire des tableaux qui indiquent les consommations d'UO (JHF EQPT, heures d'actifs) à prévoir par unité de produits, répertoriés dans la nomenclature de pilotage, chemin (a);
- pour les projets aux devis prévisionnels (5 b), établis lors des études préliminaires, chemin (b).

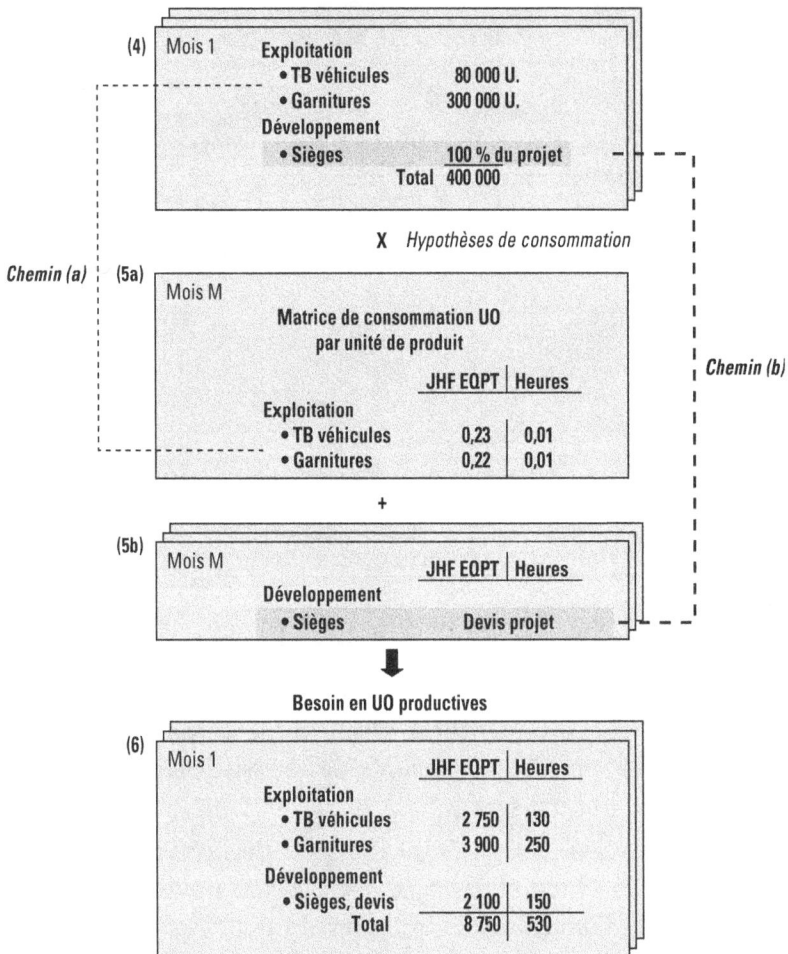

Schéma 3.7
La planification des besoins en UO productives

Pour les **produits en exploitation**, chemin (a), les volumes à produire sont multipliés par les matrices de consommation unitaire.

Les matrices de consommation des modèles de pilotage mettent en évidence des coefficients de consommation d'UO par produit de la nomenclature de pilotage. Ils sont calculés à partir des consommations d'unités d'œuvre des articles et opérations des nomenclatures de gestion de base.

Un coefficient indique, par exemple, 0,23 JHF EQPT par unité tableau de bord de la famille tableau de bord (5 a). Le mixe des consommations d'UO de la famille est surveillé et actualisé, selon la méthode présentée p. 18. La prise en compte d'un coefficient prévisionnel de consommation d'UO moins élevé, par exemple 0,21 JHF EQPT, indiquerait :

- l'introduction de nouveaux produits moins consommateurs d'UO dans la famille tableaux de bord ;
- une diminution des consommations prévues pour tel ou tel type de tableau de bord de la famille déjà en exploitation, par exemple, par la meilleure maîtrise des processus de production.

Il serait nécessaire de descendre dans les mixes de consommations d'UO pour en savoir plus.

Gérer les matrices et les mixes de consommation d'UO de pilotage

Il est intéressant de :

- disposer de synthèse des périodiques des consommations effectives d'UO, à partir des relevés de temps des personnels et du suivi des emplois des actifs, pour reconstituer des matrices de pilotage de suivi des consommation réelles, calculer les écart par rapport aux matrices de consommation standard, puis analyser leurs causes avec les producteurs ;
- suivre périodiquement les mixes de consommation des produits de la nomenclature de pilotage.

Ces informations de pilotage sont significatives de la maîtrise des opérations de base et de l'évolution des valeurs ajoutées du portefeuille produits. Elles sont utiles pour suivre l'évolution des performances du centre, promouvoir des cercles de qualité, structurer des dialogues de travail.

> Leur construction requiert toutefois une gestion de base très sophisti-
> quée et ne se justifie que pour des productions (articles de base, opéra-
> tions de *back-office*) de grande série.
>
> Par ailleurs, les équations de consommation standard, définies dans les
> centres de développement puis validées durant les phases de pré-
> industrialisation, subissent parfois des transformations mystérieuses
> dès qu'elles sont transférées dans les centres de production. Les exploi-
> tants trouvent toujours de bons motifs pour les modifier ou les inter-
> préter, afin de garder des marges de manœuvre par rapport aux
> standards initiaux.
>
> Enfin, les prévisions de consommations d'UO, basées au niveau opéra-
> tionnel sur des calculs très précis par article de base, opération élémen-
> taire, sont rarement recoupées avec les consommations constatées. Il y
> a donc souvent un découplage entre les modèles de consommation
> standard et la réalité de terrain.

Pour les **projets** (chemin [b] du schéma 3.7), les hypothèses de consommation d'UO sont définies dans des devis prévisionnels, établis
par les contributeurs responsables de tel ou tel lot, sous coordination
du chef de projet. Ces devis se réfèrent de plus en plus à :

- des protocoles qui indiquent les opérations à effectuer, les
  volumes standard d'UO par opération, les métiers concernés.
  C'est le cas, par exemple, pour les essais industriels, les tests de
  médicaments, les audits, etc., avec une évolution du «sur
  mesure» vers le «semi-industriel» pour optimiser coûts et
  performances;
- des profils types de projet, mis en évidence à partir de bilans
  d'expérience, avec la prise en compte de critères (nature du
  projet, son volume, son niveau de difficulté technique, les
  métiers à mobiliser, etc.) et la définition de standards types de
  consommation d'UO. Il est de bonne guerre que tout chef de
  projet les contourne sous tel ou tel prétexte, pour garder sa
  liberté de manœuvre.

Les prévisions de pilotage sont les agrégats des prévisions de
consommation d'UO (JHF EQPT, heures d'actif), détaillées par opération de base, par lots, par phase de réalisation, dans des systèmes
de gestion de projet, plus ou moins structurés selon les centres. Les
agrégats sont établis selon la nomenclature de pilotage projet intégrée dans la nomenclature de pilotage produits (p. 91).

Planifier les achats de production, de projet

La planification des **achats de production** (entrants de production) s'effectue selon la même logique que la planification des consommations d'UO de production (schéma 3.7).

Des matrices achat de synthèse indiquent :

- des volumes d'achats référencés dans la nomenclature de pilotage achat de l'entreprise, par exemple des nombres de composants, des kilogrammes de matières plastiques de telle ou telle catégorie ;
- par **unité de produits,** référencés dans la nomenclature de pilotage, par exemple le tableau de bord de la famille tableau de bord.

Les volumes globaux d'achats sont calculés en multipliant les quantités à produire par les matrices achat par unité produite. Ces volumes globaux sont multipliés par des hypothèses de prix d'achat, établies par les acheteurs. Ces derniers tiennent compte des historiques, de mercuriales de référence, de leur connaissance du marché, des fournisseurs et des objectifs d'amélioration des performances achat de l'entreprise.

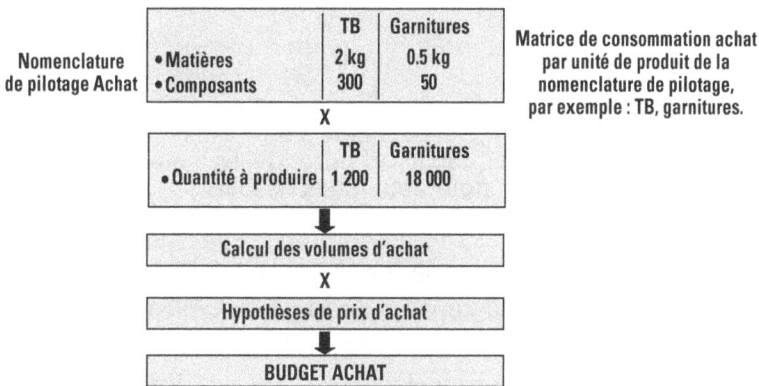

Nomenclature de pilotage Achat		TB	Garnitures
	• Matières	2 kg	0.5 kg
	• Composants	300	50

X

	TB	Garnitures
• Quantité à produire	1 200	18 000

Matrice de consommation achat par unité de produit de la nomenclature de pilotage, par exemple : TB, garnitures.

⬇

Calcul des volumes d'achat

X

Hypothèses de prix d'achat

⬇

BUDGET ACHAT

Schéma 3.8
La planification des achats de production, volumes, montants

Les contrats négociés avec les fournisseurs définissent des clauses éventuelles de révision de prix, le régime des concessions commerciales en fonction des volumes achetés, etc., de même que les règles de livraison, les pénalités pour retard, les conditions de règlement, etc.

Pour les **projets,** par exemple une opération de promotion commerciale, la négociation des achats se prépare durant les études préliminaires lors de la définition des devis physiques et des budgets. Elle se précise au fur et à mesure de l'avancement du projet.

Étape 6. Qu'il s'agisse de produits en exploitation ou de projets, le tableau (6) indique les prévisions de consommation d'UO productives, c'est-à-dire les besoins de capacités productives (effectifs, actifs de travail).

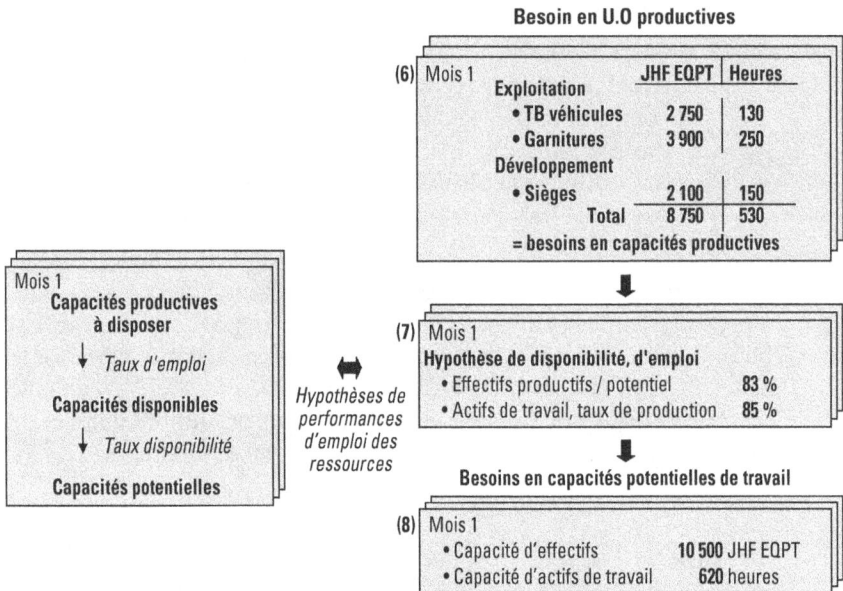

Besoin en U.O productives

(6)	Mois 1		JHF EQPT	Heures
	Exploitation			
		• TB véhicules	2 750	130
		• Garnitures	3 900	250
	Développement			
		• Sièges	2 100	150
		Total	8 750	530
	= besoins en capacités productives			

Mois 1
Capacités productives à disposer

↓ *Taux d'emploi*

Capacités disponibles

↓ *Taux disponibilité*

Capacités potentielles

Hypothèses de performances d'emploi des ressources

(7)	Mois 1	
	Hypothèse de disponibilité, d'emploi	
	• Effectifs productifs / potentiel	83 %
	• Actifs de travail, taux de production	85 %

Besoins en capacités potentielles de travail

(8)	Mois 1	
	• Capacité d'effectifs	**10 500** JHF EQPT
	• Capacité d'actifs de travail	**620** heures

Schéma 3.9
La planification des capacités potentielles à mettre en œuvre pour couvrir les besoins

Étape 7. Les besoins en capacités potentielles de travail sont calculés à partir des besoins en capacité productive (tableau 6), *via* différents ratios (taux de disponibilité, taux de rendement), qui indiquent les relations entre capacités productives et capacités potentielles, selon les logiques du chapitre 2 (p. 54). Ces relations indiquent des performances opérationnelles.

Par exemple, s'il faut disposer :

- de 8 750 JHF EQPT productifs, alors que le taux de JHF EQPT non productifs pris comme hypothèse, après observation des situations vécues et concertation interne, est de 17 %, la capacité potentielle à mobiliser est de 10 540 JHF EQPT, (soit 8 750 JHF EQPT x 100 % - 17 %) ;

de 530 heures d'actifs, alors que le taux de production prévu est de 85 %, au même niveau que les mois derniers (voir ratio 3, schéma 1.2, p. 54), la capacité potentielle à mobiliser est de 620 heures, soit 530 heures x 85 %. L'amélioration de ce taux s'appuie par exemple sur des politiques d'entretien (graphique p. 75).

Étape 8. Les besoins en capacités potentielles de travail sont mis en évidence, ici **620** heures d'actif et **10 540** heures JHF EQPT.

Équilibrer les ressources et les besoins

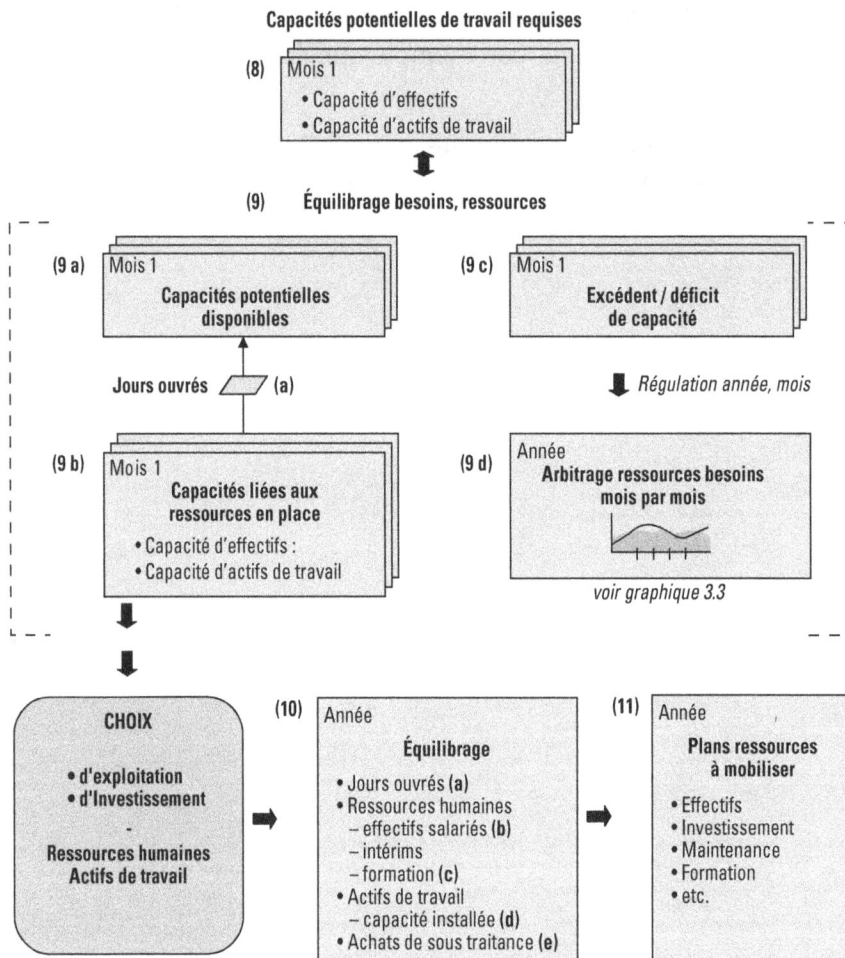

Capacités potentielles de travail requises

(8) Mois 1
- Capacité d'effectifs
- Capacité d'actifs de travail

(9)Équilibrage besoins, ressources

(9 a) Mois 1
Capacités potentielles disponibles

Jours ouvrés(a)

(9 b) Mois 1
Capacités liées aux ressources en place
- Capacité d'effectifs :
- Capacité d'actifs de travail

(9 c) Mois 1
Excédent / déficit de capacité

Régulation année, mois

(9 d)Année
Arbitrage ressources besoins mois par mois

voir graphique 3.3

CHOIX

- d'exploitation
- d'Investissement

-

Ressources humaines Actifs de travail

(10)Année
Équilibrage
- Jours ouvrés **(a)**
- Ressources humaines
  - effectifs salariés **(b)**
  - intérims
  - formation **(c)**
- Actifs de travail
  - capacité installée **(d)**
- Achats de sous traitance **(e)**

(11)Année
Plans ressources à mobiliser
- Effectifs
- Investissement
- Maintenance
- Formation
- etc.

Schéma 3.10
La planification des équilibres besoins ressources, les ressources à mobiliser

Étape 9. Les capacités potentielles requises (8) sont opposées aux capacités potentielles disponibles (9a), du fait des ressources déjà en place (9 b). Les déficits ou les excédents de capacité sont mis en évidence mois par mois (9 c), avec l'emploi éventuel de graphiques de pilotage (9 d) pour faciliter les explications et les discussions (voir graphique 3.3 et commentaires, p. 74).

Étape 10. Les choix d'ajustement des capacités sont simulés en jouant sur tel ou tel paramètre du modèle (tableau 10), tels que :

- le volume de la période ouvrée, nombre de jours ou d'heures ouvrés par mois (a), avec les options d'heures supplémentaires et les estimés des coûts supplémentaires opposables aux résultats escomptés ;
- les hypothèses de recrutement (b) d'intérimaires, de personnels salariés (CDD, CDI) ou le développement de formations pour améliorer les performances opérationnelles (c) ;
- l'augmentation des capacités installées d'actifs (d), avec la remise en service d'installations en sommeil, l'étude de nouveaux investissements ou, en alternative, l'achat de sous-traitances (e), etc.

Étape 11. Les calendriers de jours ouvrés (a), les ressources complémentaires à prévoir (effectifs, actifs de travail, budget de formation, d'achat) sont définis en conséquence dans les plans annuels (ressources humaines, formation, investissement, maintenance) (11).

Calculer les ressources à mobiliser, les budgets associés

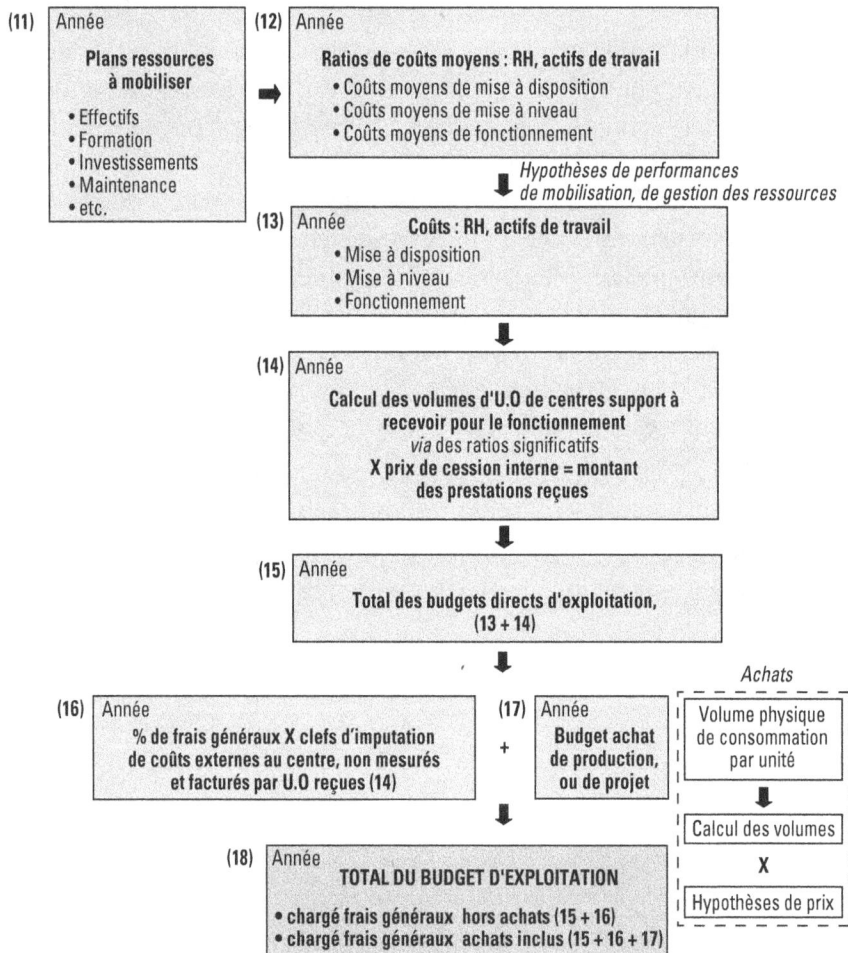

(11) Année

Plans ressources à mobiliser

- Effectifs
- Formation
- Investissements
- Maintenance
- etc.

(12) Année

Ratios de coûts moyens : RH, actifs de travail
- Coûts moyens de mise à disposition
- Coûts moyens de mise à niveau
- Coûts moyens de fonctionnement

Hypothèses de performances de mobilisation, de gestion des ressources

(13) Année   **Coûts : RH, actifs de travail**
- Mise à disposition
- Mise à niveau
- Fonctionnement

(14) Année

Calcul des volumes d'U.O de centres support à recevoir pour le fonctionnement
via des ratios significatifs
X prix de cession interne = montant des prestations reçues

(15) Année

Total des budgets directs d'exploitation, (13 + 14)

Achats

(16) Année
% de frais généraux X clefs d'imputation de coûts externes au centre, non mesurés et facturés par U.O reçues (14)

(17) Année
Budget achat de production, ou de projet
+

Volume physique de consommation par unité

Calcul des volumes

X

Hypothèses de prix

(18) Année
TOTAL DU BUDGET D'EXPLOITATION
- chargé frais généraux hors achats (15 + 16)
- chargé frais généraux achats inclus (15 + 16 + 17)

Schéma 3.11
La planification des budgets d'exploitation

Étape 12. Les ratios de coût moyen des ressources physiques à mobiliser sont définis. Ces ratios (masse salariale par personne, coût de gestion, de formation par personne, coût d'amortissement, de consommables par heure d'actif) indiquent des performances de gestion. Ils sont discutés avec les services opérationnels concernés et les centres support, à partir de l'analyse des historiques, de *benchmarking*, afin de mettre en évidence des plans de progrès de gestion à appliquer pour les améliorer.

Étape 13. Les coûts associés aux ressources physiques (coûts de mise à disposition, de mise à niveau, budgets de fonctionnement) sont calculés en multipliant les volumes de ressources physiques à mobiliser par les coûts moyens.

Étape 14. La même démarche est appliquée aux prestations internes reçues des centres support, *via* des ratios qui les relient à des indicateurs de pilotage du centre, selon leur nature : par exemple, au nombre de personnes pour les UO de pilotage des services informatiques, aux capacités installées d'actifs pour les UO de pilotage du support technique central.

La valorisation est effectuée à partir des «prix» des centres support fournisseurs internes, pilotés comme des entreprises particulières. Si ce n'est pas le cas, les frais généraux que représentent les coûts des centres support sont estimés, imputés, selon les règles internes de l'entreprise, et ajoutés aux autres frais généraux.

Étape 15. Le total du budget d'exploitation du centre est établi, hors achats liés aux produits, avec distinction du total des budgets directs (13) et des coûts de prestations internes à recevoir (14).

Étape 16. Les frais généraux sont imputés.

Étape 17. Les budgets d'achat produits sont calculés à l'année, mois par mois, à partir des estimés de consommation physique et des hypothèses de prix d'achat pour les produits et les services en exploitation ou à partir des devis prévisionnels pour les projets de développement.

Étape 18. Diverses lectures du budget total d'exploitation, chargé ou non en frais généraux, hors achats, achats inclus sont mises en évidence.

Tous ces calculs se réfèrent aux logiques du chapitre 2.

Les paramètres de pilotage, qui déterminent la réalisation des objectifs de contribution, sont :

- les performances de consommation ;
- les hypothèses d'emploi des ressources ;
- la disponibilité des ressources, les coûts associés.

Ces paramètres sont mis en évidence dans les tableaux du modèle et les graphiques de pilotage associés. Ils sont les points d'appui des dialogues de préparation des plans entre services et départements du centre, avec simulation des options possibles et de leurs conséquences.

Les travaux s'effectuent par référence aux séquences et aux calendriers planification de l'entreprise, démultipliés à leur niveau (chapitre 6, p. 242).

Chaque hypothèse de travail, exprimée par un ratio de pilotage (coefficient de consommation d'UO, taux de disponibilité des personnels, taux de rendement des machines, coût moyen des ressources), indique un niveau de performance que chaque responsable traduira en exigences de gestion sur le terrain : amélioration d'une procédure opérationnelle, formation de personnes, organisation de dialogues entre services, cercles de qualité, régulation des congés, etc.

Lorsque la planification physique puis le calcul prévisionnel des diverses versions du budget sont effectués (étape 18), les valeurs ajoutées, les prix de revient des produits sont mis en évidence dans le compte de pilotage prévisionnel, annuels et mensuels du centre, selon les règles de calcul expliquées au chapitre 2. Le centre peut alors négocier ses propositions avec ses clients internes ou externes et revenir éventuellement sur des hypothèses de performance.

Le compte prévisionnel retenu pour l'année, et décliné mois par mois, en relation avec la planification de l'ensemble des activités de l'entreprise, fixe les objectifs officiels, les «plans de vol» du centre, ainsi que les hypothèses de performance sur lesquelles il s'engage.

Le comptes annuel et les comptes mensuels sont mémorisés et gérés sur le poste de Bureautique de pilotage. Tous les mois, les synthèses établies à partir des réalisés de gestion (ressources, capacités mobilisées utilisées, contributions délivrées) sont opposées aux prévisions pour suivre les cheminements sur objectifs annuels.

Piloter les contributions aux grands projets

Dans l'hypothèse de centres impliqués dans la réalisation de grands projets (ou programmes), par exemple dans les secteurs de l'aéronautique, de l'ingénierie, des travaux publics, les comptes du centre s'attachent aux comptes de pilotage du grand projet, qui est de fait un compte produits en devenir particulier, associé au compte produits principal (p. 14).

Le compte global de pilotage d'un grand projet, prévu par exemple sur 5 ans, est établi au global (cumul des 5 ans), puis réparti par année, puis par mois pour l'année en cours et l'année à venir. Des comptes associés de grand projet déclinent le compte global par lots techniques, projets associés, attachés à la nomenclature de pilotage du grand projet préalablement définie (organisation du pilotage du grand projet).

Cette nomenclature est elle-même attachée à la nomenclature produits, qui comprend par ailleurs la nomenclature de pilotage des contributions du centre. La liaison est donc établie entre la planification du grand projet, de ses composantes et la planification des contributions, puis des ressources du centre (étapes ci-dessus).

Toute la chaîne grand projet centres contributeurs est bien balisée pour planifier des objectifs aux ressources, puis pour remonter les suivis de réalisés. Plus le grand projet est lourd et complexe par le nombre des contributeurs et les diverses catégories de ressources à mobiliser, plus la chaîne est ramifiée dans une ou plusieurs entreprises, avec les problèmes de coordination que cela pose.

Piloter performances et facteurs de performance

Le cheminement dans le modèle de planification du compte de pilotage d'un centre confirme les principaux facteurs qui déterminent ses performances.

Une première série de facteurs concerne les produits et les **performances externes** (schéma 1.5, p. 14) :

- la justesse des prévisions des contributions, par référence à la nomenclature de pilotage produits, avec une stabilité des mixes établis sur les regroupements d'articles ou d'opérations de base du centre ;

À ce niveau, le centre est fortement dépendant de l'évolution du portefeuille produits de l'entreprise et de la demande de ses clients internes ou externes. Il peut toutefois appliquer, sur la base de l'expérience, des coefficients de fiabilité ou de rectification aux prévisions ou promesses de commandes, qu'il reçoit de tel ou tel client interne ou externe. Il peut aussi organiser avec ceux-ci et au sein de l'entreprise, les relations nécessaires pour anticiper les variations mensuelles de commande et de charge, ou bien les dates précises de mise en exploitation de nouveaux produits, souvent décalées par rapport aux prévisions, etc. Enfin, il peut étudier des formules de prix variables avec l'objectif de réguler au mieux les charges de travail, tout en prouvant un intérêt économique ou opérationnel à ses clients ;

- la structure physique des produits en exploitation, avec en amont, au stade du développement des produits, l'implication des chefs de projet, des concepteurs, des équipes d'analyse de valeur, des acheteurs. Les performances, à ce niveau, se traduisent par l'évolution à la baisse des coefficients des matrices de consommation (JHF EQPT, heures d'actifs et d'achat) ;

- la capacité de conception des projets, la maîtrise des spécifications, des devis physiques et des budgets prévisionnels, en évitant les projets à modifications permanentes (projet à géométrie variable non contrôlé) ;

Une seconde série de facteurs concerne les ressources et les **performances internes** (schéma 1.5) :

- l'emploi efficace des capacités de travail, indiqué par des taux de disponibilité, des taux d'emploi, des rendements significatifs de la maîtrise des plans et des processus opérationnels et du bon niveau professionnel des personnes ;

- la capacité de mobilisation et de mise à niveau des ressources, selon les demandes des exploitants et les calendriers initiaux ;

- la gestion des politiques de recrutement en adéquation avec les besoins définis selon des critères opérationnels, la gestion maîtrisée et économique des intérimaires, la qualité, la performance des politiques de formation, en adéquation avec les objectifs de promotion des personnes, d'amélioration de leur capacité de travail ;

- l'association des personnels aux enjeux, à l'évolution des performances, par l'application à leur niveau des logiques de pilotage et l'intéressement direct (p. 101);
- la transparence de la préparation et de la gestion des budgets de fonctionnement (personnels, actifs de travail, bâtiments, etc.), avec la mise en évidence et le suivi de ratios de coût moyen (par exemple, coût du kilomètre du véhicule loué, montant des fournitures par personne) pour promouvoir un emploi économique des budgets et un comportement responsable des utilisateurs;
- la maîtrise, la rentabilité des politiques d'investissement, avec la construction de comptes de pilotage par portefeuille d'actifs pour mesurer (prévu, réalisé) l'évolution des coûts d'actifs (amortissements, entretien, fonctionnement, effectif associés) et du coût de l'UO, en fonction des volumes de production. Une politique intelligente veille aussi à piloter les investissements de modernisation qui substituent des actifs de travail à des personnes de façon telle que les évolutions d'effectif, les changements de métier qui en résultent soient clairement anticipés, expliqués, accompagnés sur des périodes de plusieurs années, liées à la durée des cycles d'investissement. Nous retrouvons ici les exigences d'une planification stratégique à moyen long terme (voir chapitre 6);
- performance de la politique d'achat (de fonctionnement, de production, de projets par référence à des critères de prix et de qualité de service);
- qualité et transparence des prestations internes support (déjà évoquée plusieurs fois).

Piloter la performance achat

Qu'il s'agisse de dépenses liées aux ressources d'exploitation (intérim, formation, budgets de fonctionnement), d'achats de production, le total des achats représente souvent plus de la moitié du budget d'exploitation total de l'entreprise. Les entreprises s'impliquent donc de plus en plus dans la mise en place de politiques d'optimisation de leur performance achat.

Le schéma ci-dessous rappelle les points d'impact d'une politique sur le compte de pilotage d'un centre.

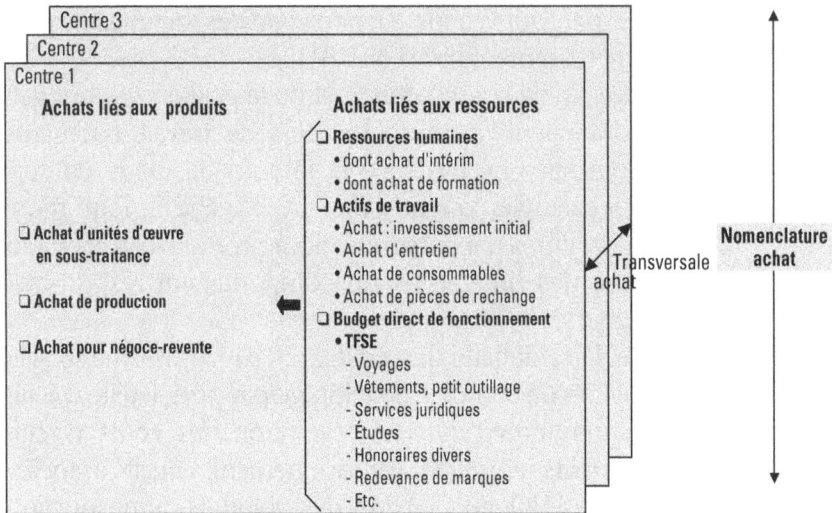

Schéma 3.12
Le pilotage d'une politique de performance achat

La coordination d'une politique d'achats exige :

- une lecture transversale (prévu, réalisé) des achats des centres. Chaque centre doit donc mesurer ses achats en se référant à la nomenclature de pilotage achat de l'entreprise ;
- des explications, des dialogues, des procédures de coordinations et d'arbitrage, organisées entre la direction centrale des achats et les centres.

Faute de quoi :

- les centres ne s'approprient pas les enjeux, les objectifs de la politique de performance d'achat ;
- la direction des achats, ses responsables, *lead buyers*, affichent des objectifs généraux sans relais réel et application concrète sur le terrain ;
- les dirigeants qui investissent dans la mise en place de politiques et de structures de pilotage des achats ne disposent pas des données de synthèse utiles pour apprécier l'impact de leurs décisions sur les comptes d'exploitation des centres et de l'entreprise.

La liste des facteurs de performance confirme que la performance du centre, de l'entreprise, concerne tous les personnels. Mais chaque centre, chaque entreprise a des points forts et des points faibles. Ces derniers sont la préoccupation constante de l'encadrement opérationnel qui en gère les conséquences sur le terrain : variation des charges de production, projet mal contrôlé à «géométrie variable», panne par défaut d'entretien, surcoût d'intérimaires appelés en urgence, etc.

Alors quel est le bon niveau de performance? comment définir, ordonner les actions de progrès à engager, mesurer leurs conditions de ressources, leurs impacts sur les contributions, comment en définir les priorités à court et moyen terme, suivre les réalisés?

Nous retrouvons toujours l'exigence du pilotage. Par ailleurs, le centre a la possibilité d'utiliser des standards prédéfinis par l'entreprise ou de se comparer à des centres de même métier à l'intérieur ou à l'extérieur de l'entreprise.

Se référer à des standards, pratiquer le *benchmarking*

La planification du centre peut se référer à des standards de performance, définis à son niveau ou par les hiérarchies verticales. Nous avons déjà mentionné plus haut les standards de consommation d'UO, qui sont alors complétés par des standards de référence pour :

- les ratios de coût moyen qui mesurent des performances de mobilisation et de préparation des ressources ;
- les ratios de performance qui mesurent l'emploi des ressources physiques et des capacités de travail potentielles, disponibles, productives, associées.

Ces valeurs standard sont entrées aux différents niveaux du modèle de planification, dont le schéma logique est rappelé ci-dessous. Les calculs de planification s'effectuent donc au standard. Le centre en tire les conclusions utiles pour la gestion des facteurs de performance opérationnelle, qui interviennent sur le niveau des indicateurs de pilotage des performance.

Volume produits en unité
X
Consommation UO par unité — Ex : Taux standard de consommation d'unité d'œuvre - ex : équation de production (1)

Besoin en capacité productive

Capacité potentielle
Jours ouvrés
Ressources mobilisées

Taux d'emploi des capacités :
• Ressources humaines
• Actifs
Ex : Taux de disponibilité JHF EQPT : 83 %
• dont taux d'absentéisme : 5 %
• dont taux de formation : 8 %

Coût standard de fonctionnement — Ex : - Dépenses consommables / heure de production d'actif
- Frais de mission / mission

Contributions au standard des centres support : mobilisation des ressources ➡ Coût standard de mise à disposition, mise à niveau — Ex : - Amortissement / capacité installé
- Dépenses formation / effectif
- Masse salariale / effectif

Contributions au standard des centres support selon nomenclature de pilotage ➡ Volume, coût standard UO prestations internes — Ex : - Heures support informatique / effectif
- Coût standard de l'heure

Budget de fonctionnement directe au standard

Frais généraux (% standard)

Total budget d'exploitation hors achat
+
Consommation achat de production au standard × Prix standard ➡ Total budget d'achat de production au standard

Chemin (1) ⬅   ⬅ ⬅ ⬅ Chemin (1)   Écarts sur standard Exemple : budget d'achat

Mixes   Total budget d'exploitation inclus achat

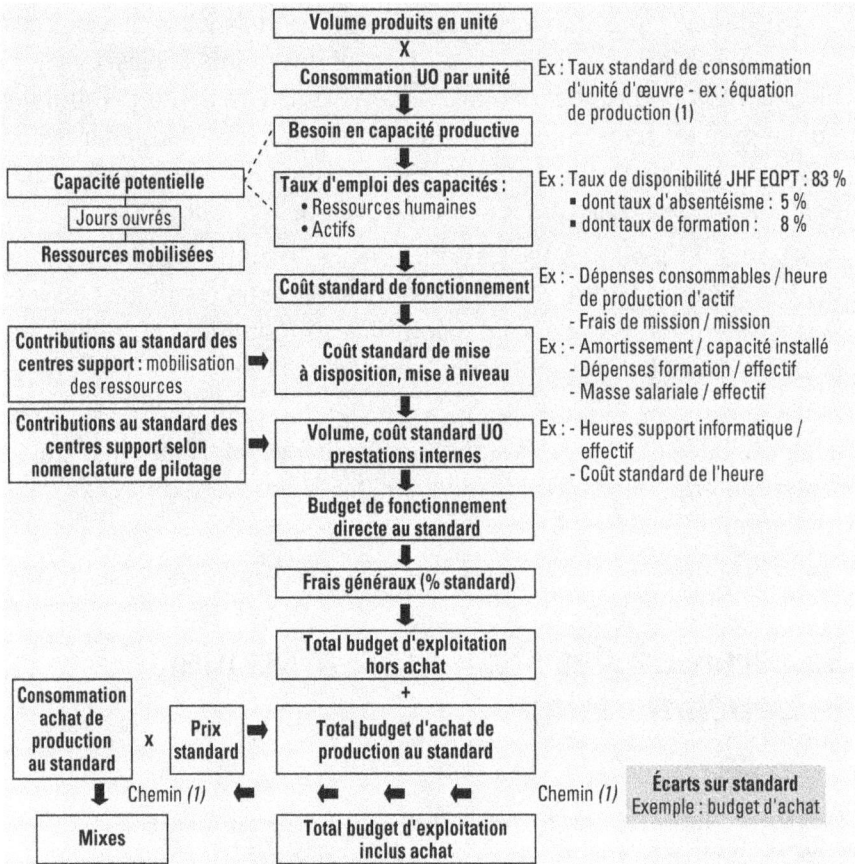

Schéma 3.13
La planification et le suivi d'écarts sur standards, *reverse approach*

Les écarts sur standard sont mis en évidence tous les mois, à partir des synthèses sur les réalisés, opposés au prévu sur standard. Les causes de l'écart constaté sur un indicateur sont identifiées en **naviguant à l'envers** dans les logiques du modèle de planification sur objectif.

Par exemple, un écart sur le budget achat production conduit à remonter aux volumes et aux prix constatés par rapport aux prévus (chemin 1 du schéma ci-dessus) pour situer l'effet des écarts de prix ou de volume; puis à descendre, si besoin est, dans l'évolution des mixes valeur et volume, par rapport aux prévus initiaux, pour en savoir plus par catégorie d'achats.

De façon concrète, la navigation s'effectue dans les différents tableaux du modèle, présentés plus haut (p. 78 à 89) pour :

- identifier, tableau par tableau, les indicateurs de résultats pour lesquels apparaît un écart sur prévu, indicateurs déterminés ;
- remonter aux indicateurs déterminants du calcul.

À ce stade, le pilote identifie les écarts constatés par rapport aux principaux paramètres du plan de vol, puis remonte aux causes d'écarts : c'est la logique du pilotage.

Cette logique appliquée à l'ensemble de l'entreprise, constituée de plusieurs centres, conduit à organiser un **modèle de pilotage** et un **tableau de bord** de navigation sur objectif, hiérarchisés du général au particulier. Chaque centre applique à ses informations de pilotage les mêmes logiques de traitement. Nous reviendrons en détail sur cette organisation chapitre 5.

L'évolution des standards de référence, les écarts sur standard sont à la base des dialogues développés par les responsables du centre avec les départements, les services eux-mêmes, dotés de comptes associés utiles par catégorie d'effectif, d'actif, etc., pour maîtriser les facteurs opérationnels de performance.

Piloter sur standards

Pour illustrer la démarche en montrant qu'elle s'applique à tout centre de responsabilité, prenons l'exemple non pas du centre de production de la *business unit* automobile, mais celui de l'une des quatre directions régionales commerciales de la *business unit* presse édition (centre opération), coordonnées par une direction centrale (centre coordinateur). La direction de la région Nord dispose d'un effectif moyen de vingt personnes (représentants, personnels administratifs, assistantes commerciales). Son activité porte sur trois types de contributions, référencées dans la nomenclature de pilotage produits :

- la prospection commerciale, avec la visite des réseaux de distribution et des principaux clients directs (grands comptes) ;
- la gestion des relations clients (administration des ventes, concessions commerciales, etc.) ;
- les opérations de promotion commerciale (préparation, gestion d'opérations de promotion locales, relais sur le terrain d'opérations nationales).

Ces contributions sont planifiées au standard, à partir de normes définies et discutées avec la direction centrale.

Le tableau ci-après rappelle les objectifs de l'année, les prévus, les réalisés mois par mois :

- les volumes de contribution (prospection commerciale, gestion des relations clients, opérations de promotion commerciale, ici, 540 visites de prospection commerciale (a) ont été réalisées durant le premier mois, alors que 500 étaient prévues) ;
- les volumes d'UO (b), ici exclusivement des JHF EQPT, soit 290 pour les visites du premier mois ;
- le coût moyen de l'UO JH EQPT (c), ici 300 euros/JHF EQPT pour le premier mois.

Le coût direct (prix interne direct) de la visite est calculé en divisant le montant des UO utilisées (290 JHF EQPT x 300 euros), soit 87 000 euros par 540 visites.

Ce coût de 161 euros par visite est calculé directement sur le poste de Bureautique de pilotage, à partir des données du tableau, tenues à jour et gérées selon les normes présentées au chapitre 5.

Compte de pilotage		Année Standard	Mois réalisé Cumul	Mois 1		Mois 2	
				Pr	Re	Pr	Re
❏ **Ressources productives**							
• Effectif moyen personnes		35	35	35	35	38	35
• JHF EQPT Total		8 400	1 400	700	700	760	700
% Productif		80 %	75 %	80 %	75 %	75 %	75 %
• JHF EQPT Productif		6 720	1 050	560	525	570	525
• Coût moyen JHF EQPT	(c)	300	295	300	300	300	290
❏ **Contributions – Volume**							
U.O. associé							
• Prospection commerciale							
– JHF EQPT	(b)	3 480	585	290	290	290	295
– Nbre de visites	(a)	6 000	990	500	540	500	450
• Gestion relations clients							
– JHF EQPT		1 560	255	130	130	130	125
– Nbre dossiers traités		600	90	50	45	50	45
• Opérations de promotion commerciale							
– JHF EQPT		960	170	80	80	80	90
– Nbre d'opérations		36	7	3	3	3	4
❏ *Ratio des graphiques*							
• *Coût par visite prospection*		174,00 €	174,30 €	174,00 €	161,00 €	174,00 €	190,00 €
• *JH EQPT par visite*		0,59	0,59	0,58	0,53	0,59	0,65
• *JHF EQPT par dossier client*		2,60	2,83	2,60	2,89	2,60	2,78
• *JHF EQPT par opération*		26,67	24,29	26,67	26,67	26,67	22,50

Schéma 3.14
Exemple de suivi de réalisés sur standards

Les réunions périodiques de pilotage s'appuient sur l'emploi combiné de deux types de graphiques :

- les uns sont des **films** de l'évolution d'écarts sur standard. Ici, pour deux indicateurs de performance de la direction régionale Nord, le nombre et le prix moyen de la visite, au coût interne direct (graphique 3.15) ;
- les autres sont des **photographies** d'écart sur standard. Ici, pour les temps moyen JHF EQPT prévus par visite, opération commerciale, dossier clients [graphique 3.16], type de contribution.

Vision FILM : évolution des écarts sur standard

(1a) Exemple d'écart sur standard de volume
Standard : 500 visites/mois

(1b) Exemple d'écart sur standard de coût
Standard : 174 € par visite

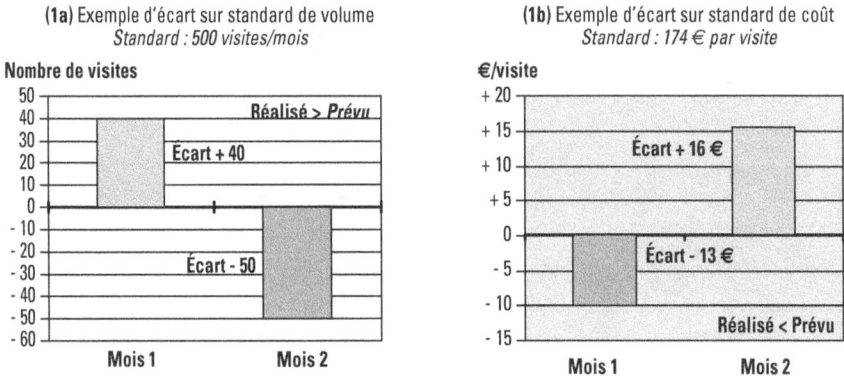

Schéma 3.15
Graphique de pilotage, évolution d'écarts constatés sur standards

Il apparaît, par exemple, sur le premier graphique une détérioration de situation pour les visites de prospection. Le deuxième mois, le nombre de visites de prospection (1a) est moins élevé que prévu, le coût par visite est plus élevé que prévu (1b).

L'examen du temps passé par visite (graphique ci-dessous) montre de plus que le temps passé par visite, en JHF EQPT, dépasse le standard fixé.

Vision PHOTO : écart sur standard annuel pour un mois ou un cumul de mois, ici pour le 2e mois
Exemple : JHF EQPT par type de contribution

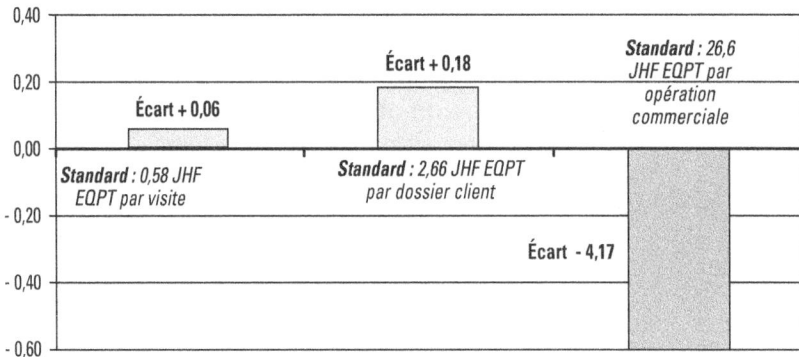

Schéma 3.16
Graphique de pilotage, écarts constatés sur standards

Cette augmentation du temps moyen par visite indique des prospections plus difficiles que prévues (marché en stagnation, concurrence accrue, demandes de concessions commerciales sur mesure, etc.) avec tout autant d'hypothèses à discuter au sein de la direction, à partir d'informations complémentaires de terrain (rapport des représentants, évolution des démarches des concurrents, évolutions locales de ventes, attitude des grands comptes).

Il ne s'agit pas de produire les graphiques pour les graphiques. Il faut que les standards, les tableaux de pilotage soient significatifs d'enjeux de décision et servent de plate-forme aux dialogues utiles entre les différents personnels.

Un compte établi sur les données d'un ensemble de centres contributeurs, dont les activités sont identiques (quatre régions du réseau dans l'exemple ci-dessus) met en évidence une moyenne par rapport à laquelle chacun peut se situer.

Le **benchmarking**, interne ou externe (comparaison avec un standard de concurrents, de la profession pris comme étalon), est une excellente méthode pour :

- mettre en évidence les points forts, les points faibles de tel ou tel centre, par rapport à la moyenne, avant de lui fixer un objectif standard de référence pour les performances à améliorer de façon prioritaire. Chacun peut être conduit, par des chemins personnalisés, au même niveau de performance globale, etc.
- organiser les dialogues périodiques sur la raison des écarts des uns ou des autres, par rapport à la moyenne, promouvoir des réflexions, des échanges d'expérience entre centres et les synergies qui en résultent.

Organiser le centre de responsabilité « entreprise particulière »

Le compte principal de pilotage (décliné au niveau des départements, des services, des équipes de base, *via* les comptes associés) donne au centre les informations nécessaires pour piloter ses activités, coordonner l'emploi de ses ressources, en synergie avec les autres centres de l'entreprise.

Ces informations sont disponibles sur le (s) poste (s) de Bureautique de pilotage du centre. Ces postes sont les points d'appui du système de pilotage de l'entreprise et de chacun de ses centres. Le chapitre 5 explique leur organisation et leur fonctionnement.

Chaque centre «entreprise particulière», dispose alors des informations, des instruments utiles (schéma ci-dessous) pour appliquer les logiques du pilotage, c'est-à-dire;

- planifier les comptes du centre à l'année (1), avec les raisonnements et les calculs que nous venons de présenter;
- répartir les objectifs annuels par mois (2);
- établir des synthèses mensuelles sur les réalisés, à partir des informations de gestion (3) puis les synthèses des réalisés de l'année (4);
- sélectionner les indicateurs et les informations (prévus, réalisés) des comptes d'un mois, d'une année (5), en les lisant de plusieurs façons, selon les circonstances et les besoins du pilotage;
- calculer automatiquement les ratios de performance opérationnelle, les indicateurs économiques tels que les valeurs ajoutées, les prix de revient (6);
- retracer les évolutions prévues, réalisées (7);
- produire les tableaux de bord de navigation sur objectif (8).

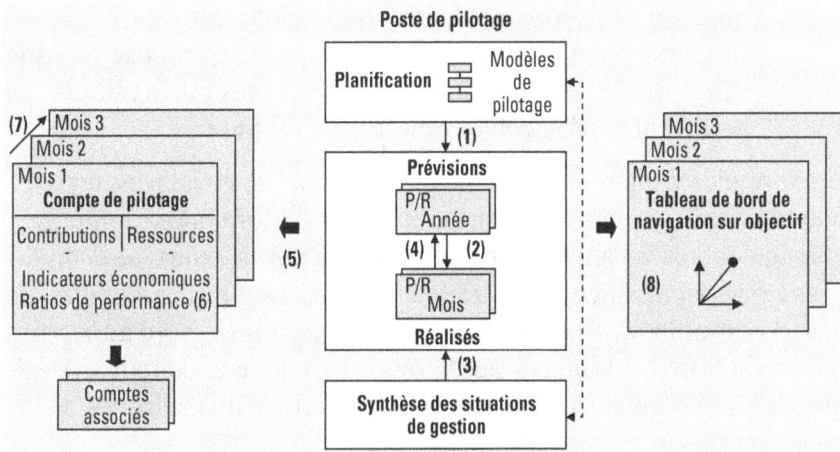

Schéma 3.17
Les fonctions du poste de Bureautique de pilotage
d'un centre de responsabilité

Les modèles de pilotage, placés sur les postes de Bureautique, sont aussi utilisés pour simuler des hypothèses de travail, de performance concernant le centre ou tel ou tel de ses départements et expliquer leurs impacts sur la réalisation des objectifs.

À chaque niveau (départements, services, équipes), les engagements de contribution sont le résultat d'engagements de performance, qui sont exprimés dans des **contrats de partenariat** :

- entre chaque centre de responsabilité, ses départements, ses services dotés de comptes de pilotage associés ;
- entre les différents centres de responsabilité (coordinateur, opération, support), chacun partenaire du réseau d'entreprises particulières que constitue l'entreprise ;
- avec des partenaires extérieurs, contrats fournisseurs sous normes de pilotage, instituts de formation professionnelle, etc.

Les personnels sont associés aux engagements de performance du centre dont ils relèvent par des formules d'un **intéressement direct**, qui complète leur intéressement aux résultats globaux de l'entreprise :

- l'intéressement direct marque leur appartenance **à l'entreprise particulière** qui doit être de dimension humaine, dans

    laquelle ils se reconnaissent, avec une communauté d'histori-
ques, de préoccupations, de choix et d'enjeux ;

    ● l'intéressement aux résultats globaux de l'entreprise marque
leur appartenance au **réseau d'entreprises particulières** qui
partagent le projet et les objectifs de l'entreprise.

Les formules d'intéressement direct sont simples, évolutives, en relation avec les objectifs de contributions, de performance, de progrès
internes définis à l'année. Elles sont gérées par le centre et démulti-
pliées par département, par service jusqu'au niveau des équipes de
base. Les montants d'intéressement prévus, distribués, sont gouvernés
par l'évolution d'indicateurs ou de ratios de pilotage, clairement désignés. Le fonctionnement des comptes de pilotage du centre, les dialogues associés, sont à la base du dispositif.

Chapitre 4

Construction du système de pilotage de l'entreprise

Partir du modèle de base des informations de pilotage

La présentation de la métrique de pilotage d'un centre de responsabilité (schéma 2.1) nous montre, que ses indicateurs de pilotage sont mesurés en volume et en valeur, au prévu, au réalisé :

- par référence à la nomenclature de pilotage ressources, pour les ressources mises en œuvre par le centre, les capacités de travail qu'elles représentent ;
- par référence à la nomenclature de pilotage produits pour les contributions du centre (produits, services commercialisés ou intermédiaires).

Sous une lecture différente, le schéma 4.1 confirme la structure des informations de pilotage et les relations qui les unissent. Il donne un **modèle** de base simple, auquel nous nous référons dans ce chapitre pour expliquer comment construire le système de pilotage de l'entreprise, en allant du simple vers le plus compliqué, selon la diversité et le nombre des centres de responsabilité.

Nous verrons aussi comment l'application de ce modèle de base, au niveau de la direction générale, des directions verticales ou transversales (centres coordinateurs) et des centres opération, support, garantit la cohérence du système de pilotage de l'entreprise et sa répartition entre les centres de responsabilité, alors organisés comme un réseau d'entreprises particulières.

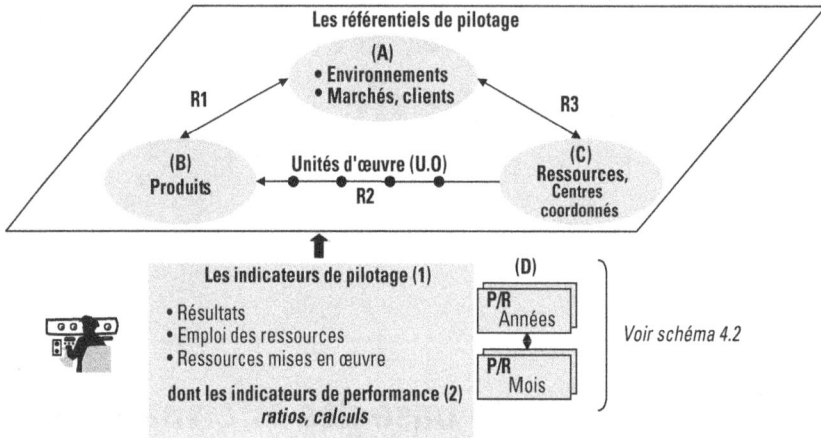

Schéma 4.1
Le modèle de base des informations de pilotage
d'un centre de responsabilité

Les **indicateurs de pilotage** (1) mesurent des résultats, l'emploi des ressources, les ressources mises en œuvre. Ils désignent par exemple, un chiffre d'affaires, un montant de contribution, un coût d'UO, une capacité, un budget engagé, une dépense par nature, etc. Ils sont mesurés en unité monétaire de valeur et en unité physique (volume ou quantité), par référence à plusieurs échelles de temps et pour différentes versions de prévu et de réalisé (voir tableau 4.2, p. 110).

Les indicateurs de performance (2) sont calculés à partir des indicateurs de pilotage, soit des ratios qui indiquent des performances opérationnelles (taux d'emploi, de rendement), soit des indicateurs économiques en valeur (coût d'UO, valeur ajoutée, prix de revient, marge, voir chapitre 2);

Les référentiels désignent ce **par rapport à quoi raisonnent les** «pilotes» :

- les **environnements, les catégories de marchés, de clients,** significatifs d'opportunités, d'enjeux pour l'entreprise (A);
- les **regroupements de produits,** par rapport auxquels sont définis les comptes produits et les plans d'activité (B);

- les **catégories de ressources** prise en compte pour le calcul des capacités de travail et le suivi de leurs emplois (C) ;
- les **centres coordonnés**, les départements, les services, auxquels les dirigeants passent le relais pour la réalisation des objectifs sur le terrain, car ils disposent des ressources de travail (C).

Ces référentiels sont répertoriés dans les nomenclatures de pilotage :

- **produits** pour les marchés, les clients, les modes de distribution, les regroupements de produits commercialisés, de contributions intermédiaires ;
- **ressources** pour les ressources humaines, les actifs de travail, les budgets et les prestations de fonctionnement ;
- **centres** pour les centres coordonnés.

Ils balisent toute la chaîne marchés clients, produits, contributions, contributeurs, selon les exigences introduites au chapitre 1 (p. 11).

Ces nomenclatures constituent la **colonne vertébrale du système des informations de pilotage**. C'est en effet par rapport à elles que se mesurent tous les indicateurs de pilotage.

Leur construction est expliquée plus loin, en se plaçant du point de vue d'une entreprise complexe par la ramification de la chaîne à piloter, face à plusieurs marchés, avec plusieurs *business units* et de multiples centres d'activité.

Les «pilotes» établissent leurs plans, les précisent, effectuent des relevés périodiques de position, par référence à plusieurs échelles de temps (années et mois simples, cumulés). Ils prennent donc en compte différentes **versions de prévus et de réalisés**, par exemple tableau 4.2 :

- année par année (a), les objectifs rappelés du plan moyen terme (1), les objectifs initiaux de l'année (2), les derniers objectifs révisés de l'année (3), les réalisés (4) ;
- mois par mois (b) et par mois cumulés (c), les objectifs de l'année en cours, les réalisés, par exemple réalisé estimé, réalise comptable

Objectif des plans à moyen
terme, déclinés pour l'année N

Dernier objectif du
budget Année N

Année N+2

Année N+1   **Famille tableaux de bord**

(a)	Année N	(1) Prévu moyen terme	(2) Prévu initial	(3) Prévu Dernier Révisé	(4) Réalisé validé
(d)	**Chiffre d'affaires**	**700 000 €**	**705 000 €**	**720 000 €**	**721 000 €**

Mois cumulés ⬍

Janvier + Février + Mars

Janvier + Février

Janvier

(c)   **Année N**

Mois simples ⬍   **Synthèses de gestion**

Mars   **Année N**

Février

(b)	Janvier	Prévu initial	Prévu Dernier Révisé	Réalisé Estimé	Réalisé Comptable
	Chiffre d'affaires	**68 500 €**	**70 000 €**	**71 000 €**	**70 200 €**

(1) Ex : ajustements sur avoir de facture

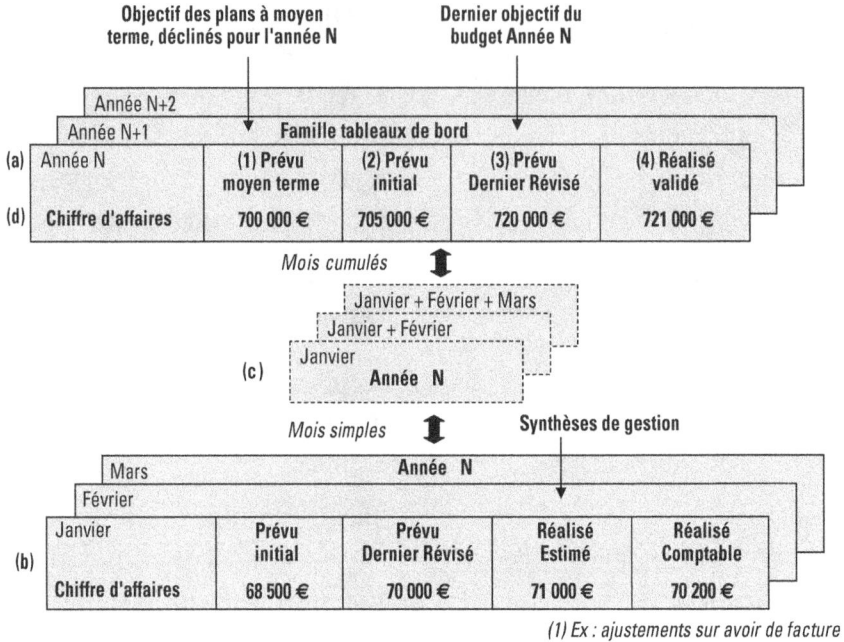

Schéma 4.2
Les différentes échelles de temps du pilote,
les versions du prévu, du réalisé

Une **information de pilotage**, ci-dessus le chiffre d'affaires tableau de bord prévu initial de l'année N, résulte donc de la mesure d'un indicateur de pilotage (ici, le chiffre d'affaires d) pour :

- un référentiel, ici les tableaux de bord ;
- une version du prévu ou du réalisé, ici le prévu initial ;
- une période donnée, ici l'année.

Le nombre d'indicateurs principaux de pilotage d'un centre de responsabilité est de l'ordre d'une vingtaine (voir chapitre 2). Le nombre de ses référentiels est à limiter à une dizaine, avec les déclinaisons utiles au niveau des départements, services, qui disposent de comptes associés.

Le modèle de base (schéma 4.1) nous indique l'organisation des informations de pilotage, de chaque centre de responsabilité, qui intervient dans la chaîne marchés clients, produits, contributions intermédiaires, cela quel que soit son statut :

- centre coordinateur marchés produits (*business units*, ou direction de programme de projet), centre coordinateur de plans de progrès (performances internes achats, qualité); chacun avec son organisation;
- centre support responsable de la mobilisation de ressources de l'entreprise;
- centre opération qui utilise les ressources avec ses départements et services (centres coordonnés) pour délivrer ses contributions intermédiaires. On distinguera, dans la suite de ce chapitre, les centres responsables de la commercialisation des produits (sur les marchés) et ceux dont les activités sont liées à la physique des produits (développement, production, logistique).

Chacun mesure donc les indicateurs de pilotage pour tel ou tel référentiel des nomenclatures de pilotage, produits ressources, qui le concerne selon ses positions et ses responsabilités dans la chaîne de travail.

Le modèle des informations de pilotage de l'entreprise résulte de l'application du modèle de base à tous les centres de l'entreprise, chacun positionné par rapport aux nomenclatures de pilotage.

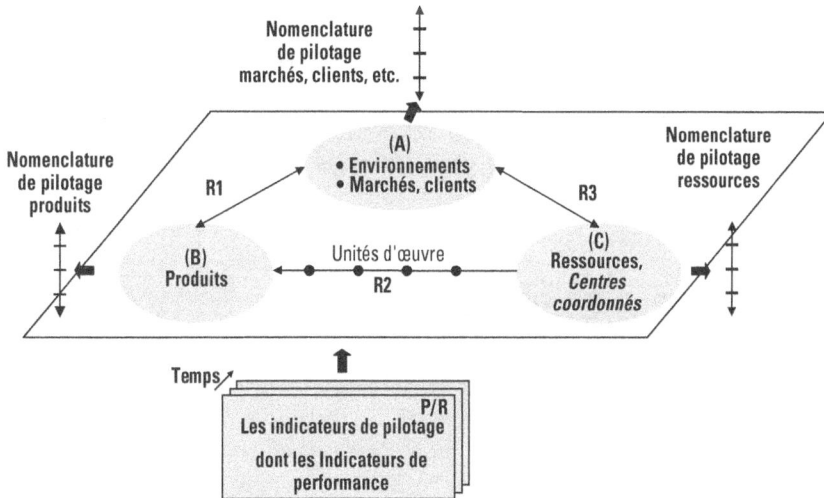

Schéma 4.3
Le modèle des informations de pilotage de l'entreprise

Les relations logiques du modèle de base

Appliquée à tel ou tel centre :

- la **relation R1** appelle tous les raisonnements sur les positions, les marges marchés clients (A) et leurs relations avec les quantités, les prix, les coûts de promotion des produits (B);
- la **relation R2** introduit tous les raisonnements et leur réciproque des produits et services (B), aux contributions d'UO, aux capacités, aux ressources (C), avec tous les ratios et calculs de base associés. Ces questions et ces raisonnements peuvent porter de plus sur la comparaison de diverses versions des prévus et des réalisés avec des calculs d'écart, etc., par année, par mois, etc;
- la **relation R3** nous indique les liaisons entre les évolutions de l'environnement, les marchés fournisseurs, le marché du travail, etc. (A), le coût, les performances des ressources mobilisées ou mobilisables par le centre (C). Cette relation est mesurée, planifiée pour le pilotage sur objectif des investissements des achats d'exploitation, des ressources humaines, des ressources financières, etc.

Compte tenu des remarques précédentes, l'entreprise peut engager la démarche de mise en place d'un système de pilotage en appliquant le modèle de base à l'un ou l'autre de ses centres de responsabilité, en fonction de ses priorités et de ses préoccupations opérationnelles, avant de le démultiplier en amont ou en aval du centre. Elle réalise alors en première étape un prototype pour un domaine pilote. Ce point est repris plus loin avec les explications sur la mise en service d'un système de pilotage après une évaluation de l'existant.

Décliner le modèle de base dans l'entreprise

Dans tous les cas, quel que soit le premier périmètre d'application (la direction générale, une *business unit,* une direction verticale de centres opération ou support, ou l'un ou l'autre de ces centres avec ses départements et ses services coordonnés), les informations de pilotage sont toujours organisées, selon le modèle de base.

Lorsque l'ensemble de l'entreprise est pris en compte, les informations sont :

- **réparties entre les centres**, chacun mesure les indicateurs de pilotage par rapport à ses référentiels, qui indiquent son périmètre de responsabilité ;
- **échangées entre les centres** en fonction de leur position dans les organisations verticales ou transversales de l'entreprise, qui définissent les partages de responsabilité.

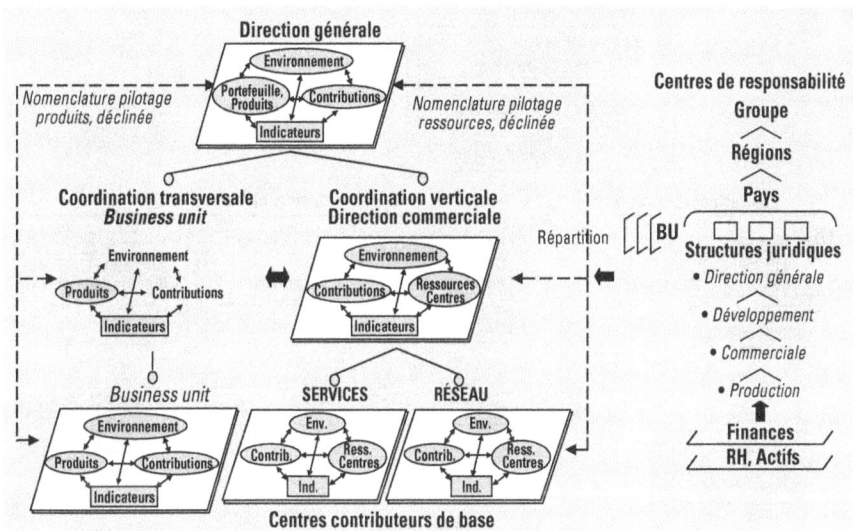

Schéma 4.4
L'architecture du système réparti des informations de pilotage de l'entreprise

En synthèse des observations des chapitres 2 et 3, rappelons que :

- les **centres contributeurs** (opération, support), qui rassemblent la majeure partie des personnels, des actifs de travail de l'entreprise, avec la responsabilité des processus et des performances de métiers, disposent des prévisions, résultats de la planification de leurs comptes de pilotage et gèrent les synthèses sur les réalisés, établies à partir de leurs systèmes de gestion ;
- les **centres coordinateurs** verticaux (directions commerciale, de la production, du développement), les centres coordina-

teurs transversaux (*business unit*, plans de progrès) disposent des informations de pilotage de leurs propres ressources, mais **principalement** des informations de pilotage déclarées par les centres contributeurs opération qu'ils coordonnent. Ces informations concernent la mobilisation, l'emploi des ressources, les performances opérationnelles pour les coordinateurs verticaux, les contributions aux objectifs produits, aux plans de progrès pour les coordinateurs transversaux.

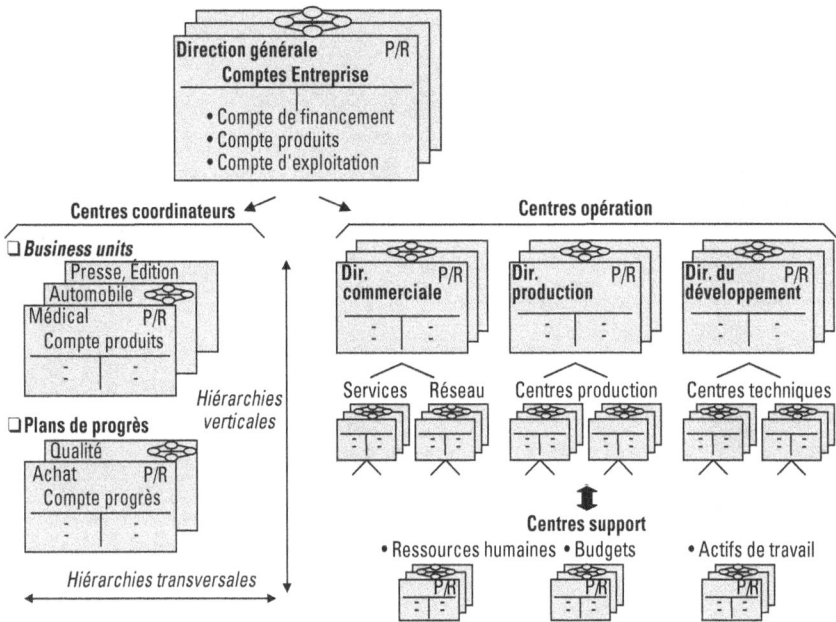

Schéma 4.5
La répartition et le chaînage des comptes de pilotage

Comme le montre le schéma ci-dessus, qui précise le schéma présenté au chapitre 1 (p. 21), les comptes de pilotage documentés en conséquence sont donc :

- les comptes globaux de pilotage de l'entreprise au niveau de la direction générale;
- les comptes de pilotage produits, des *business units*, avec les comptes programme, projet associés (p. 91), et les comptes de pilotage des plans de progrès pour les responsables concernés;

- les comptes de pilotage des contributions intermédiaires (centres, opération, support) et les comptes de synthèse, de leurs hiérarchies verticales.

Ces comptes sont reliés entre eux par les raisonnements de planification, pour les prévisions, et par l'organisation du suivi des réalisés, avec les circulations d'information correspondantes entre comptes. Nous préciserons le fonctionnement de base de ce dispositif sur les postes de Bureautique de pilotage au chapitre 5, puis les séquences et les calendriers de travail qui ordonnent, de la stratégie à l'action, le pilotage réactif de l'entreprise et de ses centres au chapitre 6.

Garantir la cohérence et la transparence du pilotage

La cohérence et la transparence des synthèses de **pilotage transversal** sont garanties par le fait que chaque centre contributeur définit ses objectifs et suit leur réalisation en se situant dans la nomenclature de pilotage produits, où ses contributions sont référencées.

La cohérence et la transparence des synthèses de **pilotage vertical** sont garanties par le fait que les centres mesurent les ressources mises à leur disposition, leurs emplois par rapport à la nomenclature de pilotage des ressources, déclinée de l'échelon hiérarchique qui les coordonne à leur niveau.

La cohérence et la transparence des échanges d'information entre les centres sont garanties par leur désignation dans la nomenclature de pilotage des centres qui indique la position de chacun d'entre eux, dans les diverses organisations de l'entreprise, et les échanges d'information qui en découlent avec les autres centres. Les centres sont en effet :

- les uns clients (centres coordinateurs par marché, par plan de progrès);
- les autres fournisseurs (centres support);
- les troisièmes (centres opération), clients des centres support et fournisseurs des centres coordinateurs.

Répartir les informations selon les changements d'organisation

Les changements d'organigrammes au sein de l'entreprise concernent principalement les hiérarchies transversales et verticales : par exemple, avec la création d'une nouvelle *business unit*, d'une direction centrale des achats, de nouvelles directions verticales.

La distribution des informations de pilotage, les échanges entre les centres contributeurs et les centres coordinateurs sont modifiés en conséquence.

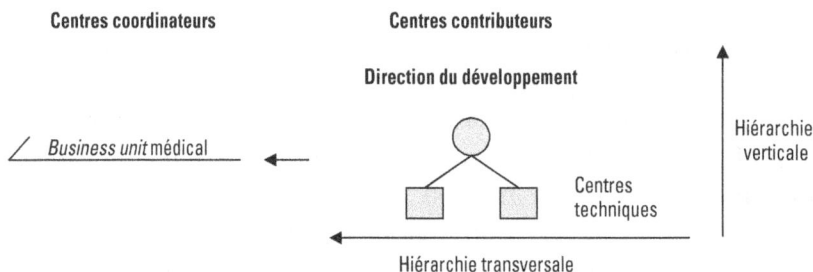

Schéma 4.6
Hiérarchies internes, répartition des informations de pilotage, situation initiale

Dans l'organisation ci-dessus, chaque centre technique est coordonné verticalement par la direction du développement et transversalement par la *business unit* médical.

Dans le cadre d'une nouvelle organisation, deux *business units* (médical équipement, ingénierie médicale) ont été créées avec une répartition de marchés jusqu'alors coordonnés par la *business unit* médicale; la direction du développement a mis en place deux sous-directions (étude, développement).

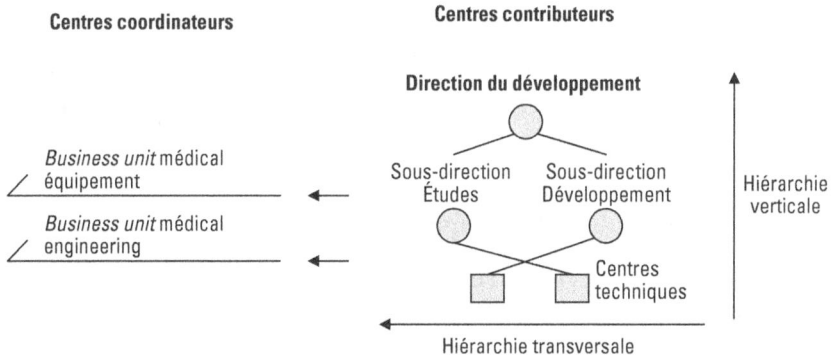

Schéma 4.7
**Hiérarchies internes, répartition des informations de pilotage,
situation modifiée**

Désormais, chaque centre technique planifie et suit par client, ici par *business unit*, ses contributions répertoriées dans la nomenclature produits sous deux têtes de chapitre (études, développement). Chacune relève de l'une des nouvelles sous-directions. Au niveau des équipes de base, les procédures, la planification, les relevés de temps de travail, etc., ont été aménagés. Chaque centre technique établit désormais des synthèses de pilotage pour les :

- sous-directions qui coordonnent leurs performances opérationnelles, effectuent les arbitrages de ressources ;
- *business units* qui pilotent leurs contributions intermédiaires sur des objectif de marché.

Il était le piton de base de l'ancienne organisation, il est le piton de base de la nouvelle organisation. Cette dernière requiert plus de précision, d'échanges d'information, des évolutions de gestion et d'encadrement, des adaptations des personnels de base, qu'il était important de bien préparer.

Construire les nomenclatures de pilotage

La première étape de construction pratique du système de pilotage est celle de la construction des nomenclatures de pilotage (produits, ressources, centres), présentées plus haut.

La construction des nomenclatures s'effectue systématiquement **du général au particulier** et par améliorations successives :

- une première version est établie, à partir des nomenclatures de synthèse déjà en service dans l'entreprise, segments de marchés, regroupements commerciaux, regroupements de production, de gestion de projet, familles de ressources, etc. Ces nomenclatures de synthèse sont repérables dans les rapports généraux, les plans d'activité, les budgets, les tableaux de bord. Un premier travail consiste donc à les identifier et à les rassembler ;
- la lecture, puis l'utilisation sous norme de pilotage des informations disponibles, par rapport à ces premières versions, mettent en évidence les évolutions nécessaires pour améliorer leur signification, leur transparence et leur organisation.

Cette construction est conduite par le (s) responsable (s) du projet pilotage de l'entreprise, qui a (ont) aussi la responsabilité d'expliquer les nomenclatures, de faire en sorte que tous les centres se les approprient, ainsi que les aménagements effectués par étape, pour améliorer la robustesse, la fiabilité des informations de pilotage, les décliner du général au particulier selon les enjeux.

Les nomenclatures de pilotage sont des nomenclatures de regroupement, donc peu volumineuses. Elles sont gérées et tenues à jour sur les tableurs (Excel, etc.), les tables (Access), du lexique des informations de pilotage, disponible sur les postes de Bureautique de pilotage des différents centres.

La nomenclature de pilotage produits

La nomenclature de pilotage produits indique précisément :

- les catégories, ou segments, de marchés et de clients ;
- les modes de distribution commerciale ;

- les regroupements de produits et services commercialisés, par exemple, familles, lignes de produits, *business units;*
- les regroupements des produits et services intermédiaires des centres opération. et des prestations de base des centres support (contributions intermédiaires);
- les UO de pilotage, essentiellement les JHF EQPT, les heures d'actif de travail, précisées dans des cas particuliers par des UO techniques.

Piloter les marchés clients

Les référentiels marchés clients indiquent les segments marchés, les cibles clients distinguées par référence à des objectifs de rentabilité des produits et d'optimisation des actions commerciales, avec en amont la conception et la préparation des produits personnalisés.

Les critères pris en compte sont les volumes, les caractéristiques des marchés, leur localisation géographique, la concurrence, les profils de clients, avec les investissements, les approches, les actions qu'ils appellent du point de vue portefeuille, profil des produits, *marketing*, distribution commerciale, gestion des ventes, formules de financement, etc.

De nombreux cabinets de conseils accompagnent de diverses façons les entreprises dans les réflexions, les actions correspondantes, en préalable ou après la mise en place d'organisation par *business unit*, chefs de produits, etc.

Selon leurs activités, les entreprises distinguent :

- des clients nominatifs, par gamme de matériel, par exemple, dans les industries d'équipement automobile, aéronautique, naval, militaire, etc., on se réfère au marché des équipements de l'Airbus A 380, ou au marché des tableaux de bord de la Versatis Renault, de la 307 Peugeot, etc.
- des clients publics (administration, collectivités territoriales), des clients privés, en fonction de leurs critères, et de leurs procédures de choix, de commande (homologation préalable, appels d'offre publics, pratique systématique du moins disant, etc.).
- des catégories de clients (professionnels, particuliers, grands comptes), spécifiques par leur demande, leurs «marketing»

d'accès, leur gestion, ainsi que les coûts associés, par exemple, dans les secteurs de la Bureautique, des télécommunications, des banques, de l'assistance;

- des profils de consommateurs (adolescent de 16-18 ans, femme de 50 ans, seniors) pour les secteurs de la grande distribution, des loisirs, des médias, etc., avec tout leur ciblage multimédia.

Piloter les modes de distribution commerciale

Selon la nature de ses activités, la localisation des marchés, sa politique commerciale, l'entreprise :

- utilise tel ou tel réseau de distribution pour accéder aux clients (vente directe, revendeurs, grossistes, grandes surfaces, e-commerce, réseau de franchise);
- met en place diverses formules de rémunération des réseaux, de partage des coûts de promotion, de mise à disposition des produits et des budgets de concessions commerciales, avec leurs règles d'application.
- mobilise telle ou telle catégorie de personnel, pour ses départements et services commerciaux internes (spécialistes de marketing, représentants commerciaux, visiteurs, personnels d'assistance, formateurs auprès des prescripteurs, gestionnaire des échantillons, équipes de documentation commerciale et technique, administration des ventes, personnel *hot line*).

Des entretiens avec les responsables, les encadrements intermédiaires, l'examen des plans et des tableaux de bord des divers départements et services, des formules et des budgets de travail avec les partenaires externes, permettent d'identifier les référentiels utilisés, les synthèses disponibles, les comportements de pilotage gestion. C'est l'application de la démarche d'**évaluation de l'existant** (p. 131).

D'une entreprise à l'autre, qu'elle soit petite ou grande, les nomenclatures marchés clients, modes de distribution, ne sont pas toujours claires et reconnues à tous les niveaux de l'entreprise. Les formules de travail avec les partenaires commerciaux sont le résultat d'historiques, d'aménagements commerciaux non écrits. Dès lors, la simple définition d'une nomenclature de pilotage rejoint des problèmes profonds d'organisation et de maîtrise du dispositif de travail ou de méthodes de travail des responsables.

Sur ce dernier point, il faut noter aussi les différences de comportement, parfois les conflits plus ou moins ouverts entre :

- des jeunes cadres frais émoulus d'universités, d'écoles de commerce, avec souvent la référence d'un MBA aux États-Unis, rompus à toutes les théories du marketing de la distribution et aux dernières techniques de la bureautique;
- les cadres qui ont vécu toutes les transformations de leur entreprise, l'introduction du contrôle de gestion, de la Bureautique, mais qui sont fondamentalement des opérationnels de terrain, avec la mémoire des historiques de l'entreprise, des finesses de métiers.

Il y a beaucoup de gaspillage lorsque l'entreprise n'établit pas les ponts utiles entre ces deux compétences par une politique équilibrée de gestion interne de ses ressources humaines, sans parler de la mise au panier de compétences, dictée par des objectifs à court terme de réduction des coûts.

Cette remarque s'applique à tous les domaines de l'entreprise.

Piloter les produits commercialisés

L'organisation de la nomenclature de pilotage commercial, avec le regroupement hiérarchisé des produits et des services de base et la gestion des mixes de pilotage sont présenté au chapitre 1 (p. 19).

Coupler le pilotage marchés, clients, produits commercialisés

Ce couplage s'effectue en déclinant les rubriques de la nomenclature de pilotage commercial (1) par catégorie de clients (2 et par mode de distribution (3) (schéma ci-dessous). Il en résulte une première version des référentiels **externes** de pilotage des produits (4).

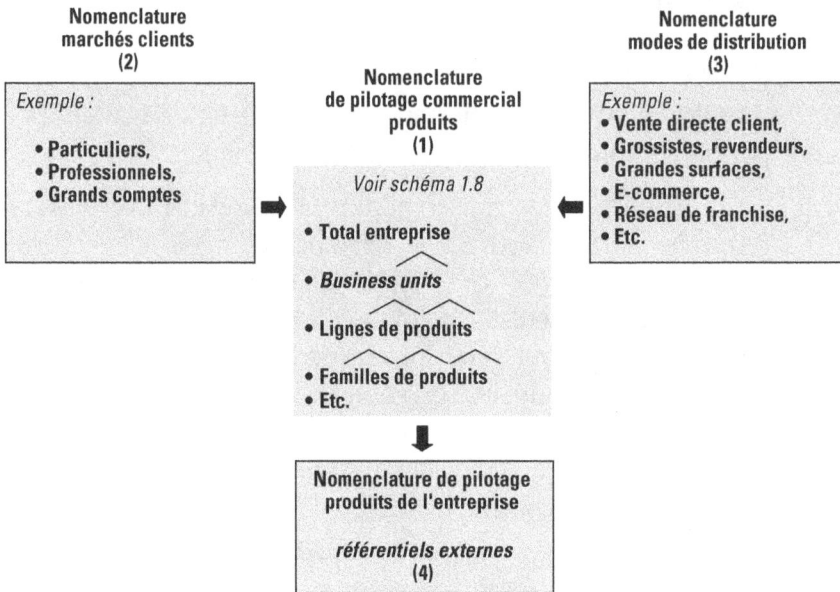

Schéma 4.8
La construction de la nomenclature de pilotage produits,
référentiels externes

L'exemple d'application ci-après concerne la *business unit* presse édition. À gauche du tableau, les segments clients (lectorats) sont associés aux lignes de produits. À droite, les réseaux de distribution parascolaire, librairie, grandes surfaces, autres (par exemple clubs, e-commerce), sont associés aux familles de produits.

Figure 4.9
Exemple de construction de la nomenclature de pilotage produits,
référentiels externes

Dans tous les cas, quelle que soit l'entreprise, ses activités, la logique est la même, les catégories de marchés, clients, les modes de distribution sont attachés aux *business units*, aux lignes, aux familles de produits, pour lesquelles il est intéressant de les distinguer.

Piloter les contributions intermédiaires des centres opération

Deux types de contributions intermédiaires sont à considérer :

- les unes sont liées aux activités de distribution, de gestion commerciale des produits de l'entreprise sur des marchés plus ou moins travaillés par les actions de marketing et de promotion (1). Nous les appelons «**contributions commerciales**»;
- les autres sont liées à la préparation et à la livraison physique des produits (2). Nous les appelons «**contributions liées à la physique des produits**».

La nomenclature de pilotage des contributions intermédiaires indique les référentiels internes de la nomenclature de pilotage produits.

LES CONTRIBUTIONS INTERMÉDIAIRES (1, 2)

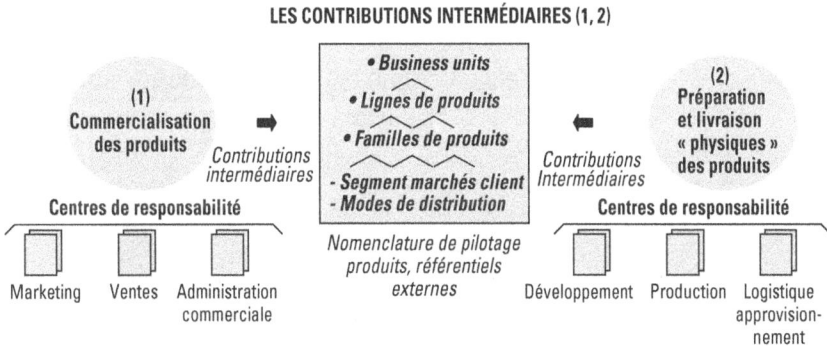

Schéma 4.10
La construction de la nomenclature de pilotage produits
référentiels internes des contributions intermédiaires

Piloter les contributions commerciales

Le schéma suivant présente un exemple de nomenclature de pilotage des contributions commerciales, actions marketing et commerciales, construites après une évaluation de l'existant avec les services concernés.

Nomenclature des contributions intermédiaires
de commercialisation, référentiels internes

Nomenclature de pilotage
produits, référentiels externes

(1) Commercialisation des produits

Actions Marketing (2)

- Marketing direct
- Salons
- Partenariats
- Bouche à oreille
- Publicité
  - dt TV
  - dt Radio
  - dt Presse

Actions commerciale (3)

- Prospections commerciales
- Opérations spéciales
  - cadeaux
  - remises conditionnelles
  - remises non conditionnelles
  - etc.
- Gestion relations clients
  - administration des ventes
  - gestion des concessions commerciales

(4)

- *Business unit*
- Lignes de produits
- Famille de produits
- Segment marchés clients
- Réseaux de distribution

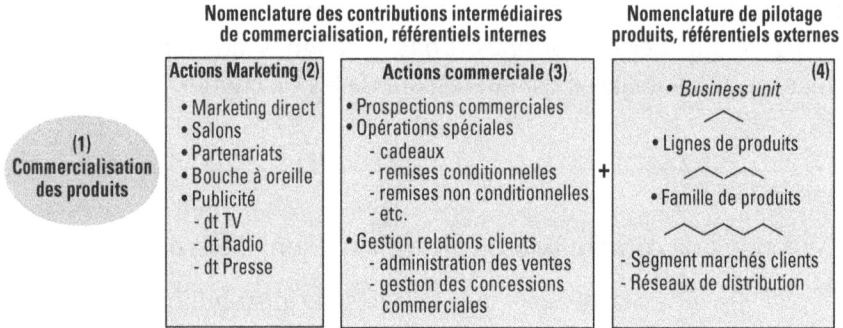

Schéma 4.11
Les référentiels internes, contributions commerciales

Selon les principes du chapitre 2, les indicateurs de pilotage des centres de responsabilité concernés mesurent :

- des volumes de contributions, ici des actions marketing (2), commerciales (3), dont les nomenclatures sont précisées selon les besoins de pilotage ;
- des volumes, des coûts d'UO, des capacités de travail, des ressources mises en œuvre ;
- des montants et des volumes d'achat associés, sondages enquêtes commerciales, Publicité Lieu de Vente (PLV), espaces publicitaires, etc.

Piloter les contributions liées à la « physique » des produits

Il convient maintenant de prendre en compte les nomenclatures de pilotage des contributions intermédiaires des centres (développement, production, logistique, etc.), responsables des opérations de préparation et de distribution physique des produits et des services.

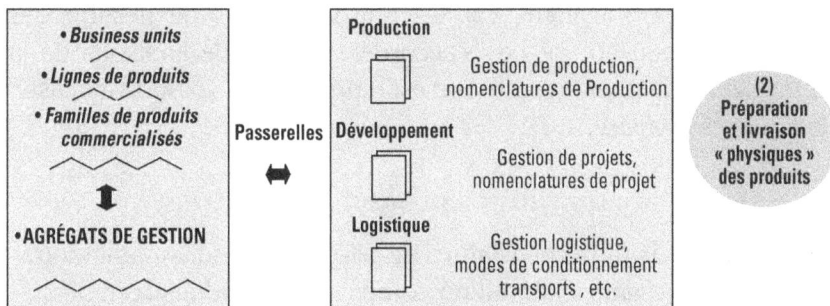

Figure 4.12
Les référentiels internes, contributions liées à la physique des produits

Ces centres planifient et mesurent leurs opérations de base, selon les exigences de leurs métiers, et se réfèrent à des règles, des procédures et des nomenclatures techniques particulières :

- de projets de développement, généralement pluriannuels, avec leurs découpages en lots, en sous-ensembles, etc.;

- de productions d'articles, de groupes d'articles, d'opérations de back-office, par rapport auxquelles sont utilisées les équations de production et ordonnancées les productions;

- de gestion logistique, avec des volumes de produits par type d'emballage (vrac, palettes, conteneurs), divers modes de transport (air, mer, terre), des liaisons géographiques, de tarif, etc.

Il faut **établir des passerelles** entre les regroupements que les centres effectuent dans leurs nomenclatures de gestion et les référentiels de contribution de la nomenclature de pilotage produits.

Le niveau **le plus haut** des regroupements de gestion s'attache au niveau **le plus bas** de la nomenclature de pilotage. Ainsi, des regroupements de gestion, par groupe d'articles utilisés pour la planification industrielle de base (établissement des Plans Industriels et Commerciaux [PIC]), seront rattachés à une famille de produits de la nomenclature de pilotage (tableaux de bord, etc.).

Sur l'exemple présenté au chapitre 1 (p. 18), les regroupements de production sont attachés au regroupement le plus bas de la nomenclature de pilotage commercial (niveau N-4). Bien entendu, ce rattachement n'est pas toujours évident, car les regroupements de gestion des contributeurs peuvent ne pas s'accorder avec les déclinaisons de la nomenclature de pilotage. Ce point est repris, avec la solution à utiliser, à la fin de ce chapitre.

Organiser la nomenclature produits de l'entreprise

L'organisation de la nomenclature de pilotage produits d'une entreprise (marchés clients, distribution commerciale, produits commercialisés, contributions intermédiaires) est résumée ci-après par la synthèse des schémas et paragraphes précédents.

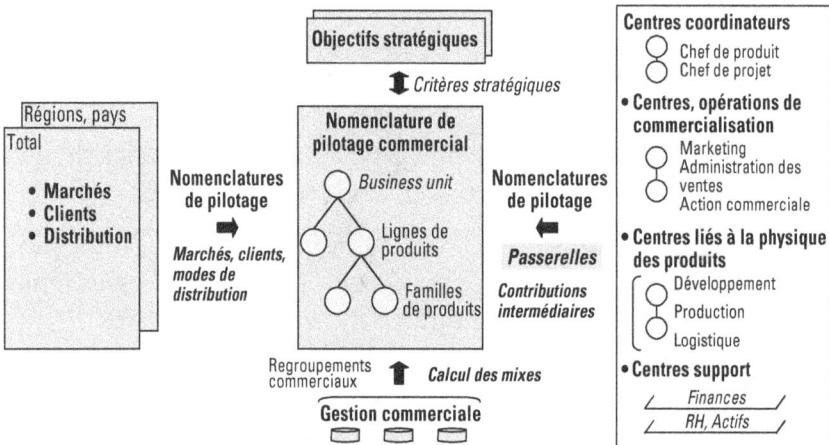

Schéma 4.13
L'organisation générale de la nomenclature produits de l'entreprise, les passerelles

Bien entendu, la nomenclature produits prend aussi en compte la nomenclature de pilotage des prestations des centres support (p. 46). La démarche de construction est la même que pour les centres opération.

La nomenclature produits est déployée du général au particulier, selon l'utilité des précisions. Elle est gérée dans le lexique de pilotage.

La nomenclature de pilotage des centres

La nomenclature de pilotage des centres indique la position de chaque centre, **placé sous norme de pilotage**, dans les organisations verticales ou transversales de l'entreprise et permet de situer les échanges d'information de pilotage qui en résultent avec les autres centres.

Les départements et les services rattachés à un centre et qui disposent de comptes associés (p. 72) sont aussi répertoriés, avec la déclinaison des normes de pilotage à leur niveau.

La construction de cette nomenclature requiert le rassemblement d'informations, qui sont souvent dispersées dans l'entreprise.

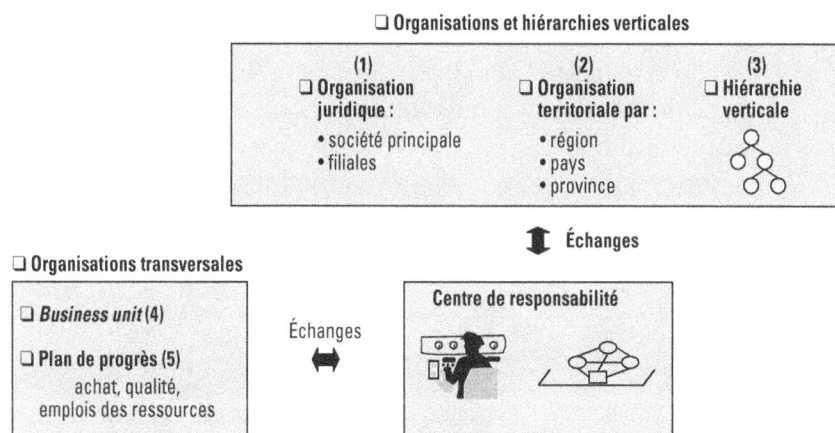

Schéma 4.14
Le centre de responsabilité dans les organisations de l'entreprise

Ces informations sont par exemple, comme le montre le schéma ci-dessus :

- des informations sur l'organisation juridique (1), les organisations territoriales (2), publiées dans les rapports annuels d'activité, les principaux documents de gestion, etc. ;
- des organigrammes hiérarchiques de l'entreprise, des directions verticales, des centres de responsabilité de base, etc. (3). Dans beaucoup d'entreprises, ces organigrammes confidentiels, non publiés, en réorganisation permanente, existent sous différentes versions et dates de référence, selon les personnes qui s'y réfèrent. Après tout, un organigramme n'officialise-t-il pas des partages de pouvoir ?

    •   les listes des centres coordonnés par *business unit* (4), par plan de progrès (5) que les responsables transversaux établissent en général en priorité, pour définir leur périmètre de travail et identifier leurs interlocuteurs internes.

Une première version de la nomenclature est établie à partir d'entretiens avec les principaux responsables, accompagnés de la collecte des données disponibles, avant des réunions de restitution et de validation. Les synthèses tenues à jour sont diffusées régulièrement, au moins une fois par an au moment du lancement des travaux de planification. Même dans une première version (voir ci-dessous), cette nomenclature est un outil important pour :

    •   situer la position de chaque centre (a) dans les diverses organisations et hiérarchies (1, 2, 3, 4, 5) *de* l'entreprise, avec parfois des constats surprenants qui appellent des simplifications d'organisation ;

    •   simuler, étudier de nouvelles organisations verticales et transversales (b).

(a) ⬇ Possibilité de sélection par centre de responsabilité, par structure juridique, par territoire de travail, par territoire de localisation, etc.

Centre de Responsabilité	Structure juridique (1)	Site géographique	Pays Localisation	Organisation verticale		Organisation transversale	
				Territoriale (2)	Hiérarchie (3) Opérationnelle	BU Marchés - Produits (4)	Plans de progrès (5)
Usine Production	SA France	Bayonne	France	❏ Opérations Europe ❏ Zone sud	Direction industrielle	❏ Business unit Automobile ❏ Business unit Médicale	❏ Performance Achat
Agence commerciale	SA France	Bordeaux	France	❏ Région France	Direction commerciale	❏ Business unit Médicale	❏ Performance Achat ❏ Plan qualité délais

(b) ⬇ Simulation : introduction d'une société en cours d'acquisition

Distribution e-Commerce	Acquisition Société XY	Paris	France	❏ Opérations Europe	Direction commerciale	❏ Business unit Presse Édition	-

Schéma 4.15
La nomenclature des centres pilotés, identification des positions dans les organisations

La nomenclature de pilotage des centres de l'entreprise est plus ou moins documentée selon les activités de l'entreprise, la complexité de ses organisations, le nombre de centres de responsabilité.

La nomenclature de pilotage des ressources

Les composantes de la nomenclature de pilotage des ressources (JHF EQPT, actifs de travail) sont présentées au chapitre 2 (p. 42).

Construire les informations de pilotage

Rappelons que les informations de pilotage de chaque centre sont des prévisions sur les objectifs à atteindre et la façon de les atteindre, mais aussi des suivis de réalisation pour l'estimation régulière des positions par rapport aux objectifs.

Les prévisions

Les prévisions (ou les prévus) sont le résultat de calculs, dictés par des raisonnements stratégiques et opérationnels. Ce sont bien des **informations construites** à partir de réflexions, de travaux, réglés par l'organisation et les calendriers de planification de l'entreprise (voir chapitre 6).

Leur robustesse et leur qualité indiquent le niveau de maîtrise de l'entreprise et de ses évolutions. L'organisation et l'emploi des modèles de pilotage, utilisés pour établir les prévisions, sont expliqués au chapitre 5.

Le suivi des réalisations

Les informations de suivi des réalisations (ou les réalisés) par rapport aux objectifs sont la synthèse d'informations captées dans les systèmes de gestion. Ces systèmes, dont certains ont déjà été évoqués, concernent :

- les ressources de l'entreprise (gestion du personnel, des actifs, des budgets et de la comptabilité, des finances, des trésoreries, etc.), dont le fonctionnement relève de la responsabilité des centres support. Les règles de gestion pratiquées, avec des obligations comptables, fiscales, sociales, s'appliquent à toute l'entreprise;

- les opérations liées à la «physique» des produits avec la Conception Assistée par Ordinateur (CAO), la gestion des projets, la Gestion de Production Assistée par Ordinateur (GPAO), la Gestion de la Maintenance Assistée par Ordinateur (GMAO), la gestion des achats et des approvisionnements *(Supply Chain)*, etc. Les données correspondantes mesurent, selon les cas, par opération, par article de base, des temps de travail, des quantités d'UO techniques délivrées, des volumes de production, etc. Elles se référent aux nomenclatures de travail des centres ;
- les opérations de gestion des actions marketing, des visites de propection, des opérations de promotion commerciale, des dossiers clients définies dans les nomenclatures d'activité des centres contributeurs commerciaux ;
- les commandes, des ventes, avec la mesure des chiffres d'affaires, des concessions commerciales, segmentées par réseau de distribution ;
- les clients, avec l'éventuelle intégration transversale des données opérationnelles qui les concernent, *Customers Relationship Management* (CRM).

Chacun de ces systèmes découpe, mesure et lit l'entreprise à sa façon, sous une nomenclature particulière (gestion commerciale, de projet, de production, gestion comptable, budgétaire, des effectifs, etc.). Leur niveau d'organisation et d'automatisation est variable selon les entreprises. Dans presque tous les cas, un **centre de responsabilité**, c'est :

- pour la gestion des ressources, **plusieurs centres budgétaires et centres comptables**, dont les périmètres sont cohérents ou non avec les centres budgétaires, plusieurs unités d'affectation des effectifs ;
- pour la gestion des opérations et des contributions, **plusieurs comptes** (de vente, de développement, de production, d'entretien, etc.), dans les systèmes de gestion opérationnelle souvent communs à plusieurs centres.

La construction des informations de pilotage sur le suivi des réalisés des centres requiert donc l'identification :

- des applications de gestion où se trouvent les informations à traiter ;
- des codes d'imputation (d'unité de gestion budgétaire, d'unité de gestion comptable, des comptes de gestion des opérations, des contributions, etc.), sous lesquels elles sont accessibles.

Dessiner la cartographie des sources d'information

Dans le tableau qui suit est présentée une liste des applications de gestion qu'il faut répertorier et consulter pour construire les synthèses de pilotage sur les ressources (1), l'emploi des ressources, les contributions intermédiaires (2), les activités commerciales, produits, clients et réseaux de distribution (3).

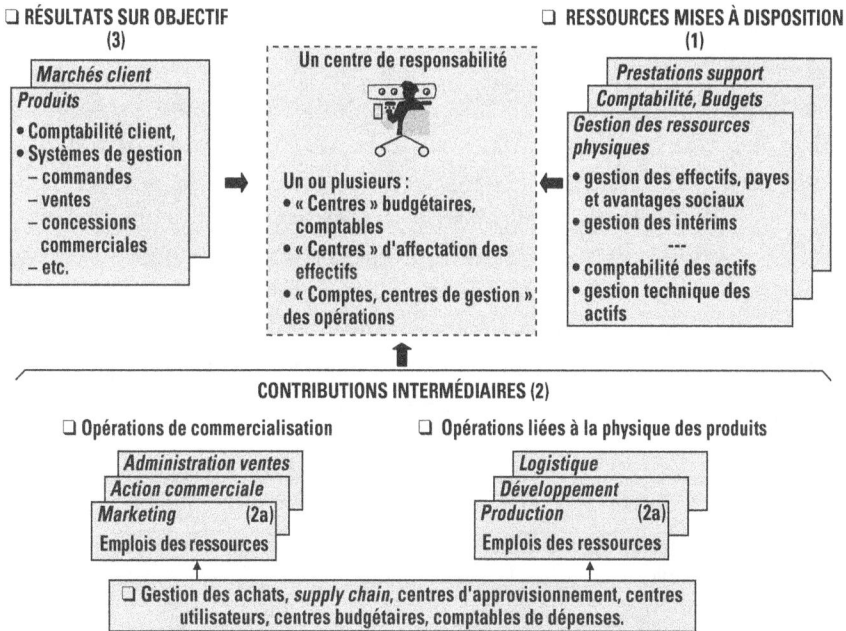

Schéma 4.16
Le centre de responsabilité, un ensemble d'unités de gestion

La cartographie de leur organisation générale, des codes de référence des centres, des nomenclatures de gestion, s'appuie sur des entretiens avec :

- les responsables des services, des départements, des centres de responsabilité. Ils savent indiquer les applications de gestion budgétaire, comptable et les applications de gestion des opérations qu'ils utilisent, de même que les codes d'imputation sous lesquels sont référencés les centres, centres budgétaires, comptables, comptes de gestion des opérations, etc. qui les concernent;
- les responsables informatiques des applications de gestion.

La cartographie s'appuie également sur la consultation des tables d'administration de ces applications. Ces tables indiquent les nomenclatures de gestion utilisés, les identifiants par rapport auxquels s'effectuent les mesures de gestion, la nomenclature des centres ou des comptes d'imputation.

Les données principales de cette cartographie sont tenues à jour sur un fichier géré par le (s) responsable (s) du système de pilotage de l'entreprise (voir schéma ci- dessous). Ces informations sont consultées pour identifier les applications qui concernent un centre, les centres concernés par une application, etc., en fonction des étapes de construction du système de pilotage. Il apparaît, par exemple ci-dessous, que les fichiers d'effectifs, les salaires de l'entreprise sont gérés par une société de service externe, la société SI; les salaires de l'usine de production sont dans le compte de gestion code **x**.

	Ressources mises à disposition - Coûts associés					Emploi des ressources	Contributions
	Ressources humaines		Actifs de travail		Budget	Opérations	
Centre de Responsabilité	Effectif	Salaire	Comptable	Configuration Opérationnelle	Budget Compta-bilité	Emploi des ressources	Contribution
Usine Production	*SI* ●	SI *X*	SAP France ○	BPICKS Europe ■	SAP France □	BPICKS Europe ◆	BPICKS Europe ◇
Agence commerciale	*SI* ●	SI ⊙	SAP France ○	Manuel ■	SAP France □	Excel local ◆	Excel local ◇

Applications informatiques + Désignation des codes de(s) centre(s) d'imputation à rattacher au centre de responsabilité

Schéma 4.17
La nomenclature des centres pilotés, identification des positions dans les systèmes de gestion

Une cartographie est un exercice simple et rapide, sous réserve :

- de s'adresser aux bons interlocuteurs, les principaux responsables du centre, les contrôleurs de gestion, les administrateurs d'applications informatiques ou, dans une petite structure, le responsable informatique ;
- d'obtenir les documents sur les organisations budgétaires comptables, de gestion opérationnelle, et, dans les entreprises bien organisées, les descriptifs généraux, les tables d'administration des applications informatiques ;
- de procéder du général au particulier, en commençant par les principales applications, sans se perdre dans des détails pour chacune d'entre elles.

La fin de ce chapitre précise les applications de gestion, en service dans les entreprises du point de vue des informations de gestion utiles pour construire les informations de pilotage. Cette description est accompagnée de commentaires sur les situations de gestion qui sont généralement constatées par rapport aux exigences du pilotage sur objectif.

Mettre en service un système d'information de pilotage sur objectif

Évaluer l'existant

La mise en place du système de pilotage est engagée à partir d'une évaluation de l'existant de l'entreprise. Cette évaluation porte sur :

- la façon dont s'expriment, se déclinent la stratégie et les objectifs opérationnels de l'entreprise, de ses diverses hiérarchies verticales et transversales et leur perception par les centres de responsabilité de base ;
- les pratiques de pilotage interne, les plans et les tableaux de bord qui en résultent, leur cohérence, ce qui est construit, émis, reçu, utilisé ou non, à chaque niveau de l'entreprise ;
- les fichiers d'appui, par exemple les fichiers de Bureautique et dans certains cas les fichiers de base des systèmes de gestion,

à partir desquels les plans et les tableaux de bord sont documentés, en particulier pour le suivi des réalisés.

Elle prend aussi en compte les remarques des personnels sur les fonctionnements de l'entreprise, les «barrières internes», les dernières réorganisations, leurs limites, les facteurs de démotivation, de motivation, les préoccupations, les attentes de management.

Il s'agit de mettre en évidence, avec **diplomatie**, les faiblesses techniques de pilotage, les situations internes et les problèmes d'organisation qui :

- créent des surcoûts;
- vont à l'encontre de la cohérence, de la transparence et de l'exercice réel des responsabilités;
- sont les causes récurrentes de difficultés et de préoccupations quotidiennes.

Le but est que l'entreprise comprenne l'utilité et l'intérêt de s'organiser en réseau d'entreprises particulières, de se référer aux normes du pilotage sur objectif et d'engager les actions correspondantes.

L'évaluation s'effectue **du général au particulier**, dans un délai de quelques jours à quelques semaines, selon les dimensions de l'entreprise. Elle associe des entretiens avec les responsables et les personnels de différents échelons, l'inventaire et la **mise à plat** des documents, des plans et des tableaux de bord qui sont les résultats tangibles du fonctionnement du système de pilotage existant.

Les responsables, les cadres intermédiaires et les personnels à rencontrer appartiennent :

- aux *business units*, aux directions responsables des plans de progrès;
- aux principaux centres support, budget, ressources humaines, actifs de travail;
- à des centres opération pris comme cas d'exemple, parce que bien organisés, performants et ouverts à toute amélioration du pilotage ou, à l'inverse, parce que fermés à toute évolution et intrusion dans leurs affaires.

Les centres opération sont soumis aux exigences de planification et de comptes-rendus pour les diverses et parfois multiples hiérarchies verticales ou transversales. En même temps, ils sont confrontés aux problèmes et aux urgences de travail quotidien sur le terrain. C'est à leur niveau que l'on perçoit le mieux :

- les découplages entre les ambitions, les objectifs généraux de l'entreprise, les réalités et les difficultés quotidiennes ;
- les différences d'appréciation des enjeux et des priorités exprimées par les dirigeants, les ambiguïtés et la déformation des objectifs qui leurs sont assignés, *via* des circuits et des procédures plus ou moins complexes.

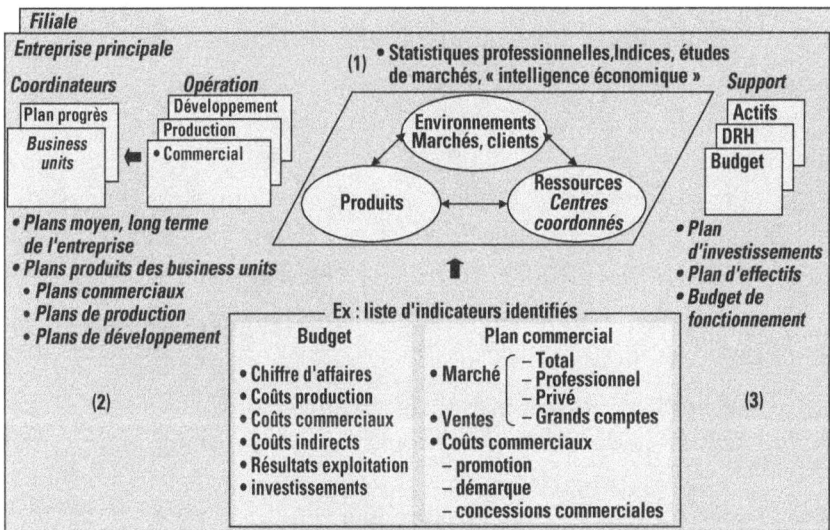

Schéma 4.18
L'évaluation de l'existant, mise à plat des indicateurs,
des nomenclatures utilisées

Les documents de pilotage identifiés et collectés, au cours des entretiens, sont situés et évalués par référence au modèle de base (p. 106). On distingue donc pour l'entreprise principale, par filiale, par *business unit*, en précisant les émetteurs, comme le montre le schéma ci-dessous :

- les documents sur l'environnement, les marchés, études stratégiques, statistiques professionnelles, indices de marchés, études, enquêtes, etc. (1) ;

- les documents, plans, tableaux de bord, relatifs aux objectifs produits, aux contributions intermédiaires, à l'emploi des ressources (prévu, réalisé) (2);
- les documents relatifs aux plans de mobilisation des ressources physiques, aux budgets, au prévu, au réalisé (3).

Les plans et les tableaux de bord mensuel d'une entreprise, d'une *business unit*, sont souvent composés de documents volumineux, mais dont les présentations internes sont répétitives. Il suffit d'étudier les deux ou trois pages concernant le suivi mensuel par une direction verticale ou transversale de plusieurs centres ou lignes famille de produits, pour comprendre la structure d'information appliquée à tous les centres ou à toutes les familles produits, ainsi qu'à leurs déclinaisons.

La technique de mise à plat consiste à mettre côte à côte, sur une table, toutes les pages d'un document, par exemple d'un tableau de bord. On identifie ainsi en quelques instants la structure du document (repérable aussi par le sommaire), les logiques, les colonnes, les têtes des tableaux, c'est-à-dire les indicateurs et les référentiels, avant de continuer avec d'autres tableaux de bord, dont les trames sont à comparer.

Cette mise à plat, comme le montre le schéma ci-après, met en évidence par rapport au modèle :

- les indicateurs mesurés (I), (II) et (III);
- les référentiels pris en compte, ici des *business units* et des lignes de produits;
- les lectures disponibles par année, par mois (1), (2), (3), (4).

Elle met également en évidence les communautés, mais aussi les divergences de vocabulaires, d'indicateurs et de référentiels entre les documents, c'est-à-dire entre les responsables qui les ont spécifiés.

La mise à plat permet aussi d'évaluer le niveau technique du pilotage de l'entreprise. Les colonnes du tableau ci-après indiquent, par exemple, que l'entreprise :

- dispose d'un budget initial à l'année (1);
- révise régulièrement ce budget, puisque le tableau affiche un budget «dernier révisé» (2);
- mensualise ses prévisions, mensualisation simple (3) et mensualisation cumulée (4);
- etc.

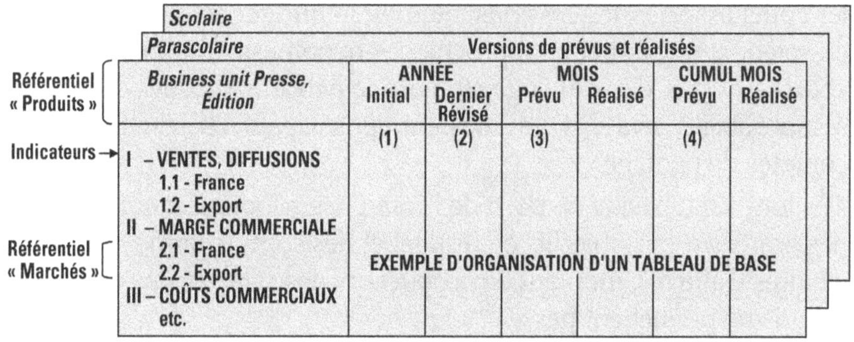

Scolaire						
Parascolaire		Versions de prévus et réalisés				
Business unit Presse, Édition	ANNÉE		MOIS		CUMUL MOIS	
	Initial	Dernier Révisé	Prévu	Réalisé	Prévu	Réalisé
I – VENTES, DIFFUSIONS	(1)	(2)	(3)		(4)	
1.1 - France						
1.2 - Export						
II – MARGE COMMERCIALE						
2.1 - France	EXEMPLE D'ORGANISATION D'UN TABLEAU DE BASE					
2.2 - Export						
III – COÛTS COMMERCIAUX						
etc.						

Référentiel « Produits »
Indicateurs →
Référentiel « Marchés »

Schéma 4.19
L'évaluation de l'existant, mise à plat des documents

Quelle que soit l'entreprise, l'expérience apprend qu'il n'y a pas plus d'une dizaine de tableaux principaux significatifs par échelon. Certains de ces tableaux sont très structurés, documentés dans des conditions claires à partir des systèmes de gestion (comptabilité, budget). D'autres, tout aussi importants par leurs contenus (plans opérationnels, concessions commerciales), sont dispersés dans des tableurs ou dans des tableaux manuscrits.

Les limites habituelles de l'existant

Dans beaucoup d'entreprises, les responsables créent leur système de pilotage pour ce qu'ils estiment essentiel (activités ressources qu'ils coordonnent, synthèse des principaux projets, hypothèses de performances, priorités à surveiller, etc.) Chacun organise (ou non) ses dossiers papiers ou informatiques, selon sa formation, son expérience et sa logique.

Financiers, commerciaux, ingénieurs de développement, responsables de production, ce sont autant de lectures d'interprétations et de modes d'emploi différents des informations de synthèse, des plans, des budgets retraduits en termes opérationnels. Dès lors, les prévisions opérationnelles sont dispersées, le seul langage commun de l'entreprise n'est souvent que celui du budget de fonctionnement et d'investissement, négocié en profondeur une fois par an.

Même s'il indique, de façon précise, des objectifs de vente, de résultats, les coûts associés, les cessions internes, le **budget** est principalement en valeur. Il ne peut être rapproché des hypothèses d'emploi des ressources, c'est-à-dire des engagements de performance, des centres de responsabilité, sauf s'ils sont des entreprises particulières et dotés de comptes de pilotage.

Dès lors, les tableaux de bord de l'entreprise n'indiquent souvent que des écarts sur des objectifs de résultat et des coûts exprimés en valeur (chiffres d'affaires, montant de production, des salaires, des dépenses, etc.). Ils ne permettent pas :

- de connaître les **causes** d'écarts, c'est-à-dire des dérives de performance des uns ou des autres, par rapport aux hypothèses de travail prises en compte pour les prévisions initiales ;
- d'engager, de façon **transparente**, les dialogues de diagnostic et de prise de décision utiles.

Les demandes de synthèses, de tableaux de bord particuliers, des différentes hiérarchies qui cherchent à coordonner l'opérationnel et les plans sur objectif «s'empilent» donc au niveau des centres de base. Il n'est pas rare de constater :

- des dizaines de plans, de tableaux de bord particuliers, par exemple au niveau de centres de production, astreints à de multiples synthèses (qualité, achat, fabrication, vente, gestion du personnel, gestion sociale, compte d'exploitation mensuel, etc.), certaines traitées comme des formalités administratives. Plusieurs de ces synthèses s'appuient sur les mêmes données de gestion, mais elles diffèrent les unes des autres par les vocabulaires, les normes de présentation des tableaux, les calculs d'indicateurs avec chaque fois un fichier extrait des systèmes de base ou des info-centres pour les construire. Elles ne devraient être que les multiples sorties et lectures d'un système unique d'information de pilotage, avec toutes les économies de temps et d'énergie que cela implique (voir chapitre 5) ;
- ou bien des productions d'indicateurs, de ratios «composites», résultats de savants calculs, imposés par des états-majors centraux à des centres et qui n'y trouvent aucune utilité opérationnelle et continuent à entretenir des tableaux de bord officieux en parallèle.

Réaliser, utiliser un prototype

L'évaluation de l'existant a permis :

- d'évaluer le système de pilotage de l'entreprise (indicateurs, nomenclatures, procédures), par rapport aux normes du pilotage sur objectif;
- d'apprécier les comportements internes, les positions des uns et des autres, les équipes et les centres les plus ouverts à des évolutions ou, à l'inverse, les plus fermés, afin de définir la meilleure démarche de conduite du projet pilotage et des évolutions à promouvoir.

Cette démarche combine des pédagogies, la réalisation d'un «prototype», en fixant, si l'entreprise est un ensemble très complexe de grande dimension, le premier terrain d'application. Ce premier terrain est défini par référence à des priorités et des préoccupations stratégiques ou opérationnelles (pilotage du portefeuille produits, besoins synthèses de direction générale, pilotage d'une *business unit*, d'une entité opérationnelle importante, pilotage d'une réorganisation, d'une politique de ré-affection des ressources, de la performance des achats, etc.). Pour le périmètre pilote qui est retenu, le prototype est construit sur un poste de Bureautique avec :

- reprise et réorganisation de l'existant (harmonisation des indicateurs, des nomenclatures en service, adjonction d'indicateurs jusqu'alors non mesurés);
- construction des premiers comptes de pilotage, avec les calculs de performance, de planification, etc.

Les prévisions sont récupérées dans les documents, les fichiers relatifs aux plans, aux budgets et aux tableaux de bord, qui sont identifiés lors de l'évaluation de l'existant (1), comme le montre le schéma ci-dessous. En seconde étape, elles sont établies à partir des modèles de pilotage (2) (voir chapitre 5).

Les réalisés résultent des travaux sur des informations de gestion (3), avec la reprise éventuelle des fichiers de synthèse de gestion, identifiés au cours de l'évaluation de l'existant (p. 139).

Les manques d'information, parce que des indicateurs n'existent pas, les difficultés de mesure de tel ou tel centre par exemple, sur les ressources, les capacités du travail, les contributions, indiquent ce que les pilotes ne savent pas et qu'ils devraient savoir. L'identification de ces «trous» d'information est une première prise de conscience de risques de pilotage et de gestion, ainsi que des actions à mener pour les réduire.

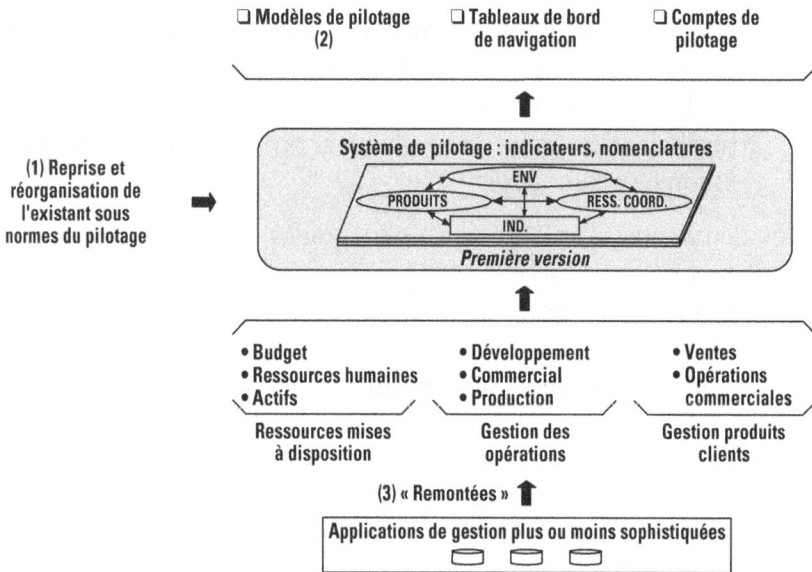

Schéma 4.20
La construction du prototype de système de pilotage

La construction du système s'effectue dans un délai de quelques semaines. Le but est de :

- montrer ses conditions de fonctionnement, ses emplois et de présenter rapidement les premières synthèses, les premiers comptes de pilotage;
- former les utilisateurs à la gestion, à l'emploi des informations, du lexique du poste de Bureautique;
- prouver ainsi, par l'exemple, les avantages d'un pilotage sur objectif, pour expliquer, justifier la suite des opérations;
- provoquer des réactions, des curiosités au vu des premiers résultats et des efforts de documentation des informations de pilotage, qui ne sont pas disponibles au premier stade de fonctionnement du prototype Ces efforts sont liés soit à des

actions de simplification, de clarification des raisonnements de planification, soit à des retours dans les systèmes de gestion pour améliorer les suivis des réalisations. Ceux-ci sont donc explorés et exploités par «taraudages» successifs.

Il ne s'agit pas de conduire une simple opération technique mais de promouvoir, par des synthèses bien construites et significatives, une prise de possession des premiers comptes de pilotage, une première pratique des raisonnements de pilotage sur objectif et de stabiliser, au terme de deux ou trois mois, le fonctionnement du prototype pour une version opérationnelle. L'entreprise est donc engagée dans un plan de progrès pilotage management.

Déployer le système

Les actions de déploiement prennent en compte :

- le développement du prototype du système de pilotage, extension du périmètre initial, déclinaison des indicateurs, des nomenclatures, coordination des synthèses de gestion avec, en support, la mise en place de réseau des postes de Bureautique de pilotage ;
- les pédagogies utiles pour expliquer, promouvoir les raisonnements de pilotage, sous la responsabilité du (des) responsable (s) du projet pilotage de l'entreprise et de leurs correspondants dans les centres de responsabilité ;
- la mise en place et l'animation du dispositif de pilotage des stratégies et des plans de l'entreprise.

Informations de gestion à utiliser pour les synthèses de pilotage

Les applications de gestion des ressources, des opérations et des produits sont présentées ici en détail, du point de vue des informations prises en compte et de leur utilisation pour construire les suivis de pilotage (réalisés sur objectif).

Les descriptifs distinguent :

- les informations de gestion comptable, par principe, obligatoi-res (mention (a) sur les schémas qui suivent) ;
- les informations de gestion opérationnelle, dont l'existence, la qualité et l'accessibilité indiquent le niveau de management et d'organisation de l'entreprise (mention (b) sur les schémas).

Les postes de Bureautique de pilotage sont le point de rassemblement des informations de gestion utiles pour construire les synthèses de pilotage, puis pour les traiter, et faire fonctionner les instruments de pilotage selon les normes expliquées au chapitre 5.

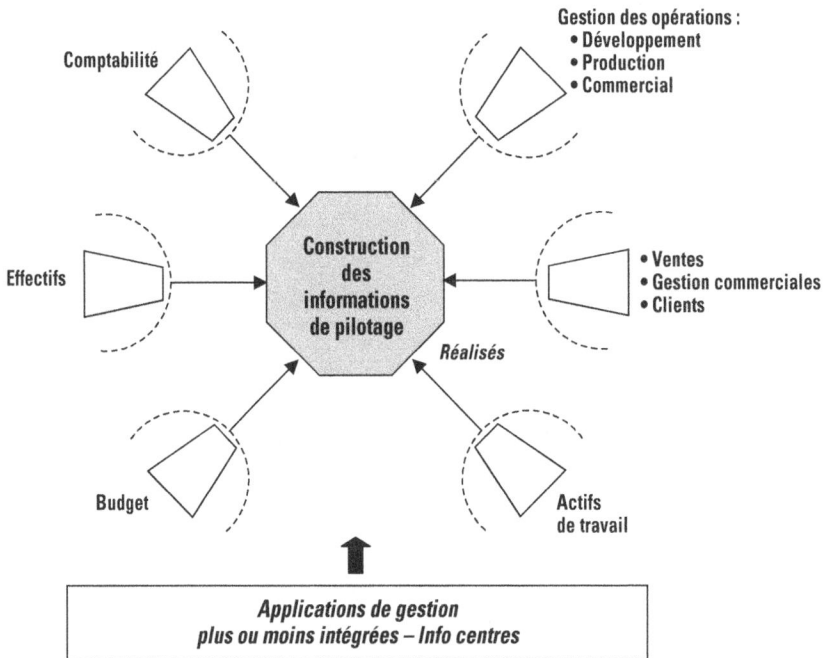

Schéma 4.21
**La construction des informations de pilotage
à partir des informations de gestion**

Informations sur les ressources physiques

Les ressources humaines

La gestion de la paie

Les fichiers de paie indiquent les salaires et les charges (a 1) avec des informations légales sur l'emploi et le classement des personnes, selon les grilles de convention collective, etc. (a 2). Ces fichiers, gérés par l'entreprise ou par des prestataires extérieurs, sont utilisés pour construire les principaux indicateurs de pilotage des ressources humaines :

- effectif moyen des personnes, entrées et sorties du mois, effectif fin de mois ;
- effectif JH EQPT par moyenne des effectifs de différents statuts ou à partir du cumul des heures travaillées mentionnées sur les bulletins de paie, converti en jours ;
- masse salariale et ses composantes, primes, heures supplémentaires, etc.

La gestion opérationnelle des effectifs

Les déclinaisons par métier et par profil de poste, en adéquation avec les nomenclatures de pilotage, dépendent des informations de gestion opérationnelle des effectifs (b 1), des organigrammes et des profils de postes définis par l'entreprise (b 2). Les données des fichiers de paie sont alors traitées par rapport aux critères pris en compte dans ces applications.

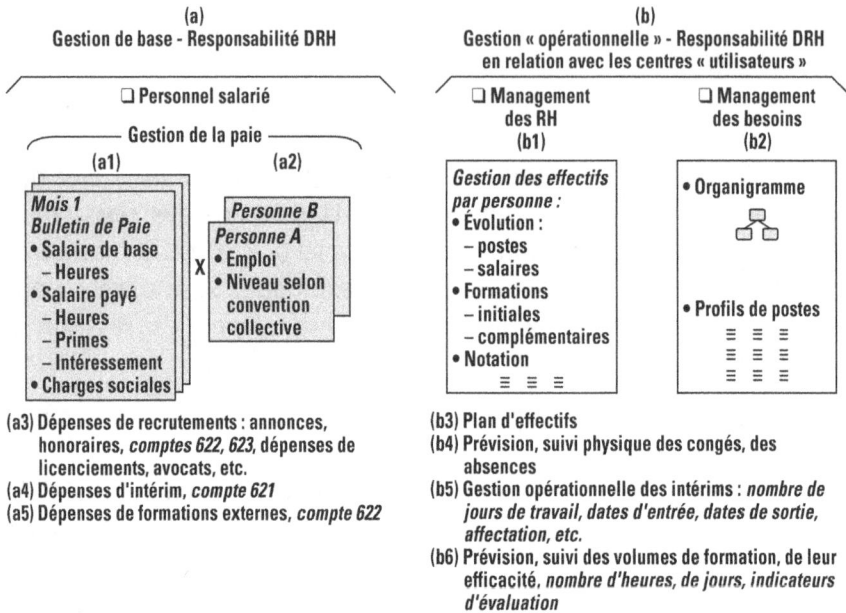

(a)
Gestion de base - Responsabilité DRH

❑ Personnel salarié

Gestion de la paie

(a1)   **(a2)**

Mois 1
Bulletin de Paie
• Salaire de base
  – Heures
• Salaire payé
  – Heures
  – Primes
  – Intéressement
• Charges sociales

X

Personne B
Personne A
• Emploi
• Niveau selon convention collective

(a3) Dépenses de recrutement : annonces, honoraires, *comptes 622, 623*, dépenses de licenciements, avocats, etc.
(a4) Dépenses d'intérim, *compte 621*
(a5) Dépenses de formations externes, *compte 622*

(b)
Gestion « opérationnelle » - Responsabilité DRH
en relation avec les centres « utilisateurs »

❑ Management   ❑ Management
des RH   des besoins
(b1)   **(b2)**

Gestion des effectifs
par personne :
• Évolution :
  – postes
  – salaires
• Formations
  – initiales
  – complémentaires
• Notation
  ≡ ≡ ≡

• **Organigramme**

• **Profils de postes**
  ≡ ≡ ≡
  ≡ ≡ ≡
  ≡ ≡ ≡

(b3) Plan d'effectifs
(b4) Prévision, suivi physique des congés, des absences
(b5) Gestion opérationnelle des intérims : *nombre de jours de travail, dates d'entrée, dates de sortie, affectation, etc.*
(b6) Prévision, suivi des volumes de formation, de leur efficacité, *nombre d'heures, de jours, indicateurs d'évaluation*

Schéma 4.22
Les informations de gestion des ressources humaines

Les plans d'effectif

Les plans d'effectifs (b 3) établis par les DRH en relation avec les centres, par exemple pour l'année, avec la mensualisation des entrées et des sorties, sont disponibles avec plus ou moins de précision, selon les cas, avec parfois des problèmes de cohérence entre les hypothèses de travail des centres, les synthèses des directions des ressources humaines et le suivi des réalisés.

Les dépenses de recrutement, départs des personnels

Les dépenses de recrutement, annonces, honoraires extérieurs, de licenciements, de contentieux, sont disponibles en comptabilité, sous réserve d'avoir ouvert les comptes d'imputation par nature correspondants (a 3).

La gestion des congés, des absences

La planification et le suivi physique (b 4) des congés et des absences, en relation avec la planification opérationnelle des activités, diffèrent selon les responsables et l'activité des centres de responsabilité (commercial, développement, administration production). Certains gèrent les demandes au moment où elles sont exprimées, d'autres sont plus directifs et cadrent les prises de congés en fonction des prévisions de charges de travail. Les fonctions de production sont souvent les mieux organisées. Dans bien des entreprises, plus les personnels sont de formation et de niveau élevés, plus il est difficile de planifier leurs demandes.

Les directions de ressources humaines gèrent les réalisés congés du point de vue légal.

La planification et gestion des intérimaires

Le niveau de gestion des intérimaires (b 5) varie selon les entreprises. Si cette gestion est bien organisée :

- la direction des ressources humaines planifie les besoins globaux annuels, leur répartition mensuelle, en relation avec les utilisateurs, homologue des sociétés d'intérim et signe des contrats cadres;
- les centres utilisateurs, services administratifs, centres de production, etc., font appel aux services d'intérim en fonction de leurs besoins et par référence à un budget prédéfini, soit directement, soit par l'intermédiaire de la direction des ressources humaines, qui assure parfois une formation d'accueil du personnel intérimaire.

C'est le centre utilisateur qui connaît le mieux les dates d'entrée et de sortie, l'affectation des personnes et qui, normalement, valide les informations portées sur les factures avant paiement par la comptabilité (a 4).

La synthèse des situations physiques d'intérimaires (nombre de personnes JHF EQPT par centre, etc.), opposée aux budgets engagés et payés, requiert le rassemblement d'informations de gestion, souvent dispersées entre plusieurs acteurs (ressources humaines, centres utilisateurs et comptabilité). Ceci explique que le contrôle des dépenses d'intérim est souvent l'un des points noirs des contrôleurs de gestion.

La planification et la gestion des formations

La planification et le suivi des volumes de formation (b 6) (heures de sessions, nombre de personnes par session, etc.), l'évaluation des résultats sont assurés de façon inégale selon les entreprises. Pour les unes, il s'agit simplement d'utiliser les budgets de formation professionnelle en alternative au paiement d'un impôt, pour d'autres, la formation est un facteur de promotion des personnes et d'amélioration des performances.

Cette seconde approche exige une coopération entre les centres utilisateurs et les directions des ressources humaines pour :

- définir les réels besoins de formation, établir les budgets, suivre les dépenses externes (a 5) et les coûts internes ;
- proposer, *via* le service formation, les actions de formation adaptées à la demande ;
- évaluer les résultats obtenus avec des critères d'évaluation significatifs, rejoignant des enjeux opérationnels par objectif de formation. Une formation à l'anglais peut être évaluée par une notation de l'élève sur les standards existants, un stage de lancement de produit peut être évalué sur les effets de retour en termes de chiffre d'affaires, etc.

En bref, cette coopération est nécessaire pour piloter la formation sur objectif.

La gestion des prestations de la DRH

Les dépenses comptables de paie, de recrutement, d'intérim et de formation n'incluent pas les coûts internes des services d'une direction des ressources humaines en charge de ces dossiers ou les coûts de formations internes dispensées par tel ou tel centre de l'entreprise, sous-traitant de la DRH.

Comme nous l'avons déjà indiqué, ceci suppose que ces services ou ces centres soient organisés en centre de responsabilité avec la mesure des unités d'œuvre de pilotage, JHF EQPT, heures d'actifs de travail, utilisées pour leurs prestations, positionnées dans la nomenclature de pilotage des produits et contributions (voir chapitre 2, p. 46).

Les actifs généraux

Les actifs généraux comprennent notamment les bâtiments. Les informations de gestion disponibles pour les bâtiments sont :

- le montant des amortissements comptables ou le coût des locations sous diverses formules de leasing (*lease back,* etc.) ;
- les dépenses comptables d'assurances, de travaux d'entretien, de nettoyage, de gardiennage, de consommables, etc., repérables sous les rubriques correspondantes, au global, et par bâtiment si une comptabilité analytique a été mise en place ;
- les données physiques sur les caractéristiques des bâtiments (surfaces utiles, non utiles, découpage des locaux selon leur qualification, leur affectation). Ces données relèvent généralement des services généraux. Certains sont équipés avec des logiciels de cartographies, parfois 3 D, pour la gestion des surfaces, des bureaux, des flux de circulation, et facturent leurs interventions aux centres utilisateurs. D'autres travaillent manuellement avec des documents papier plus ou moins précis.

Selon les cas, les dépenses de bâtiment sont prises en compte dans les frais généraux ou bien considérées comme des prestations internes facturées aux centres utilisateurs, par exemple, le mètre carré facturé clef en main au coût standard.

Dans certaines entreprises, la nomenclature des bureaux mis à disposition tient compte du confort, de l'emplacement, des niveaux de nettoyage, etc., avec la facturation des surfaces, des meubles, des logistiques, des équipements de Bureautique, des postes de téléphone, des accès informatiques, etc., au centre utilisateur. Cela rejoint, en interne, le mode de facturation des centres d'affaires, qui proposent leur hébergement et les prestations associées à leurs clients.

Les actifs de travail

Les données comptable, d'investissement, d'amortissement

Les actifs de travail sont de nature diverse selon l'activité des centres. Ce sont par exemple les machines de production, les équipements de tests et de mesures, les salles de démonstration commerciale *(Show*

Room), les véhicules, les postes de Bureautique, etc. Les données comptables (a 1), comme le montre le tableau ci-dessous, portent sur :

- les inventaires comptables, avec les entrées, les déclassements d'actifs ;
- les valeurs brutes, nettes d'actif ;
- les amortissements avec, comme nous l'avons déjà indiqué, des règles d'amortissement fiscal, variables d'un pays à l'autre.

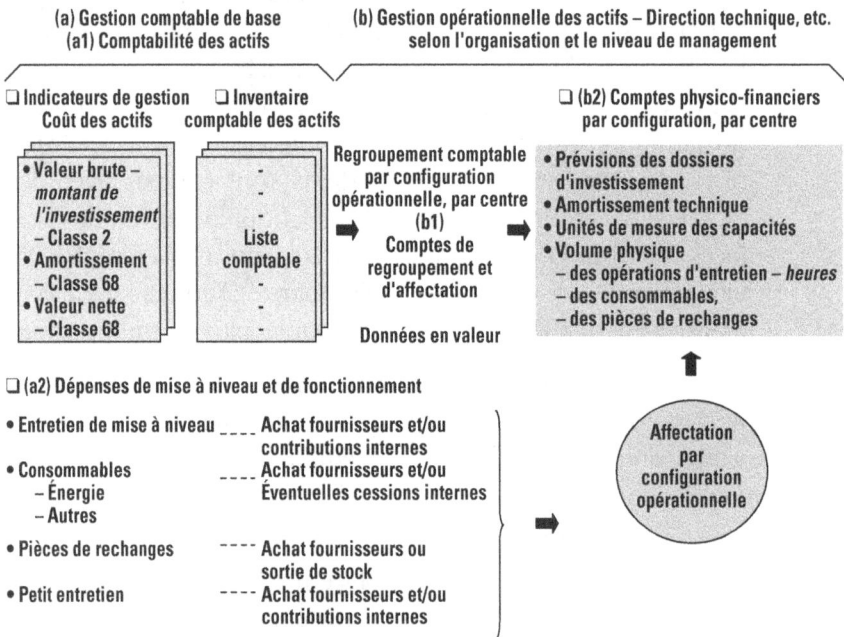

Schéma 4.23
Les informations de gestion des actifs de travail

La gestion des configurations opérationnelles

Un **ensemble opérationnel** de base mis à disposition de l'utilisateur (une chaudière d'usine, une installation de Bureautique, une presse de production, une salle de démonstration commerciale) résulte souvent de plusieurs achats avec un investissement initial, puis des adjonctions. Par exemple, une installation de Bureautique, initialement constituée par des objets comptables différents (l'unité centrale, l'écran, l'imprimante) est dotée d'un nouvel écran plat avec remplacement de l'écran initial alors même que celui-ci n'est peut-être pas totalement amorti dans les comptes.

En fait, ce qui intéresse l'utilisateur, c'est le coût de l'ensemble opérationnel mis en œuvre pour répondre à ses besoins. C'est en effet ce coût qu'il prendra en compte pour les calculs de pilotage sur le coût des capacités, des UO, avec au final des prix de revient (voir chapitre 2). C'est le coût de l'ensemble dont il faut reconstituer la valeur à un instant donné, en tenant compte des éléments «entrés et sortis», de leur valeur initiale, des amortissements, etc.

La construction des informations de pilotage correspondantes exige un premier travail sur les fichiers comptables, avec :

- le regroupement des actifs comptables, s'il n'est pas déjà effectué, par ensemble opérationnel de base (b 1) (chaudière, installation de Bureautique, presse, salle d'exposition commerciale, etc.) et par centre d'affectation ;
- la prise en compte de ces ensembles opérationnels de base au niveau le plus bas de la nomenclature de pilotage des actifs de travail, puis éventuellement leur regroupement par métier et par fonction.

Selon le niveau de gestion de l'entreprise, des comptes physico-financiers sont construits par configuration opérationnelle, avec les prévisions initiales des dossiers d'investissement, les prévus révisés et leur justification, le suivi des données d'exploitation (b 2).

Mesure des capacités

Les capacités de travail des ensembles opérationnels sont mesurées par des nombres d'opérations, des nombres de pièces, des volumes de production, etc., par unité de temps productif (heures, secondes, dixièmes de milliers d'heures DMH, etc.). Ces mesures d'unités d'œuvre techniques sont d'autant plus précises que les activités sont structurées : production industrielle, centre d'exploitation informatique, réseau physique de distribution.

Les données correspondantes sont généralement disponibles dans les directions de production, dans les services d'ordonnancement et d'exploitation ou bien dans les directions techniques, qui sont responsables des études de configuration opérationnelle, de définition d'UO, puis des choix techniques d'investissements, de l'homologation des fournisseurs, des travaux de gros entretien, etc.

Pour le pilotage, il est suffisant de se référer à des capacités installées, exprimées en nombre d'heures de travail potentiel (p. 50). Dans des cas particuliers, la précision de pilotage requiert la référence à des UO de pilotage qui sont des regroupements d'UO techniques, par exemple, pour des actifs qui représentent des investissements lourds et qui produisent la majeure partie de la valeur ajoutée d'un centre.

Les dépenses de mise à niveau et de fonctionnement

Les dépenses (a2) de mise à niveau des actifs de travail, d'entretien et de maintenance selon des opérations prédéfinies, ou les dépenses de fonctionnement, d'achats de pièces de rechange, de consommables et de petit entretien sont comptabilisées dans la classe 6.

Leur affectation par configuration opérationnelle et par centre exige une comptabilité par destination. Le suivi des coûts liés à l'intervention de centres internes par exemple pour l'entretien, implique leur organisation en centre de responsabilité.

Les indicateurs physiques associés aux dépenses de mise à niveau et de fonctionnement

Les ratios de performances d'entretien et de consommation rapportent des volumes d'entretien (par exemple, en heures) ou des volumes de consommables (KWh, pièces de rechange, etc.), c'est-à-dire des mesures d'indicateurs physiques, aux dépenses d'achat et aux coûts internes correspondants. Ces mesures en volume sont plus ou moins disponibles selon les entreprises ; le niveau des applications automatisées de gestion productive, de gestion de maintenance (GPAO, GPMAO), etc.

Si ce n'est le cas, les indicateurs physiques restent partiellement documentés. Cela indique des options et des efforts de gestion, dont le coût interne est à opposer aux avantages qu'apporterait leur mesure.

Les budgets de fonctionnement

La gestion des budgets

Les dépenses de fonctionnement des actifs de travail, auxquelles il faut ajouter des dépenses liées au personnel (frais de voyage, etc.) et les dépenses de fonctionnement général du centre de responsabilité (honoraires, etc.) sont programmées annuellement dans les budgets de l'entreprise. Ces budgets sont établis selon les nomenclatures budgétaires de l'entreprise et affectés par centre budgétaire ; un centre de responsabilité regroupe généralement plusieurs centres budgétaires (p. 129). Il y a une véritable gestion budgétaire lorsque chaque centre budgétaire :

- dispose d'un **budget prévu**, éventuellement révisé en cours d'année (budget prévu et budget mis à disposition). Cette technique, peu pratiquée dans les entreprises, vise à débloquer le budget prévu par tranche en cours d'année, afin d'en assurer un meilleur contrôle ;
- effectue un engagement de dépense au moment où il effectue une commande en créant, de ce fait, une obligation de paiement de l'entreprise vis-à-vis d'un tiers, et tient à jour une comptabilité des engagements, **budget engagé** ;
- enregistre les prestations fournisseurs et valide les factures (budget facturé), avant d'ordonner le paiement aux services comptables, **budget ordonnancé** ;
- suit les paiements effectués, **budget payé**, par exemple pour un suivi fournisseurs, le calcul des remises sur les achats réalisés, le contrôle des retards de paiements, etc.

La bonne règle indique que les budgets payés sont inférieurs aux budgets ordonnancés, les ordonnancés aux facturés, les facturés aux engagés et, bien sûr, les engagés aux prévus. Les synthèses des engagements pris par l'entreprise, par chaque centre, et des budgets qui restent disponibles s'effectuent sur les montants de budget engagé.

Les situations constatées

Plusieurs situations sont constatées suivant les entreprises :

- des budgets sont établis sans mise en place de procédures d'engagement, d'ordonnancement, etc. Aux données prévisionnelles du budget ne sont opposées que les données comptables sur les montants facturés. L'entreprise ne connaît ses engagements qu'avec plusieurs mois de retard, lors des présentations et des paiements des factures. L'entreprise «pilote au rétroviseur»;
- les correspondances entre nomenclature budgétaire et nomenclature comptable ne sont pas assez précises, les comptables imputent les montants facturés sur des comptes non appropriés. Les contrôleurs de gestion ont beaucoup de travail;
- les correspondances entre les nomenclatures de gestion budgétaire et les nomenclatures de pilotage des budgets par des centres utilisateurs, ne sont pas claires. Les relations entre les responsables du budget de l'entreprise et les responsables des centres ne sont pas toujours faciles.

Ce peut donc être la «Tour de Babel» entre les responsables budgétaires, les centres utilisateurs et les comptables. Il est donc important, pour construire les informations de pilotage :

- d'identifier les indicateurs de gestion budgétaire et comptable, les nomenclatures, les comptes d'imputation concernant tel ou tel centre de responsabilité;
- d'établir les correspondances entre, d'une part, la nomenclature comptable et la nomenclature budgétaire et, d'autre part, la nomenclature budgétaire et la nomenclature de pilotage opérationnel des budgets.

Informations de pilotage	Applications de gestion	
	Indicateurs budgétaires	**Indicateurs comptables**

Budget mis à disposition, statut :	**Indicateurs budgétaires**	Passe-relles ⬅	**Indicateurs comptables**
• Prévu initial et révisé • Engagé P/R • Ordonnancé P/R • Facturé P/R • Payé P/R	• Budget prévu initial et révisé • Budget engagé • Budget ordonnancé		• Montant facturé • Montant payé

X **INDICATEURS DE PILOTAGE**	X **NOMENCLATURE DE GESTION DU BUDGET**	X **NOMENCLATURE DE GESTION COMPTABLE**
• Dépenses ressources mises à disposition – Masse salariale – Frais de recrutement – Actifs de travail : amortissement, location • Dépenses de mise à niveau – Formation – Entretien, maintenance • Dépenses de fonctionnement – Personnel – Actif – Général • Prestations reçues – Informatique – Services généraux • Frais généraux ——— *Déclinés, si besoin en est, selon la nomenclature de pilotage des ressources* *Cf. chapitre 2*	I – Frais de personnel I.1. Masse salariale I.2. Formation professionnelle I.3. Personnel intérimaire I.4. Frais de recrutement II – Achats de fonctionnement II.1. Services et Fournitures II.2. Outillage, Matériel II.3. Fournitures II.4. Location de matériel II.5. Entretien, Maintenance III - Communication III.1. Poste & Télécommunications III.2. Congrès, Réceptions IV – Amortissement V – Prestations internes V.1. Informatiques V.2. Services généraux VI – Autres frais VI.1. Transport et déplacements VI.2. Documentation VI.3. Frais d'actes et contentieux VI.4. Honoraires Etc.	- - - - - - - - - - Comptes de la classe 6 - - - - - - - - - -

Passe-relle ⬅ (entre colonne 1 et 2)
Passe-relles ⬅ (entre colonne 2 et 3)

X **NOMENCLATURE PILOTAGE**	X **NOMENCLATURE CENTRES BUDGÉTAIRES**	X **NOMENCLATURE CENTRES COMPTABLES**
CENTRE DE RESPONSABILITÉ	• Direction • Secrétariat général • Unité opérationnelle A • Unité opérationnelle B • Service de gestion du personnel • Service Budget, Finance, Contrôle de gestion	- - Codes imputation - -

Passe-relles ⬅ (entre colonne 1 et 2)
Passe-relles ⬅ (entre colonne 2 et 3)

Schéma 4.24
**Les informations de gestion budgétaire et comptable,
le pilotage des budgets**

Cet exercice s'effectue en partant des nomenclatures budgétaires. Le schéma ci-dessus illustre ces remarques en mettant en parallèle :

- des indicateurs comptables, montant facturé, montant payé, mesuré **écriture par écriture**, dans les comptes par nature, par fournisseur et par centre d'imputation comptable ;
- des indicateurs budgétaires, budget prévu initial, révisé, budget engagé, budget ordonnancé, complétant les indicateurs comptables. Les indicateurs budgétaires sont mesurés selon la nomenclature budgétaire de l'entreprise. Cette nomenclature porte sur des agrégats de dépenses en nature, qui correspondent ou non à des regroupements de comptes par nature. Les nomenclatures du budget s'appliquent aux centres budgétaires à relier aux centres d'imputation comptable ;
- des indicateurs de pilotage qui mesurent les différentes versions (prévu, réalisé) du budget et de la comptabilité. Ces indicateurs en valeur sont accompagnés d'indicateurs physiques et sont mesurés par centre de responsabilité (voir chapitre 2).

La gestion des opérations de base

Quelle que soit l'activité des centres (opérations de commercialisation des produits, opérations liées à la physique des produits, prestations support), la gestion est toujours basée sur le même principe.

❑ **(1) Action marketing, opérations de promotion commerciale sur mesure, action des représentants**
  • *sous technique de « gestion de projet » automatisée ou manuelle selon les entreprises*

❑ **(2) Projet de recherche et développement**
  • *découpage en étapes de réalisation,* conception, faisabilité, études de réalisation, réalisation, tests, *en lots, sous ensembles, etc.*
  • *Systèmes de gestion de projet plus ou moins sophistiqués, intégrés, selon les cas*

❑ **(3) Production, industrie, services**
  • *découpage en phase,* exemple industriel, approvisionnement, fabrication, assemblage
  • *emplois des logiciels de production plus ou moins intégrés, en particulier pour l'industrie*

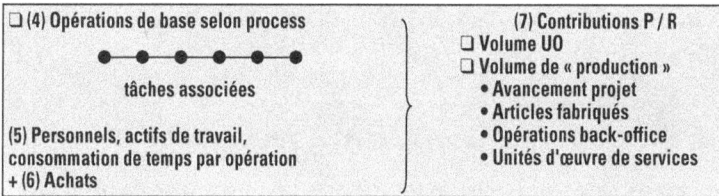

⬇

(4) Opérations de base selon process	(7) Contributions P / R
● ● ● ● ● ●	❑ Volume UO
tâches associées	❑ Volume de « production »
	• Avancement projet
	• Articles fabriqués
(5) Personnels, actifs de travail,	• Opérations back-office
consommation de temps par opération	• Unités d'œuvre de services
+ (6) Achats	

Schéma 4.25
Les informations de gestion des opérations de base

L'action marketing, l'opération de promotion commerciale sur mesure, le plan d'action des représentants (1), le projet de recherche et développement (2), les processus de production des articles, des dossiers à traiter, des services à délivrer(3) :

  • sont découpés en opérations de base, en tâches (4) ;
  • avec programmation des temps de personnels, d'actifs concernés, consommations d'UO techniques (5), et des achats de production, de projet à effectuer (6).

Les contributions de base sont mesurées selon les nomenclatures de gestion des opérations de base (7). Les informations de gestion des opérations et de l'emploi des ressources sont **exclusivement** des mesures physiques, volumes, quantités.

La construction des informations de pilotage sur les temps consommés, l'emploi des ressources et les volumes de résultat découle d'agrégats par référence aux nomenclatures de pilotage. Il faut au préalable établir des passerelles entre :

- la nomenclature de pilotage des ressources et les regroupements de personnes, d'actifs de travail, des nomenclatures de gestion, les centres contributeurs;
- la nomenclature de pilotage produits, les nomenclatures de contribution commerciale et les regroupements d'articles, d'opérations des nomenclatures de gestion des productions ou des projets.

L'estimé d'avancement des projets de recherche et développement, des opérations sur mesure (marketing, promotion commerciale) s'effectue au niveau des responsables de projet en relation avec les contributeurs impliqués.

Construire des passerelles

Le regroupement le plus haut des nomenclatures de gestion est accroché au regroupement le plus bas des nomenclatures de pilotage. Une rubrique de divers (rubrique «poubelle») regroupe, dans les nomenclatures de pilotage, tous les éléments des nomenclatures de gestion qui ne peuvent être rattachées à une rubrique particulière de pilotage. Les montants de divers témoignent des difficultés des couplages entre nomenclature de pilotage et nomenclature de gestion.

Ces montants indiquent des volumes de travail et de résultats, qui ne sont pas sous **contrôle précis** du «pilote». Leur évolution est surveillée avec la possibilité d'aménager les nomenclatures de gestion ou de décliner les nomenclatures de pilotage pour améliorer les correspondances, par exemple, si l'on constate que la rubrique divers varie beaucoup d'un mois sur l'autre, avec quelques questions sur son contenu, sur les raisons de ces variations. Ce principe est valable pour les passerelles entre nomenclatures de pilotage des budgets et les nomenclatures budgétaires comptables.

Les informations de gestion des marchés, des clients, des produits commercialisés

Les informations comptables

Les informations comptables clients et produits représentent les montants de vente facturés et encaissés, les remises commerciales, les différents avoirs, ventilés par compte client, partenaires des réseaux de distribution ou clients directs.

Les informations de gestion opérationnelles produits, clients

Les informations comptables sont éventuellement complétées par des informations de gestion opérationnelle des marchés, des clients et des produits sur :

- les commandes, les livraisons et les retours produits, *via* les systèmes de gestion correspondants, les prises de commandes, la gestion des stocks et des livraisons;
- des indicateurs marketing, commercial par catégorie de produits (à lancer, à entretenir, en déclin), distingués par leur période de vie (p. 13);
- le profil commercial du client par rapport aux critères de segmentation des marchés, ou sur son statut commercial (client en promotion, client fidélisé, client privilégié, client+++).

La construction des informations de pilotage s'effectue par référence à la nomenclature produits. Les identifiants clients produits pris en compte dans les systèmes de gestion opérationnelle (profil commercial, statut commercial du client, statut marketing du produit) sont autant de critères par rapport auxquels les données comptables peuvent être relues en les complétant par des indicateurs physiques (nombre de clients, etc.).

Les synthèses de pilotage des actions marketing et des opérations de promotion ont déjà été évoquées (p. 122).

Cohérence et transparence des informations de pilotage

Au terme de ces paragraphes, il est important de confirmer que la construction des informations de pilotage sur les réalisés ne se réduit pas à la simple construction d'agrégats de gestion. Il faut en effet (voir chapitres 2 et 3) :

- effectuer divers calculs à partir des données de gestion de base, par exemple calcul des effectifs moyens, des entrées, des sorties d'effectifs, valeurs d'actifs sous configuration opérationnelle;

- établir les correspondances entre nomenclatures de pilotage et nomenclatures de gestion, mettre en évidence des mixes ;
- effectuer les calculs du compte de pilotage, ratios de performance, coûts des UO de pilotage, valeurs ajoutées, prix de revient, etc.

Cette remarque, si elle est prise en compte, évite des malentendus sur les différences entre information de pilotage et agrégats de gestion, avec toute une série de conséquences pour les démarches pratiques de mise en œuvre d'un système de pilotage et les choix d'évolution de l'informatique de gestion. Ce point est repris en détail au chapitre 5 (p. 220).

Diversité des informations de gestion

Il faut aussi noter, pour les entreprises d'une certaine dimension, qu'il y a autant :

- de modes de gestion que de pays, avec des comportements et des échelles de rigueur variables d'un pays à l'autre ;
- de systèmes de gestion par pays que de sociétés rachetées, regroupées par l'entreprise, chacune avec leur historique informatique, même si, dans certains cas, les logiciels utilisés sont identiques.

Enfin, les règles et les obligations de gestion (durées d'amortissement des actifs, charges sociales, niveaux de taxe) varient selon les pays et les régions. Du point de vue du pilotage, il faut bien identifier les vocabulaires, le contenu des indicateurs de gestion dans chacun des cas, puis faire en sorte que des indicateurs de pilotage communs, garants de cohérence, soient utilisés.

Par exemple, un responsable qui gère deux centres de production industrielle (l'un en France, l'autre en Espagne) disposera d'un lexique des indicateurs de pilotage qui lui précisera que l'indicateur «valeur de l'amortissement comptable» n'est pas calculé de la même façon dans les deux pays :

- en première étape, il disposera de deux indicateurs (valeur d'amortissement comptable actifs France, valeur d'amortissement comptable actifs Espagne), dans le compte de pilotage et de coordination des deux centres, avec un commentaire sur les durées d'amortissement et le rappel des valeurs d'investissement;

- en deuxième étape, il pourra, tout en continuant à disposer de ces deux indicateurs, expliquer et introduire le calcul d'un indicateur d'amortissement économique. Ce calcul, par référence à une norme d'entreprise valable dans tous les pays, est utile pour coordonner les politiques de performance et d'investissement, et effectuer des comparaisons entre sites;
- en troisième étape, l'indicateur d'amortissement économique sera le seul utilisé pour les travaux et les dialogues de pilotage avec, au niveau de chaque centre, le maintien en compte associé des lectures comptables, pour consultation éventuelle, principe de transparence.

L'amélioration par étape des indicateurs de pilotage va toujours de pair avec un travail d'explication. Ce travail est à la base de toute évolution du pilotage et précisément des relations de confiance qui doivent s'établir entre «pilotes», a minima pour la signification et la transparence des informations qui leur permettent de se coordonner.

Partie 3

De la stratégie à l'action, le pilotage de l'entreprise

Objectif : gérer les informations et les instruments de pilotage sur des postes de Bureautique, puis préparer la stratégie de l'entreprise, piloter et coordonner sur objectif l'action de ses centres de responsabilité.

Chapitre 5

Fonctionnement du système de pilotage

Intégrer, optimiser le pilotage de l'entreprise

Le schéma 5.1 ci-dessous confirme l'organisation du système de pilotage de l'entreprise avec une synthèse des chapitres précédents. Il mérite quelques commentaires avant que nous n'examinions les conditions de son fonctionnement sur des postes de Bureautique de pilotage, puis ses emplois pour piloter l'entreprise.

Les informations de pilotage de l'entreprise sont réparties entre les entreprises particulières qui la constituent et qui travaillent en partenariat. Chacune planifie, puis gère les comptes de pilotage qui lui indiquent des objectifs de produits à atteindre, avec mise en évidence des hypothèses de performance, des ressources physiques à mobiliser, des contributions à recevoir d'autres centres.

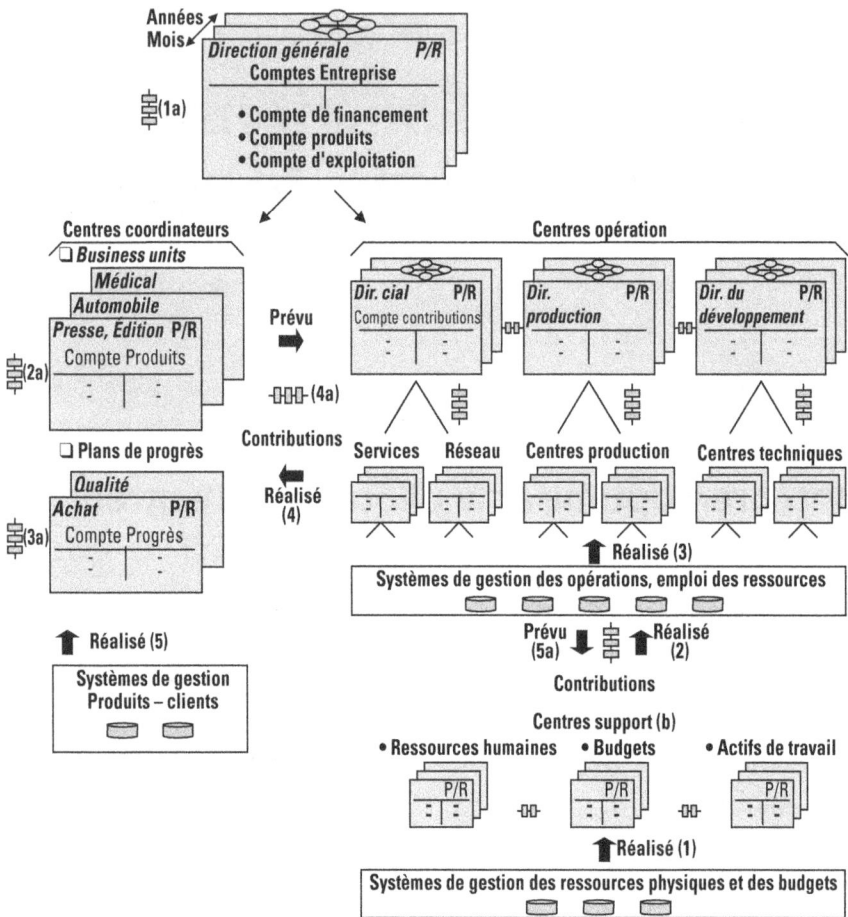

(1a) = Modèle de pilotage de l'entreprise
(2a) = Modèle de pilotage marchés, clients, produits
(3a) = Modèle de pilotage plans de progrès de performances internes
(4a) = Modèle de pilotage des contributions intermédiaires, des performances, des ressources à mobiliser
(5a) = Modèle de pilotage des ressources, et des marchés fournisseurs

Schéma 5.1
Le fonctionnement du système de pilotage de l'entreprise

La direction générale (centre coordinateur) planifie les objectifs globaux opérationnels, en relation avec les objectifs stratégiques de l'entreprise (voir chapitre 6). Elle a la responsabilité des comptes de pilotage global de l'entreprise, (compte produits, compte d'exploitation, compte de financement) (1 a).

Les *business units* (centres coordinateurs) planifient leurs marchés, leurs portefeuilles produits, ainsi que les objectifs associés de contributions intermédiaires des centres opérations, (comptes produits des *business units*, 2 a). La démarche est identique pour les responsables de plans de progrès (centre coordinateur), avec la planification des performances à atteindre dans leur domaine (achat, qualité, production, etc.), puis la définition des contributions des uns et des autres (comptes plans de progrès (3 a).

Les centres opérations planifient l'emploi des ressources sur leurs objectifs de contribution (comptes des centres opération (4 a).

Les centres support planifient les ressources à mobiliser et les prestations support, selon les besoins des autres centres, comptes des centres support (5 a).

Chaque centre effectue des calculs de pilotage pour simuler des choix, préparer les plans sur objectif, puis naviguer sur objectif avec *reverse approach* sur les écarts constatés par rapport aux prévisions. Il applique les logiques de base d'une planification sur objectif, pour les produits, les ressources dont il a la responsabilité (chapitre 3).

En adéquation avec l'organisation des informations indiquées sur le schéma précédent, **la planification** sur objectif de l'entreprise au global (1 a), par marché produits (2 a), par plan de progrès (3 a), par contribution intermédiaire (4 a), et ressources (5 a), est répartie entre les centres.

Cette planification résulte de l'emploi à chaque échelon d'un modèle de pilotage, représenté par un symbole sur le schéma. Ce modèle organise et effectue tous les calculs de préparation d'un plan sur objectif.

Nous expliquons plus loin comment l'emploi des modèles de pilotage garantit la cohérence et la transparence des objectifs des plans, des engagements associés de performance à tous les niveaux de l'entreprise.

La construction des informations sur les réalisés se fait à partir des systèmes de gestion (voir chapitre précédent). Les données de gestion utiles sont extraites des fichiers de gestion, en utilisant les outils dont dispose l'entreprise. Nous retrouvons ici l'emploi des info-centres, de logiciels dits «d'aide à la décision», utilisés en particulier dans de grandes entreprises qui ont achevé, souvent dans des conditions plus difficiles que prévu, l'intégration de leurs systèmes de gestion. À la fin de ce chapitre, nous reviendrons sur cette question de façon détaillée, compte tenu des enjeux d'une bonne compréhension des correspondances entre système de pilotage et systèmes de gestion, et des utilisations des logiciels d'aide à la décision, qui en découlent. Du moins, de notre point de vue.

Nous pouvons rappeler ici, que les synthèses de gestion à rassembler et à traiter pour construire les informations de pilotage concernent :

- les ressources physiques mobilisées, leur mise à disposition, leur mise à niveau, les budgets, les prestations support de fonctionnement. Elles sont de la responsabilité des centres support, qui valident les synthèses établies à partir de leurs systèmes de gestion (1), avant qu'elles ne soient transmises par leur intermédiaire aux autres centres (2), qui les intègrent dans leurs comptes de pilotage ;
- les opérations de base, avec l'emploi des ressources, les volumes de contributions intermédiaires (3). Les centres opération valident leurs synthèses de gestion, puis les utilisent pour les calculs de pilotage qui indiquent leurs contributions en valeur et en volume aux *business units* ou aux responsables de plans de progrès (4) ;
- les prises de commande, les chiffres d'affaires réalisés sur les marchés, les performances et les coûts des réseaux (5), remontés des systèmes de gestion produits, clients au niveau des *business units*, directement ou *via* les directions commerciales selon l'organisation en place.

Organiser, mettre en service la Bureautique de pilotage

Nous allons voir comment utiliser les ressources de Bureautique de l'entreprise, de ses centres de responsabilité, pour optimiser le fonctionnement de ce dispositif. Avant cela, nous devons mettre en exergue trois caractéristiques principales de la bureautique de pilotage du point de vue de la gestion et du traitement des informations :

- chaque centre mesure une dizaine d'indicateurs pour moins d'une dizaine de référentiels de pilotage. Un nombre trop élevé de référentiels indiquerait trop d'informations de pilotage à un niveau donné. Le pilotage serait alors compliqué, surchargé en informations mal hiérarchisées, du fait de référentiels mal définis et mal déclinés ;
- les informations de pilotage correspondantes documentent toutes les lectures, tous les calculs, les raisonnements effectués selon les logiques du pilotage des objectifs aux ressources, des ressources aux objectifs (chapitre 3). S'interroger sur les besoins d'effectif liés à une nouvelle commande requiert la prise en compte des mêmes informations que celles requises pour situer les conséquences d'arrêts du travail sur l'exécution des commandes. Les données de base sont donc gérées sous une norme particulière, la norme cube 3D, expliquée dans ce chapitre, qui facilite les lectures, les calculs de pilotage ;
- la répartition des informations entre les centres garantit la cohérence et la transparence du pilotage vertical ou transversal. Il est intéressant de gérer, sur chaque poste, la liste des informations, à envoyer ou à recevoir tous les mois, en relation avec les séquences de planification (entrées ou sortie de prévisions) ou de suivi mensuels des réalisés. Le «réseau» des **postes de pilotage** est ainsi organisé à l'image du réseau des entreprises particulières. Le contenu des entrées sorties d'un poste, ses échanges avec les autres postes sont modifiés en fonction des évolutions de l'organisation de l'entreprise.

Les postes de Bureautique, sur lesquels fonctionnent les informations et les instruments de pilotage, sont des PC classiques, généralement dédiés par ailleurs à d'autres applications de Bureautique. La Bureautique de pilotage est organisée, selon le schéma suivant, pour :

- rassembler des informations sur l'environnement, les marchés, les clients (1), l'équivalent des cartes, des informations météo du pilote d'avion, etc. ;
- mémoriser les plans «de vol» sur objectif (prévu), préparés avec les modèles de pilotage (2) ;
- suivre les progressions sur objectif (réalisés), après rassemblement et traitement des synthèses de gestion (3) ;

- assurer le fonctionnement des instruments de pilotage (4), modèles, comptes, tableaux de bord de navigation;
- gérer les échanges avec les autres «pilotes», entrées et sorties du poste (5);
- gérer et tenir à jour le lexique des indicateurs et des nomenclatures de pilotage, (6).

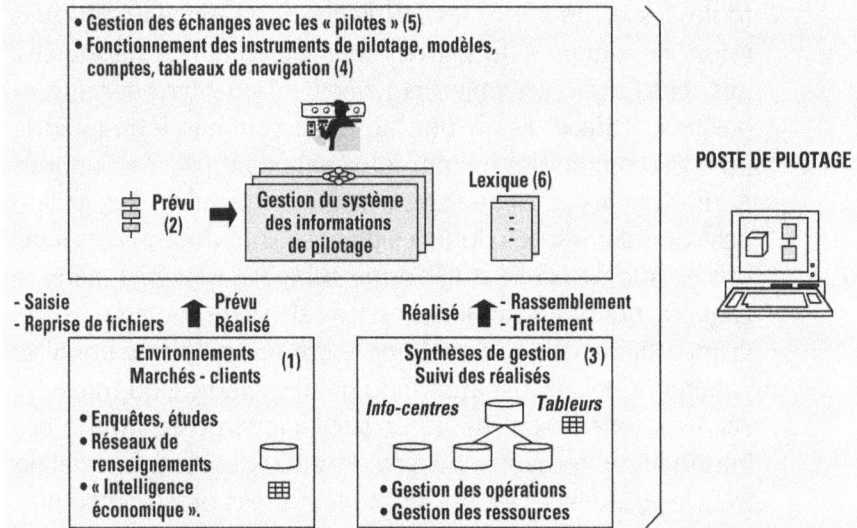

Schéma 5.2
L'organisation d'un poste de bureautique de pilotage

Selon les situations informatiques de l'entreprise, le couplage entre le poste de pilotage et les systèmes de gestion, entre le cockpit de pilotage, les moteurs et les équipements de l'avion, etc., est assuré *via* différentes techniques correspondantes.

Rassembler les informations

Informations sur les environnements

Les informations sur les divers environnements de l'entreprise (1, schéma ci-dessus), sont utilisées pour la réflexion stratégique, l'éclairage des choix opérationnels à moyen long terme, décision d'investissement, délocalisations, etc. Elles portent sur les situations géopolitiques, économiques, sociales, financières, techniques, etc. que l'entreprise observe, analyse, selon ses activités et ses préoccupations, pour évaluer ses futurs contextes de travail, préparer ses choix, estimer les risques.

Nous présentons des exemples de leurs emplois pour la planification stratégique dans le chapitre 6. Les informations sur les environnements sont gérées selon les mêmes normes que les autres informations de pilotage. Ces informations concernent également les marchés, les clients, les comportements, les performances des concurrents, les risques clients ou fournisseurs, que nous avons évoqués de différents points de vue dans les chapitres précédents.

Les sources d'information sont diverses : statistiques internationales ou nationales (type ONU, FMI, INSEE), études de marchés, rapports de consultants, statistiques de syndicats professionnels, cotations indices spécialisés (marchés financiers, pétrole, matières premières), bases de données externes gratuites ou non, etc. Il faut souvent ressaisir manuellement des données, que l'on souhaite documenter régulièrement, après avoir identifié les sources de base, les raisonnements, les méthodes de ceux qui les élaborent (parfois, les intérêts qu'ils servent de façon plus ou moins officielle). En bref, il faut savoir interpréter les informations.

Les prévisions

Les prévisions (2) sont dans les plans de l'entreprise et de ses centres. Les prévisions initiales d'une année (plans opérationnels budgets, etc.) sont en principe disponibles sur les postes durant le quatrième trimestre de l'année précédente (chapitre 6). Les révisions sont révisées une à plusieurs fois par an, selon les entreprises. Mais seule la dernière révision est mémorisée pour situer les dérives, positives ou négatives, par rapport aux prévisions initiales.

Cette remarque n'est pas anodine. Il y a des entreprises qui revoient leurs prévisions budgétaires et quelques indicateurs opérationnels de synthèse en cours d'année. Les objectifs initiaux sont révisés en fonction des réalisés; le plan s'adapte au vécu, n'affiche plus les objectifs initiaux, ni les hypothèses initiales de performances internes, d'autant qu'elles n'ont pas été clairement posées et officialisées. Nous rejoignons ici les remarques effectuées sur des situations constatées lors des évaluations de l'existant.

Cette pratique fait que l'entreprise est toujours dans les objectifs, bien qu'ils puissent «se détériorer» au fur et à mesure des révisions. Elle suit alors la «courbe du chien» et peut se trouver en situation difficile, alors qu'elle respectait ses derniers objectifs, en payant peut-être même les intéressements correspondants à ses personnels. Elle ne s'est pas astreinte à la réflexion de fond sur la raison des évolutions et n'a pas gardé en référence le budget initial, qui résultait d'analyses et de discussions plus approfondies que les révisions.

Durant la première étape de reprise de l'existant, les prévisions disponibles dans divers documents ou tableurs, en particulier celles des plans opérationnels, sont rassemblées et mémorisées sous normes de pilotage.

Une seconde étape consiste à remonter aux raisonnements de planification que pratique l'entreprise, à les recentrer, à les structurer par référence aux logiques de planification sur objectif, puis à utiliser les modèles. Nous présentons plus loin un exemple concret (p. 191).

Les simulations et les planifications sont alors directement effectuées et disponibles sur chaque poste de pilotage. Une procédure de coordination définit les conditions de validation des prévisions et leur prise en compte, comme prévision officielle, dans toute l'entreprise.

Le suivi des réalisés

Le suivi de réalisés s'effectue tous les mois, avec remontée des synthèses de gestion, ce qui n'exclut pas, dans certains cas, le rassemblement quotidien ou hebdomadaire d'un ou de deux indicateurs principaux : par exemple, les prises de commande ou le chiffre d'affaires.

L'expérience indique que les données de prévision et de gestion à rassembler sur les postes du réseau de pilotage sont disponibles à moins de 50 % dans les systèmes automatisés «officiels» des entreprises. Beaucoup sont dispersées sur divers supports : dossiers papier, tableurs Excel, bases de données particulières.

Ceci expliquant cela, il y a des imprécisions dans l'existant, des différences dans les vocabulaires, le contenu des indicateurs de synthèse utilisés, des doublons dans les circuits d'information et les synthèses de l'entreprise. Le fonctionnement des prototypes de pilotage indique, dès les premiers rassemblements et traitements, si l'information,

matière première provenant de telle source, est pleine de scories ou non, les problèmes à régler pour améliorer la qualité et la robustesse des données, selon quelles priorités (voir exemple, p. 172).

Organiser le «réseau» des postes de pilotage

Selon les dimensions, les complexités de l'entreprise et le nombre de ses centres de responsabilité, le système de pilotage est réparti sur un ou plusieurs postes avec, dans ce dernier cas, la notion de «réseau de pilotage» des postes.

Le réseau de pilotage n'est pas un réseau technique, au sens réseau informatique. Les postes de Bureautique, les logiciels, la façon de transmettre les informations de l'un à l'autre peuvent être différents. C'est un **réseau d'informations et d'applications** de pilotage **normées, réparties** entre les postes des centres avec l'organisation des échanges correspondants.

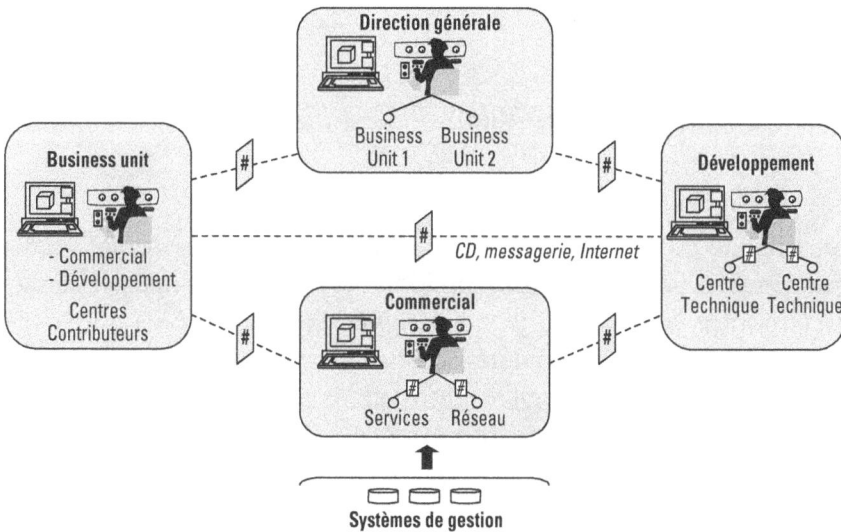

Schéma 5.3
Le «réseau» des postes de pilotage

Le partage et les échanges d'informations entre postes varient en fonction des modifications de hiérarchies verticales ou transversales. Dans tous les cas, les centres contributeurs (opération, support), qui disposent de l'essentiel des ressources physiques de l'entreprise, sont les pitons de base de toute organisation, au sein de laquelle les responsabilités sont partagées (p. 114).

Prendre en compte les modifications d'organisation

Beaucoup d'entreprises s'engagent dans des réorganisations, des modifications d'organigramme, sans mettre en place les systèmes d'information de pilotage qui garantiront leur fonctionnement efficace, puis la possibilité de les faire évoluer. Dans cette perspective, la reprise de l'existant sur des postes de pilotage permet :

- de disposer d'un système d'informations de pilotage, qui sont réparties selon l'organisation en place ;
- de mesurer les ressources, les performances des uns et des autres ;
- de réfléchir avec ces éléments de mesure à des organisations alternatives, de les simuler en termes de regroupement, de déclinaison, de partage différents des informations de pilotage en service ;
- de modifier les répartitions et les échanges entre postes, selon la nouvelle organisation.

Synchroniser les échanges

Sur chaque poste, des listes simples, sur tableur ou sur fichier Word, indiquent les fichiers à recevoir ou à envoyer périodiquement, les dates de remontée, les correspondants désignés. Les transactions entre postes sont très faibles en volume, puisqu'il s'agit d'informations de pilotage, en revanche, il s'agit d'informations essentielles, résultats de **traitement à forte valeur ajoutée**, prévisions, suivis de réalisés, synthèses à partir de données de gestion.

Les fichiers, en général sous Excel, sont transmis sur support classique (disquette, CD-Rom, Flash memories), ou par le réseau de messagerie de l'entreprise, Internet, en prenant les dispositions de sécurité utiles. Le problème n'est pas la technique utilisée, mais la **mise en synchronisation** de tous les centres pour que les informations de pilotage soient effectivement et périodiquement construites et échangées, selon les calendriers établis. Il faut que les règles du jeu soient claires, en particulier lorsque des centres ne sont pas, pour diverses raisons, au même niveau que les autres ou localisés dans des pays lointains. Par exemple il ne faut pas attendre le dernier des déclarants pour effectuer une synthèse d'informations, c'est pénaliser les premiers.

Il est possible, en première étape, d'organiser le poste pour gérer deux estimés des réalisés mensuels : par exemple, l'un à J+3 fin de mois ouvrable, l'autre à J+15 fin de mois, compte tenu des délais habituels des derniers déclarants et d'un engagement de leur part à les respecter. Du point de vue du pilotage, cette approche n'a que des avantages :

- il vaut mieux avoir un estimé partiel à J+3 (avec une approximation du poids des déclarés manquants), confirmé par un second estimé à J+15, plutôt qu'un seul estimé à J+15, peut-être très précis mais inutile pour des décisions qui sont à prendre plus tôt. Cette remarque s'applique aussi à la recherche des meilleurs équilibres entre les efforts de gestion à effectuer pour améliorer le système de pilotage. Vaut-il mieux disposer de synthèses comptables très précises quelques jours après la fin du mois, par exemple à J+ 4, ou bien d'estimés sur les résultats opérationnels, les performances à J+3, à comparer avec des synthèses comptables disponibles plus tardivement dans le mois ? Vaut-il mieux resserrer les délais de synthèse comptable pour gagner un jour ou deux, à quel prix ? Ou mettre en place un système d'engagement de dépenses (p. 149) plus cohérent avec les estimés opérationnels et surtout porteur de plus de responsabilité et d'amélioration de gestion au niveau des centres ?

- les qualités et les délais de transmissions d'information aux coordinateurs verticaux ou transversaux, sont mises en évidence sur leurs postes de Bureautique, afin d'identifier puis d'engager les progrès de management, de gestion, **nécessaires** à la base, tout en montrant leur intérêt.

Gérer les sources d'information

Prenons le cas d'une entreprise qui établit tous les mois la synthèse des ventes, du coût des ventes, à partir des informations communiquées par une dizaine de filiales, situées en France et en Europe. Plusieurs mois après la mise en service d'un info-centre commercial, nous constatons que :

- plusieurs filiales continuent à transmettre des synthèses sur des tableurs ou des documents papier (fax, télex, etc.), selon l'ancienne procédure;
- les chiffres correspondants ne sont pas cohérents avec les synthèses établies à partir de l'info-centre.

Le système de pilotage est donc organisé pour prendre en compte deux versions des réalisés :

- les synthèses déclarées par procédure manuelle;
- les synthèses établies en sortie de l'info-centre.

❑ ÉVOLUTION DES ÉCARTS CONSTATÉS ENTRE LES DIFFÉRENTES DÉCLARATIONS DE RÉALISÉ D'UNE FILIALE

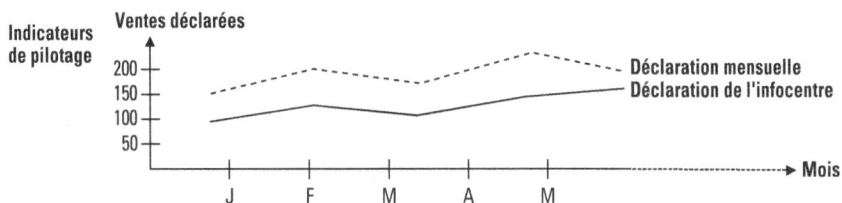

Schéma 5.4
La gestion des sources d'information

Les écarts constatés entre les deux sources d'information et leurs évolutions aident à identifier les filiales réticentes à l'emploi de l'info-centre, afin d'engager le dialogue utile sur les causes de ces réticences et d'apporter les réponses nécessaires (améliorations du service proposé, formation complémentaire des utilisateurs, droit de validation par chaque filiale des synthèses la concernant, etc.).

Durant les premiers mois de mise en place d'un système, il faut faire tourner le dispositif, produire des résultats, éviter que certains départements ou services de l'entreprise ne prennent prétexte d'autres priorités pour ne pas effectuer leurs synthèses, puis effectuer les ajustements utiles. L'animation et la coordination correspondantes sont assurées par le (s) personne (s) responsable (s) du projet pilotage.

Leur mission inclut la tenue à jour du lexique de pilotage, disponible sur les postes avec la liste des versions de prévus et de réalisés. Cette liste comprend :

- les versions fondamentales des prévus (prévu initial, dernier prévu, révisé) et des réalises (réalisé opérationnel, réalisé validé) auxquelles tout poste, se réfère parce qu'elles sont celles de toute l'entreprise;
- les variantes de réalisés que tel centre coordinateur prend en compte durant une période de remise en ordre de l'existant (cas ci-dessus), avec la possibilité d'observer l'évolution de la qualité des synthèses dont il dispose et le résultats des actions engagées avec les centres pour les améliorer.

Gérer les informations de pilotage par référence à la norme cube 3D

Les informations de pilotage de chaque centre de responsabilité sont rassemblées et stockées en se référant à une norme particulière. Cette norme se traduit par le **dessin de cubes d'information**, les cubes 3D®, qui sont des modèles de référence pour cadrer et guider le travail :

- de réflexion des responsables, des planificateurs, des contrôleurs de gestion, etc., dès qu'ils s'interrogent sur l'organisation de leurs informations, modèles, comptes, tableaux de bord de pilotage;
- de dessin des fichiers de stockage, à gérer sur les postes de Bureautique avec la compréhension et la maîtrise des logiques et transactions qu'il faudra gérer avec tel ou tel logiciel (lectures de pilotage, relations entre informations annuelles et mensuelles, paramétrage des modèles, comptes, tableaux de bord).

Dessiner un cube de pilotage est un travail de réflexion, d'organisation dont on découvre rapidement l'utilité, dès qu'il s'agit de faire le distinguo entre les informations de base, celles du cube, les informations dérivées de celles du cube (tableaux de travail) ou d'analyser l'organisation, le chaînage de calculs et de transactions entre tableaux : par exemple pour planifier sur objectif. Il est ensuite plus aisé d'optimiser

l'emploi des logiciels de Bureautique (Excel, Access, logiciels «cubes»)
pour organiser les fichiers et les calculs de pilotage.

Prenons pour exemple des informations de pilotage par *business unit*,
presse édition, automobile, médical. Le cube de base, en relation
d'ailleurs avec le modèle de base des informations de pilotage (p. 106)
est organisé comme il suit :

- les indicateurs de pilotage, les paramètres que l'on mesure,
  sont en ligne (1) ;
- les référentiels de pilotage, ici les *business units* et le total
  entreprise sont en colonne (2) ;
- les périodes de référence pour le pilote, ici des mois, sont en
  troisième axe (3) ;
- les versions des prévus et des réalisés, disponibles pour chaque mois, sont dans les sous-colonnes (4).

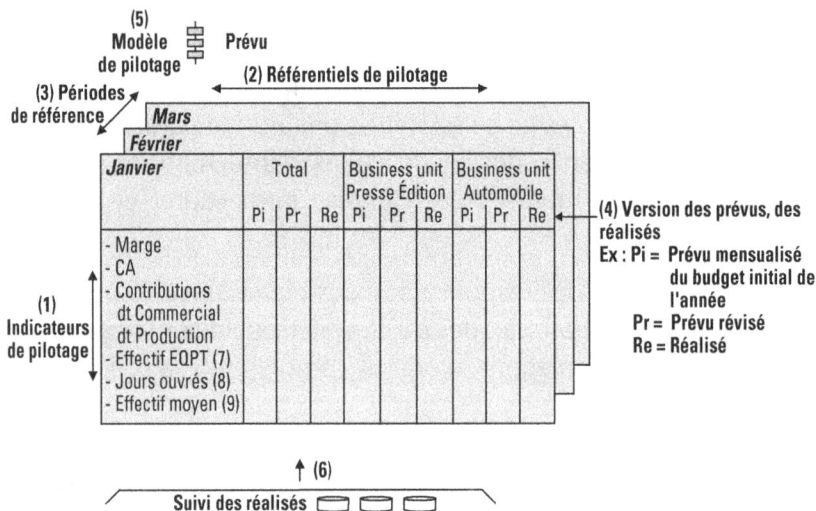

Schéma 5.5
L'organisation d'un cube de base 3D

Chaque cube est le point de rassemblement d'informations de prévisions, résultats du modèle de pilotage du centre (5), ainsi que de synthèses remontées des systèmes de gestion (6), qu'il reçoit directement
ou par l'intermédiaire d'autres postes comme indiqué en début de chapitre.

Des jeux d'équations associés à chaque cube traduisent, en termes de calculs, les règles définies pour :

- construire les informations de pilotage sur les réalisés à partir des systèmes de gestion, par exemple, le calcul des effectifs EQPT (7) à partir du nombre de jours ouvrés (8) et de l'effectif moyen (9). Ce dernier résultant d'un calcul de synthèse des effectifs début et fin de mois ;
- disposer des informations des comptes de pilotage sur les ratios de performance, les valeurs ajoutées, les prix de revient (voir chapitre 2).

L'utilisateur consulte les règles, les définitions d'indicateurs dans le lexique des indicateurs placés sur le poste. Elles ont été expliquées, durant des sessions de travail et de formation, et appuyées par l'emploi des postes concernés, afin que les personnels s'approprient les concepts de prix de revient, de valeur ajoutée et de calcul de performance, mais aussi les pratiques de management liées à leur application. Ces règles, ces pratiques évoluent, s'améliorent dans le temps sous la coordination du (des) responsable (s) de pilotage.

Chaque cube de base est accompagné de cubes associés pour la prise en compte des périodes de référence du pilote pour les prévisions ou les suivis de réalisations (années cumulées, année, mois cumulés) (p. 108). Par exemple :

- un cube accueille les prévisions (prévu initial, dernier prévu révisé, résumés sur le schéma 5.6 sous le terme prévu) établies à partir des modèles de pilotage pour l'année (1) ;
- les prévisions mensualisées sont dévidées dans un cube mensuel (2), sous-colonne des prévus ;
- les réalisés mensuels sont remontés dans le même cube (3), sous-colonne des réalisés ;
- les données mensuelles sont cumulées (4) et opposées aux objectifs à l'année.

Les transactions d'informations correspondantes (des années aux mois pour les prévus, des mois aux années pour les réalisés) sont gérées automatiquement sur le poste de pilotage.

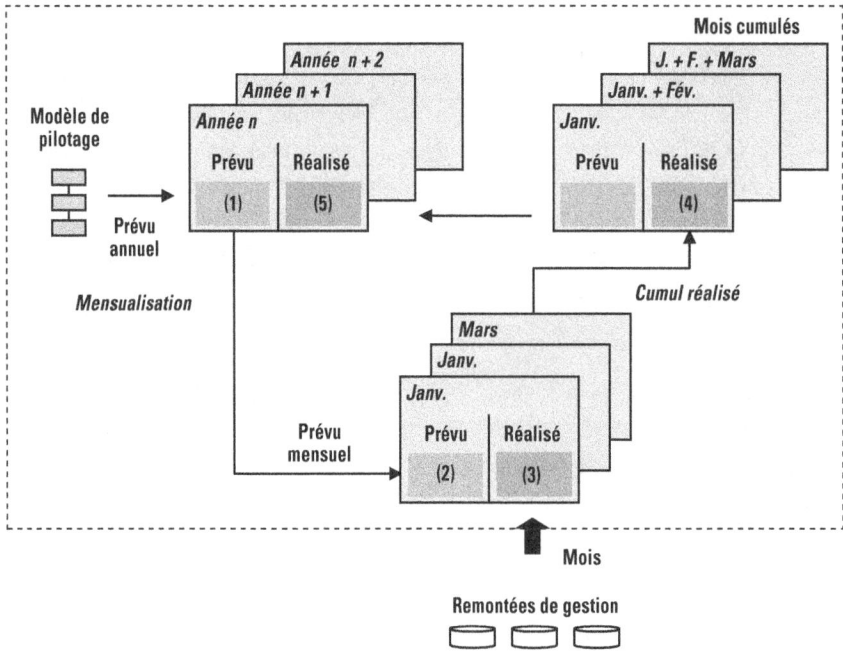

Schéma 5.6
Les cubes 3D, années, mois, leurs relations

Les calculs et les transactions d'informations correspondantes (des années aux mois pour les prévus, des mois aux années pour les réalisés) sont gérées automatiquement sur le poste de pilotage.

Dessiner les cubes 3D de chaque centre de responsabilité

Chaque centre de responsabilité dispose :

- d'un **cube de pilotage** «**centres**», pour mesurer au total, par département et service ou autres centres qu'il coordonne (centres répertoriés dans la nomenclature de pilotage centres), les ressources et leurs emplois, ainsi que les performances associées;
- d'un **cube de pilotage** «**produits**» pour mesurer au total, et pour les référentiels de la nomenclature de pilotage produits

qui le concernent (produits commercialisés ou contributions intermédiaires), les volumes et le coût de ses contributions.

Pour les **centres support**, les colonnes sont soit les ressources qu'ils coordonnent (catégories d'effectifs, d'actifs de la nomenclature des ressources), soit les produits, c'est-à-dire les prestations support qu'ils délivrent (études, prestations informatiques, comptabilité, prestations juridiques, gestion financière), répertoriées dans la nomenclature de pilotage produits. Une structure de cube centre support est présenté plus loin avec le schéma de principe d'un modèle de pilotage des ressources humaines (p. 196).

Les cubes 3D d'un centre de responsabilité

L'information de pilotage de la direction centrale du réseau régional, déjà prise comme exemple (p. 98), sont rassemblées dans un cube centres et un cube produits.

Le cube **centres** (1) porte sur les informations de pilotage des régions Nord, Sud, Est, Ouest, coordonnées par le directeur central, et leur total (référentiels en colonnes). Selon les prescriptions du chapitre 2, les indicateurs, dont quelques-uns sont affichés ici, portent sur :

- les ressources mises en œuvre ;
- l'emploi des ressources, avec la mesure des UO productives JHF EQPT de représentants, par type de contributions intermédiaires ;
- des résultats mesurés en volumes de contributions intermédiaires (nombre de visites) ou par rapport aux produits commercialisés (prises de commandes).

Le directeur régional utilise ce cube pour mémoriser les prévisions établies, à partir des modèles de pilotage, et les réalisés. Ainsi :

- il coordonne les performances opérationnelles des régions placées sous sa responsabilité (en colonnes du cube) ;
- il répond aux besoins de synthèse de la direction commerciale dont il relève (colonne total du cube).

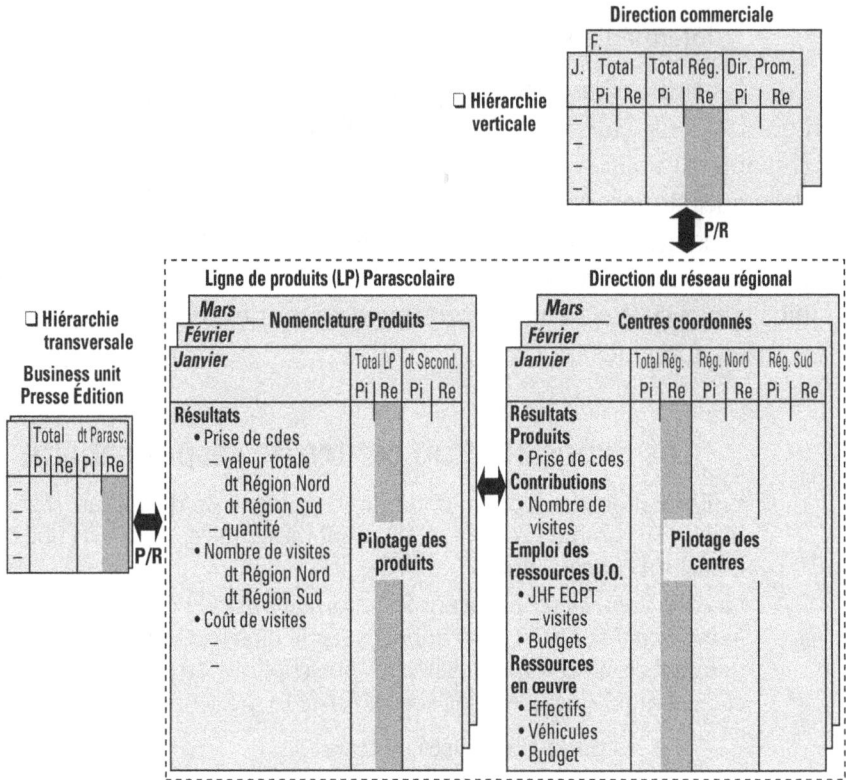

Schéma 5.7
Les cubes 3D de base d'un centre de responsabilité

Le cube «produits» (2), qui se réfère en colonne à la nomenclature de pilotage produits, indique :

- les résultats par produit, ici les prises de commandes, en valeur et en quantité pour la ligne de produits «Parascolaire» et les familles qui la déclinent, «Enseignement secondaire», «enseignement supérieur», etc. Ces résultats sont mesurés au total et par région (indicateurs composites, voir page suivante);
- les volumes et les montants des contributions «aux produits» de chaque région, par exemple le nombre, le coût des visites.

Le directeur régional dispose des synthèses utiles pour :

- coordonner les contributions des régions sur objectif, indicateurs par région;
- répondre aux besoins de synthèse de la *business unit* presse édition pour la ligne de produits «Parascolaire» (colonne «total du cube») et les familles qui la constituent.

Optimiser l'architecture du système de pilotage norme cube 3D

L'organisation des cubes de chaque centre de responsabilité, selon les normes ci-dessus, garantit à tous les niveaux la cohérence et la transparence des échanges verticaux ou transversaux par le chaînage des informations :

- marchés, produits, contributions intermédiaires (cube produits);
- produits, contributions intermédiaires des centres contributeurs, (cubes centres).

Le système des informations de pilotage transversal ou vertical est bien réparti et géré selon les règles expliquées au chapitre 4.

Le dessin sous normes cubes 3D du système de pilotage de l'entreprise, qui a plusieurs activités et de multiples centres de responsabilité, aboutit à une architecture avec beaucoup de cubes. Il est utile de l'optimiser par des croisements différents entre indicateurs et référentiels.

Optimiser l'organisation des cubes 3D

Pour exemple, le cube ci-après résume les deux précédents avec la prise en compte, en colonne, de «référentiel composite» combinant les référentiels «produits» et «centres». Au plan pratique, le but est de construire des cubes, dont les intersections entre les lignes et les colonnes sont documentées. L'organisation et la gestion pratique des tableaux construits avec les logiciels de Bureautique du poste est améliorée.

Il est aisé d'imaginer d'autres organisations des intitulés de ligne et de colonne, avec aussi des indicateurs «composites» : indicateur de base x référentiel, etc. (exemple du cube produits de la page précédente).

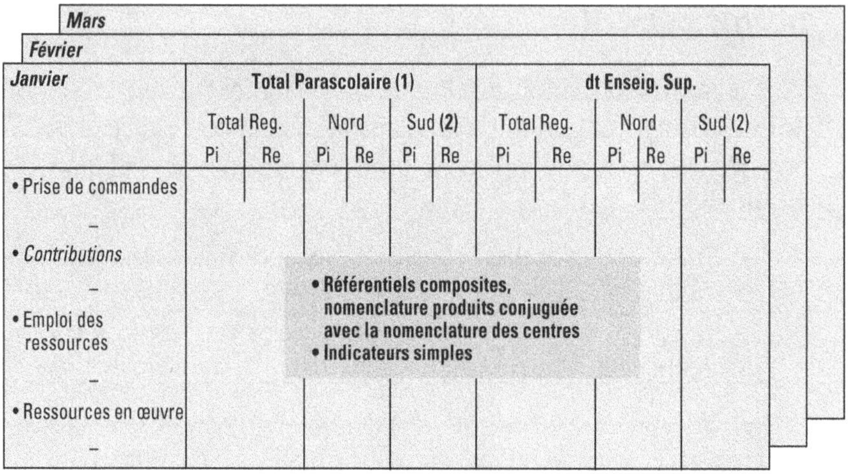
Mars
Février
Janvier
Total Parascolaire (1)
dt Enseig. Sup.
Total Reg.
Nord
Sud (2)
Total Reg.
Nord
Sud (2)
Pi Re Pi Re Pi Re Pi Re Pi Re Pi Re
• Prise de commandes
–
• Contributions
–
• Emploi des ressources
–
• Ressources en œuvre
–
• Référentiels composites, nomenclature produits conjuguée avec la nomenclature des centres
• Indicateurs simples

Schéma 5.8
Exemple d'organisation d'un cube composite 3D

Raisonner à partir des cubes 3D

Les «pilotes» utilisent des instruments de pilotage, déjà évoqués au chapitre 3, qui sont :

- les modèles de calculs de pilotage (a);
- les tableaux de bord de navigation (b);
- les comptes de pilotage (c).

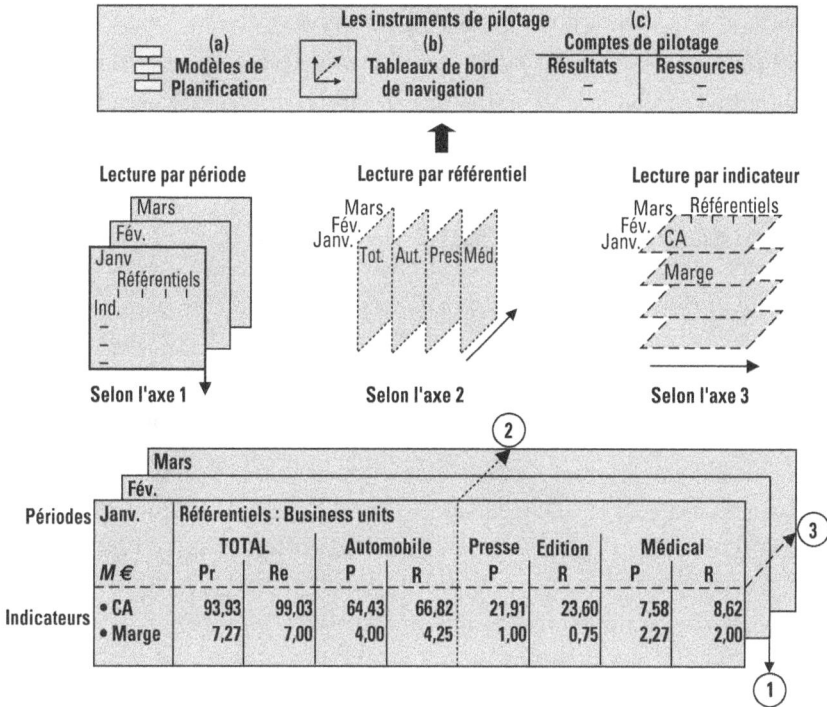

Schéma 5.9
Les principales lectures d'un cube 3D

Ces instruments fonctionnent en aller-retour avec les cubes qui sont les «centrales» d'informations de pilotage.

Les transactions d'informations entre instruments et cubes s'effectuent par l'intermédiaire de trois types de tableaux, indiqués sur le schéma précédent :

- tableau de lecture par **période**, selon l'**axe 1** du cube, avec l'affichage de situations mensuelles, annuelles, selon les référentiels du cube, ici total entreprise et *Business units* ;
- tableau de lecture par **référentiel**, selon l'**axe 2** du cube, avec l'affichage de l'évolution des indicateurs pour un référentiel, par exemple le total de l'entreprise ou une *Business unit* ;
- tableau de lecture par **indicateur**, selon l'**axe 3** du cube, avec l'affichage de l'évolution de chaque référentiel pour cet indicateur.

Il faut noter qu'il y a douze possibilités de lectures des informations d'un cube 3D : par exemple, tableaux précédents avec inversion des lignes et des colonnes, construction de séries par croisement des indicateurs et des référentiels. Il n'est pas besoin de les prendre en compte ici.

Lire, raisonner par période

Un tableau par période met en évidence des situations mensuelles ou annuelles pour les indicateurs et des référentiels sélectionnés dans le cube. Ci-dessous, les indicateurs chiffre d'affaires et marge sont lus par *business unit* et pour leur total. Cette présentation est utile pour :

- calculer et suivre des écarts entre prévus (prévu initial, prévu révisé, etc.) et réalisés, avec affichage de graphiques (1);
- comparer des référentiels entre eux ou par rapport au total, ici comparaison entre *business unit*, ou entre chaque *business unit* et le total, avec calcul de position (2);
- afficher les comptes de pilotage de la période (3).

Mars / Fév. / Janv / Référentiels / Ind. / Axe 1 → Tableau de travail

Janv. M€	TOTAL Pr	TOTAL Re	Automobile Pr	Automobile Re	Presse Édition Pr	Presse Édition Re	Médical Pr	Médical Re
CA	93,93	99,03	64,43	66,82	21,91	23,60	7,58	8,62
Marge	7,27	7,00	4,00	4,25	1,00	0,75	2,27	2,00

⬇ Exemples d'exploitation

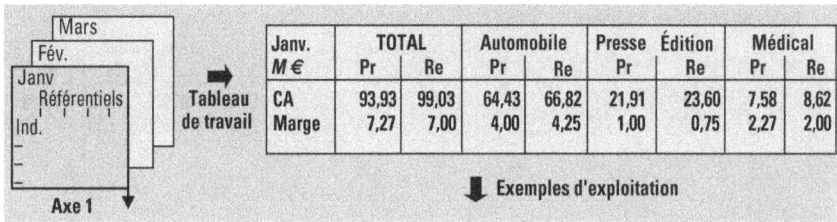

(1) Suivi d'écarts

(2) Position de chaque BU sur le total de l'entreprise

Janv. M€	TOTAL Écart Re - Pr	TOTAL Coeff. Réalisé	Automobile Écart Re - Pr	Automobile Coeff. Réalisé	Presse Edition Écart Re - Pr	Presse Edition Coeff. Réalisé	Médical Écart Re - Pr	Médical Coeff. Réalisé
CA	5,11	1,05	2,39	1,04	1,69	1,08	1,04	1,14
Marge	- 0,27	0,96	0,25	1,06	- 0,25	0,75	- 0,27	0,88

Janv.	TOTAL Pr	Auto.	Presse Edition	Médical
CA	93,93	69 %	23 %	8 %
Marge	7,27	55 %	14 %	31 %

⬇

(3) Affichage sous norme compte de pilotage pour la BU Presse Édition

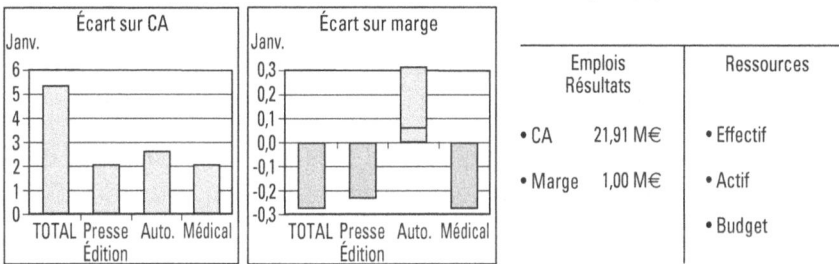

Écart sur CA — Janv. (TOTAL, Presse Édition, Auto., Médical)

Écart sur marge — Janv. (TOTAL, Presse Édition, Auto., Médical)

Emplois Résultats	Ressources
• CA 21,91 M€	• Effectif
• Marge 1,00 M€	• Actif
	• Budget

Schéma 5.10
La lecture et les raisonnements par période

Lire, raisonner par référentiel

Un tableau par référentiel met en évidence les évolutions de réalisés, ou de prévus, pour un référentiel du cube (en colonne), ici les réalisés mensuels de la *business unit* Presse Édition. Cette présentation est utilisée pour :

- établir des graphiques simples, cumulés (1);
- calculer des ratios de performance, ici la marge sur chiffre d'affaires et mettre en évidence leurs évolutions (2), etc.

Référentiel BU Presse Édition

BU Presse Édition	janv Re	févr Re	mars Re	avr Re	mai Re
• CA	23,60	23,60	26,97	35,39	25,28
• Marge	0,75	0,75	1,50	1,50	1,50

Tableau de travail

⬇ Exemples d'exploitation

(1) Courbe cumul   (2) Ratio   (3)

BU Presse Édition	janv Re	févr Re	mars Re	avr Re	mai Re	Taux moyen
• CA	23,60	23,60	26,97	35,39	25,28	+ 0,04
• Marge	0,75	0,75	1,50	1,50	1,50	+ 0,25
• Marge/CA	3,2 %	3,2 %	5,6 %	4,2 %	5,9 %	–

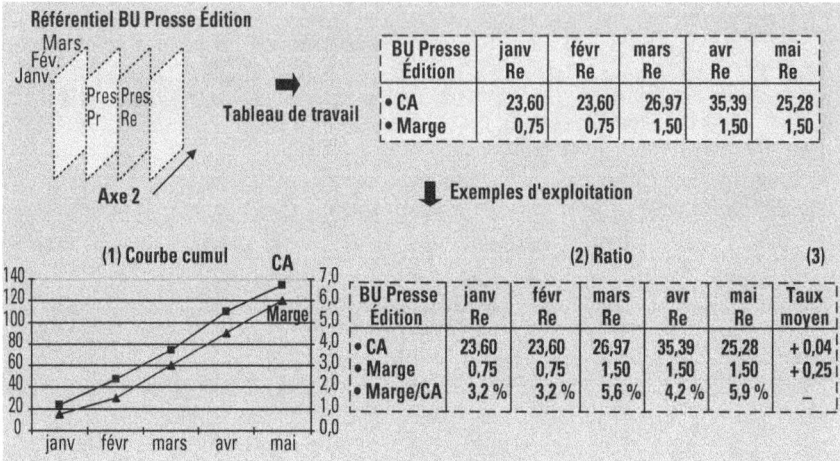

Schéma 5.11
La lecture et les raisonnements par référentiel

Les travaux de planification annuelle s'appuient sur des tableaux de ce type, liés à des cubes annuels. Dans le cas d'exemple ci-après :

- les historiques de chiffres d'affaires (1) et de marge (2) de la *business unit* Presse Édition sont mis en évidence, de 2000 à 2003 ;
- un objectif de marge est affiché pour 2007 et les années intermédiaires de 2004 à 2007 (3) ;
- une hypothèse d'évolution de la rentabilité est fixée de 2004 à 2007 après reconstitution des historiques de 2000 à 2003 (4) ;
- le chiffre d'affaires à réaliser de 2004 à 2007 (5) est calculé.

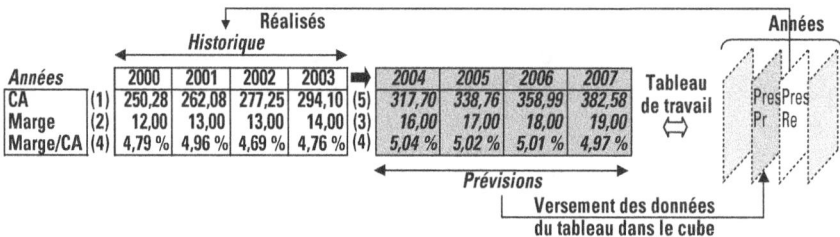

		Réalisés Historique					Prévisions				Années
Années		2000	2001	2002	2003		2004	2005	2006	2007	
CA	(1)	250,28	262,08	277,25	294,10	(5)	317,70	338,76	358,99	382,58	
Marge	(2)	12,00	13,00	13,00	14,00	(3)	16,00	17,00	18,00	19,00	
Marge/CA	(4)	4,79 %	4,96 %	4,69 %	4,76 %	(4)	5,04 %	5,02 %	5,01 %	4,97 %	

Tableau de travail

Versement des données du tableau dans le cube

Schéma 5.12
La planification par référentiel

L'introduction, dans le tableau de travail, des données relatives aux objectifs de 2004 à 2007 (marge, rentabilité) s'effectue de plusieurs façons :

- application, à partir de 2004, d'un taux de croissance à la série des historiques ou extrapolation du taux constaté pour le passé ;
- saisie d'un objectif 2007, calcul par interpolation de 2007 à 2004 des années intermédiaires ;
- saisie directe année par année, de 2004 à 2007 ;

Avec l'utilisation des fonctions classiques d'un tableur.

Le tableau de travail **est documenté** par le cube pour les données sur les réalisés, **documente** le cube pour les données sur les prévus.

Les tableaux de travail sont accompagnés des équations utilisées. Celles-ci indiquent les ratios significatifs d'une hypothèse de performance pour aller des objectif aux moyens (ici, calcul du chiffre d'affaires à réaliser pour atteindre un objectif de marge, avec une hypothèse de performance indiquée par le ratio de rentabilité).

Cette règle de mémorisation des calculs de pilotage effectués sur les tableaux garantit l'intégrité et la transparence des informations de prévision et permet de reconnaître les raisonnements pratiqués sur un jeu d'indicateurs aussi réduit soit-il, comme dans l'exemple ci-dessus. Plusieurs scénarii peuvent être associés à un même tableau, par exemple : calcul de la marge à partir d'un objectif de chiffre d'affaires et d'une hypothèse de rentabilité. Chaque scénario, même simple, exprime une politique par l'indicateur d'objectif choisi, par exemple ici la marge ou le chiffre d'affaires.

Lire, raisonner par indicateur

Un tableau par indicateur met en évidence les évolutions de l'indicateur pour les référentiels et les périodes sélectionnées : par exemple, les marges réalisées, prévues, de 2000 à 2007, pour le total entreprise et par *business unit*. Cette présentation est utile pour :

- situer la contribution d'un produit, centre, d'une ressource (selon les référentiels du cube d'appui), par rapport au total de l'indicateur. Ici, les contributions de chaque *business unit* à la marge de l'entreprise (1) ;

- calculer des coefficients de contribution, notamment le pourcentage de la marge réalisée ou prévue par *business unit* par rapport au total (2).

Ce type de tableau est donc utile avec les données adéquates pour des calculs de mixes (p. 18).

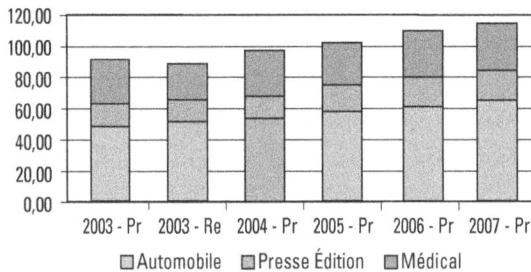

Marge en M€		2000	2001	2002	2003	2004	2005	2006	2007
• TOT Entreprise	Pr	79,3	81,6	87,9	90,3	96,6	103,2	109,9	115,4
TOT Entreprise	Re	75,9	78,8	82,4	89,0				
• Automobile	Pr	42,0	43,3	47,3	48,0	52,7	58,0	62,0	64,7
Automobile	Re	44,7	46,0	48,7	51,0				
• Presse, Éd.	Pr	13,0	13,0	14,0	15,0	16,0	17,0	18,0	19,0
Presse, Éd.	Re	12,0	13,0	13,0	14,0				
• Médical	Pr	24,3	25,2	26,6	27,3	28,0	28,2	29,9	31,8
Médical	Re	19,2	19,8	20,8	24,0				

Référentiels

2007

2000 CA

Marge

Tableau de travail

Axe 3

⬇ Exemples d'exploitation

(1) Répartition de la marge par BU prévue par année

☐ Automobile ☐ Presse Édition ☐ Médical

(2) Évolution des coefficients de contributions des *business units* à la marge totale de l'entreprise

Coefficient	2000	2001	2002	2003	2004	2005	2006	2007
• Marge totale M€	75,9	78,8	82,4	89,0	96,6	103,2	109,9	115,4
• Automobile	0,59	0,58	0,59	0,57	0,54	0,56	0,56	0,56
• Presse, Édition	0,16	0,17	0,16	0,16	0,17	0,16	0,16	0,16
• Médical	0,25	0,25	0,25	0,27	0,29	0,27	0,27	0,28

◄─────── Coefficients constatés ──────►◄─── Coefficients prévus ───►

Schéma 5.13
La lecture et les raisonnements par indicateur

Les coefficients contribution (2) sont utilisés dans les modèles de pilotage pour répartir des objectifs globaux. Par exemple, des objectifs de marge globale de l'entreprise, de 2004 à 2007 (ligne [2] du tableau 5.12) seront répartis entre *business units,* en les multipliant par les coefficients prévus par *business unit,* tableau (2) du schéma ci-dessous.

Faire fonctionner les instruments de pilotage

Organiser les modèles de pilotage

Chaque centre de responsabilité planifie ses objectifs produits, de performance d'emploi des ressources, les ressources à mobiliser, selon les logiques de planification sur objectif présentées au chapitre 3.

Organiser un modèle de pilotage sur objectif, c'est donc :

- dessiner la chaîne des raisonnements (voir exemple ci-après) en indiquant les tableaux (par période, par référentiels par indicateur) à documenter à partir des cubes (historiques), les calculs de chaque étape (calculs dans les tableaux, et opérations entre tableaux limitées à des additions, des soustractions, des multiplication, des divisions), les retours de résultats dans les cubes (prévu). Une société qui n'a pas d'historique travaille sur des jeux d'hypothèses, étayées par des données de *benchmarking* ;
- organiser la chaîne de calculs, la gestion de la bibliothèque des tableaux, leurs transactions avec le système d'information, en utilisant les fonctions de logiciels de Bureautique, tableurs, cubes, pour automatiser, mémoriser, les principaux calculs et disposer d'un modèle de calcul de pilotage (modèle de pilotage).

Le schéma suivant présente pour exemple la structure d'un extrait de **modèle de calculs de pilotage**, avec la combinaison et l'emploi des tableaux par période, par référentiel, par indicateurs pris en exemple dans les paragraphes précédents.

❏ Années

• Objectifs de marge, calcul du chiffre d'affaire annuel fonction d'une hypothèse de rentabilité - *Cf. schéma 5.12*

(1) Lecture par référentiel Réalisé

Total	2000	2001	2002	2003	2004	2005	2006
Marge	75,86	78,78	82,42	89,00	96,64	103,19	109,89
Marge/CA	9,33 %	8,28 %	8,14 %	7,49 %	7,49 %	7,49%	7,49%
CA	813	952	1 012	1 188	1 290	1 378	1 467

Réalisés   Prévisions

X

• Coefficients de contribution des business units à la marge prévue, *hypothèses d'évolution après discussion entre les responsables*

(2) Lecture par indicateur Réalisé

Coeff. Marge	2000	2001	2002	2003	2004	2005	2006
Auto.	0,59	0,58	0,59	0,57	0,54	0,56	0,56
Presse, Éd	0,16	0,17	0,16	0,16	0,17	0,16	0,16
Médical	0,25	0,25	0,25	0,27	0,29	0,27	0,27

=

• Objectifs de marge par business unit

(3)

Marge	2000	2001	2002	2003	2004	2005	2006
Auto.	44,67	46,00	48,67	51,00	52,67	58,00	62,00
Presse, Éd	12,00	13,00	13,00	14,00	16,00	17,00	18,00
Médical	19,19	19,78	20,76	24,00	27,97	28,20	29,89

⬇

• CA par business unit, sous contrainte d'un objectif de marge, et d'une hypothèse de rentabilité, reprise, au niveau de chaque business unit, de la logique de planification du tableau 1

(4) Lecture par référentiel Prévu

Médical
Automobile

Presse, Ed.	2000	2001	2002	2003	2004	2005	2006
CA	250,28	262,08	277,25	294,10	317,70	338,76	358,99
Marge	12,00	13,00	13,00	14,00	16,00	17,00	18,00
Marge/CA	4,79 %	4,96 %	4,69 %	4,76 %	5,04 %	5,02 %	5,01 %

Mensualisation – *Ex : 2004* ⬇

• Coefficients de mensualisation établis après discussion et observation d'historiques lorsqu'ils sont disponibles

❏ Mois

(5) Lecture par référentiel Réalisé

Médical
Automobile

Presse, Ed.	janv.	févr.	mars	avr.	mai	juin	juil.	août	sept
CA	7,3 %	8,4 %	8,4 %	11,8 %	9,6 %	8,0 %	8,0 %	9,2 %	12,0 % …
Marge	6,7 %	6,7 %	10,0 %	13,3 %	10,0 %	5,4 %	5,4 %	10,7 %	10,7 %

⬇

(6) Lecture par période Prévu

Mars
Fév.

Janv.	Total	Automobile	Presse Édition	Médical
CA	116,40	81,57	23,20	11,56
Marge	7,03	4,18	1,07	1,76

Schéma 5.14
La construction d'une chaîne de raisonnements, calculs de pilotage associés

Les objectifs annuels de marge sont :

- définis pour le total de l'entreprise avec calcul du chiffre d'affaires sous contrainte de rentabilité (1) (tableau par référentiel 5.12);
- répartis par *business unit* (3) par le jeu des coefficients (2), qui indiquent les contributions des *business units* à la marge totale (tableau par indicateur 5.13);

Chaque *business unit* :

- applique à son objectif de marge (4) le «scénario» de calcul du chiffre d'affaires, utilisé au niveau global de l'entreprise, (équations du tableau 1);
- applique au chiffre d'affaires annuels des coefficients de mensualisation, en fonction d'hypothèses commerciales, de mixes de lignes de produits préparés par ailleurs (5);
- estime en conséquence les chiffres d'affaires et les marges mensuels (6).

Les tableaux sont utilisés et combinés de façon différente pour tout raisonnement alternatif de simulation ou de planification. Par exemple, ce serait le chemin logique inverse pour :

- effectuer dans le tableau (1) la synthèse des objectifs de l'entreprise à partir des propositions des *business units;*
- opposer un plan cadré par le haut, chemin ci-dessus, avec les plans établis par les *business units* à partir de leurs scénarii, etc., pour une planification par arbitrage;
- etc.

Les données des tableaux du modèle précédent : choix des objectifs de rentabilité (1), répartitions entre *business unit* (2), coefficients de mensualisation (5) résument, au niveau *business unit,* des hypothèses de travail, de performance, par produits, par centre.

De **fil en aiguille**, la chaîne de raisonnement est descendue par ligne, par famille de produits, puis par centre contributeurs (commercial, développement, production), avec le calcul décliné des ressources, des coûts associés. Elle se ramifie et se répartit dans l'entreprise du général au particulier (voir schéma 5.1 p. 162).

Un modèle de pilotage documente les tableaux de la chaîne de raisonnement à partir de tel ou tel cube produits pour un raisonnement par produit, de tel ou tel cube centre pour un raisonnement par centres, de tel ou tel cube ressources pour un raisonnement par ressource.

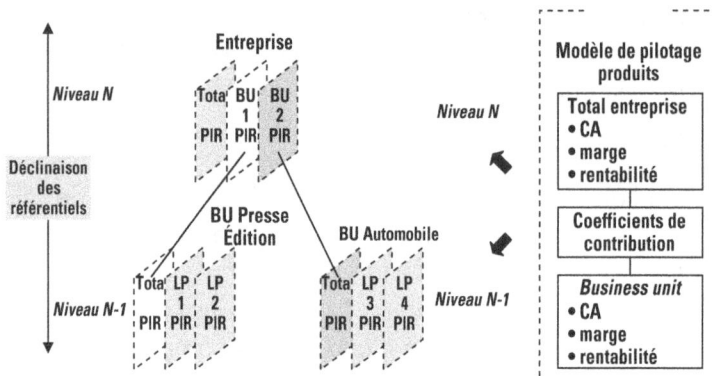

Schéma 5.15
La déclinaison des modèles selon la hiérarchie des référentiels de pilotage

La sélection des informations du cube des *business units* (cube de niveau N) documente le modèle pour le total de l'entreprise et par *business unit*.

La sélection des informations des cubes qui déclinent les *business units* par ligne de produits (cube de niveau N-1) documente le modèle pour le total d'une *business unit* et de ses lignes de produits.

Ce dispositif, illustré dans les exemples qui suivent, garantit la répartition transparente des objectifs produits, centres, ressources, selon les référentiels des cubes (voir schéma 5.1).

Décliner les objectifs produits, planifier leur réalisation

La planification du compte produits de l'entreprise s'effectue en relation avec les objectifs stratégiques. Elle est expliquée au début du chapitre 6, qui précise aussi le chaînage plan stratégique, plans opérationnels de l'entreprise.

Les chaînes de raisonnement présentées dans les paragraphes qui suivent, avec des remarques, des commentaires sur les conditions, les conséquences de leurs emplois, portent sur la planification :

- des centres opérations par rapport aux objectifs produits, avec le calcul de leurs performances et des ressources à mobiliser ;
- des centres support pour les ressources à mobiliser en fonction des besoins de tous les centres, principalement des centres opération.

Les centres opération

Les responsables du réseau commercial planifient les contributions limitées ici aux visites de prospection des représentants, par rapport aux objectifs de vente. Le modèle de pilotage correspondant est documenté par le cube centres de la direction centrale (p. 178), avec possibilité de l'appliquer au cube de chaque région pour décliner de façon cohérente et transparente, par territoire de travail, les objectifs de la direction.

Lors de l'évaluation de l'existant, la direction du réseau région avait été remarquée par le fait qu'elle avait de faibles progressions commerciales. Cause ou conséquence, elle disposait d'informations sur les ventes et les effectifs, sans suivi structuré du nombre de visites, et préparait ses plans à effectif constant, sans s'interroger sur leur niveau de performance (montant moyen de prise de commande par visite, etc.). Le vrai problème était donc de changer un comportement.

Pour promouvoir cette évolution, une première étape était donc la construction du cube de la direction, avec reprise des informations existantes pour :

- documenter un raisonnement des **ressources à l'objectif**, pour structurer la démarche de planification jusqu'alors pratiquée, mettre en évidence les hypothèses de performance jusqu'alors sous-jacentes, nombre de visites, commande par visite (1), (schéma ci-après) ;
- introduire, avec les explications utiles, l'emploi des mêmes tableaux pour inverser la démarche, avec un raisonnement de planification de l'**objectif aux ressources** (2), appuyé par le modèle de pilotage, fonctionnant à «l'envers» par rapport au chemin (1), et se référant au même cube.

OBJECTIF DE VENTE K€	OBJECTIF DE CONTRIBUTION			
	Janv.	Fév.	Mars	Avr.
TOTAL DIRECTION	12 609	14 473	16 309	17 464
Région Nord	3 309	3 709	4 073	4 345
Région Sud	3 609	4 355	4 982	5 427
Région Est	3 291	3 336	3 627	3 800
Région Ouest	2 400	3 073	3 627	3 891

/

COMMANDES EN K€ PAR VISITE	HYPOTHÈSES DE PERFORMANCE			
	Janv.	Fév.	Mars	Avr.
TOTAL DIRECTION	4,8	4,5	4,5	4,5
Région Nord	4,5	4,0	4,2	4,1
Région Sud	5,0	4,9	4,7	4,8
Région Est	5,2	4,7	4,8	4,6
Région Ouest	4,5	4,4	4,3	4,5

= *Contrat de partenariat*

NOMBRE DE VISITES	CONTRIBUTIONS INTERMÉDIAIRES			
	Janv.	Fév.	Mars	Avr.
TOTAL DIRECTION	2 626	3 222	3 631	3 883
Région Nord	740	924	976	1 056
Région Sud	715	885	1 061	1 141
Région Est	634	716	752	821
Région Ouest	537	698	843	865

x

VOLUME JHF EQPT PAR VISITE	HYPOTHÈSES DE PERFORMANCE			
	Janv.	Fév.	Mars	Avr.
TOTAL DIRECTION	0,4	0,3	0,3	0,3

=

BESOIN EN JHF EQPT	RESSOURCES À MOBILISER			
	2004	2005	2006	2007
TOTAL DIRECTION	1 050	967	1 089	1 165
Région Nord	296	277	293	317
Région Sud	286	265	318	342
Région Est	254	215	225	246
Région Ouest	215	209	253	259

➡ *Cf.* modèle RH schéma 5.19

x

COÛT MOYEN EQPT PAR REPRÉSENTANT	HYPOTHÈSES DE PERFORMANCE			
	Janv.	Fév.	Mars	Avr.
TOTAL DIRECTION	250	238	243	243
Région Nord	220	250	240	250
Région Sud	280	230	220	220
Région Est	290	240	250	230
Région Ouest	210	230	260	270

=

BUDGET DU PERSONNEL EN K€	RESSOURCES À MOBILISER, COÛTS			
	Janv.	Fév.	Mars	Avr.
TOTAL DIRECTION	264	230	262	281
Région Nord	65	69	70	79
Région Sud	80	61	70	75
Région Est	74	52	56	57
Région Ouest	45	48	66	70

MODÈLE DE PILOTAGE CHAÎNE DE RAISONNEMENT

Objectifs (2)
Performances
Ressources (1)

Direction Réseau régional *Niveau N*

2006
2005
2004
Tot. Dir. | Rég. Nord | Rég. Sud | Rég. Est | Rég. Ouest

Cube de pilotage des ressouces/centres

Région Nord   Région Sud

Niveau N-1

Schéma 5.16
Exemple de chaîne de raisonnement, commercial

Cette étape était nécessaire avant de définir avec les régions une procédure de suivi des commandes par visite du nombre de visites, l'un des indicateurs éventuels de contrats de partenariat, en les engageant dans un processus d'amélioration de performance.

Les besoins en ressources, ici des effectifs de représentants, sont les entrées d'un modèle de pilotage des effectifs présenté plus loin (voir schéma 5.19) pour illustrer la ramification des chaînes de raisonnement des centres opération aux centres support.

Les logiques, les démarches de planification sont identiques pour les centres dont les activités sont liées à la «physique» des produits. L'exemple suivant porte sur le schéma de principe d'un modèle de production, produits industriels, opérations de back-office, etc.

Le modèle est documenté, pour une direction de production et les centres qu'elle coordonne niveau N, pour chaque centre et ses lignes de production, niveau N-1, etc., en adressant les cubes d'appui correspondants.

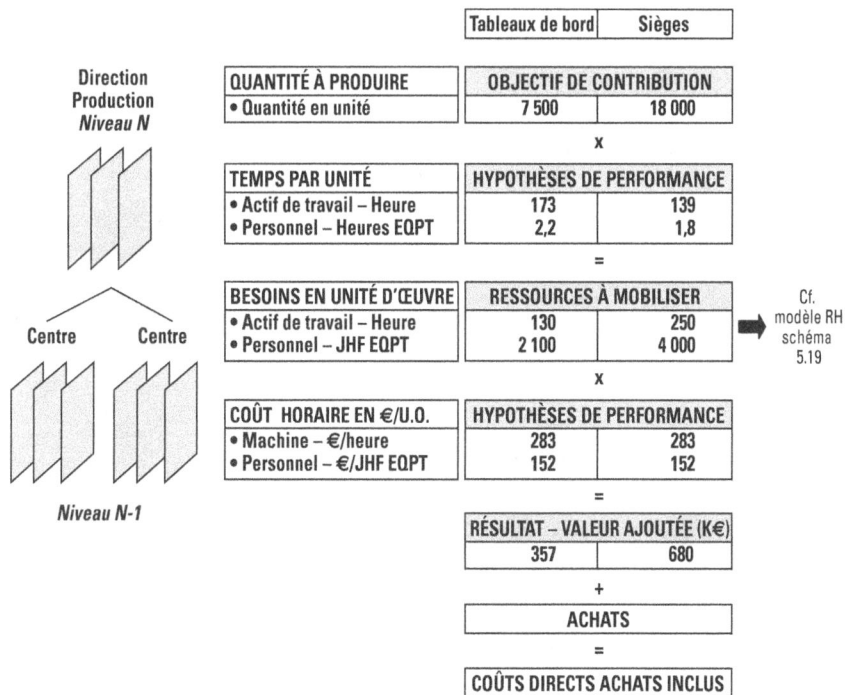

	Tableaux de bord	Sièges
QUANTITÉ À PRODUIRE	**OBJECTIF DE CONTRIBUTION**	
• Quantité en unité	7 500	18 000
	x	
TEMPS PAR UNITÉ	**HYPOTHÈSES DE PERFORMANCE**	
• Actif de travail – Heure	173	139
• Personnel – Heures EQPT	2,2	1,8
	=	
BESOINS EN UNITÉ D'ŒUVRE	**RESSOURCES À MOBILISER**	
• Actif de travail – Heure	130	250
• Personnel – JHF EQPT	2 100	4 000
	x	
COÛT HORAIRE EN €/U.O.	**HYPOTHÈSES DE PERFORMANCE**	
• Machine – €/heure	283	283
• Personnel – €/JHF EQPT	152	152
	=	
	RÉSULTAT – VALEUR AJOUTÉE (K€)	
	357	680
	+	
	ACHATS	
	=	
	COÛTS DIRECTS ACHATS INCLUS	

Direction Production Niveau N

Centre   Centre

Niveau N-1

Cf. modèle RH schéma 5.19

Schéma 5.17
Exemple de chaîne de raisonnement, production

Les besoins prévisionnels d'effectifs sont les entrées du modèle de pilotage des ressources humaines (schéma 5.19).

La liste ci-après présente les indicateurs d'un modèle de pilotage de production industrielle géré sur le terrain, avec des tableurs correctement paramétrés par référence à la norme cube. Les indicateurs mesurent :

- les **objectifs de contribution** aux équilibres financiers de l'entreprise descendus au niveau des centres de production ;
- les **objectifs opérationnels** de contribution déclinés au niveau des centres selon la nomenclature de pilotage produits ;
- les **objectifs de performance** d'emploi des ressources avec la prise en compte d'indicateurs sur les volumes et le coût des ressources mobilisées, ainsi que le calcul de ratios ;
- les **objectifs d'achats**, déclinés par type d'achat, selon la nomenclature de pilotage des achats ;

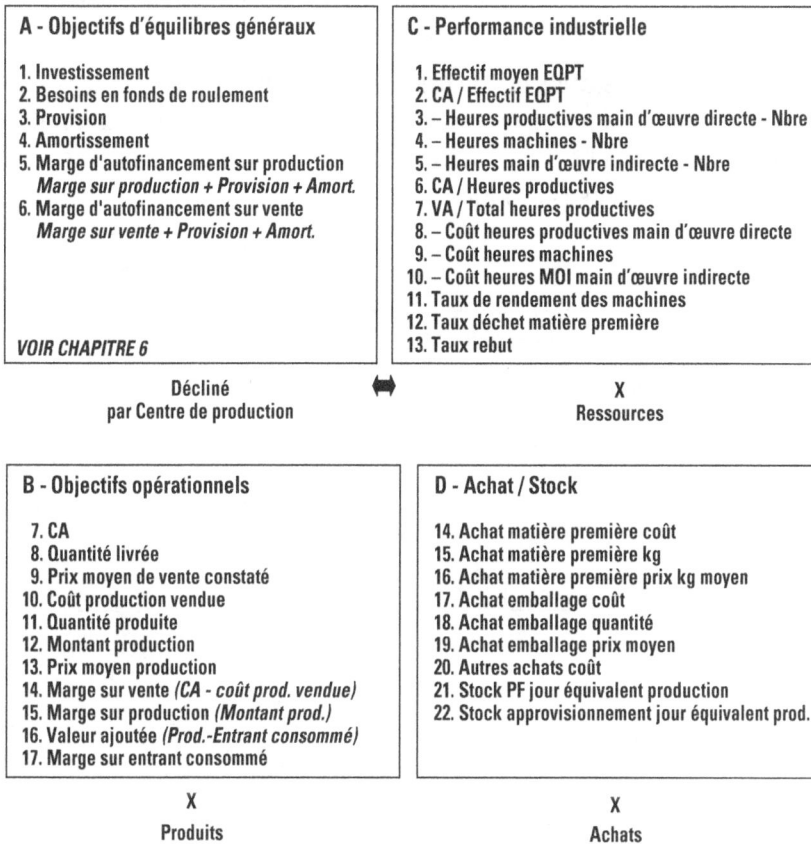

A - Objectifs d'équilibres généraux	C - Performance industrielle
1. Investissement 2. Besoins en fonds de roulement 3. Provision 4. Amortissement 5. Marge d'autofinancement sur production *Marge sur production + Provision + Amort.* 6. Marge d'autofinancement sur vente *Marge sur vente + Provision + Amort.* *VOIR CHAPITRE 6*	1. Effectif moyen EQPT 2. CA / Effectif EQPT 3. – Heures productives main d'œuvre directe - Nbre 4. – Heures machines - Nbre 5. – Heures main d'œuvre indirecte - Nbre 6. CA / Heures productives 7. VA / Total heures productives 8. – Coût heures productives main d'œuvre directe 9. – Coût heures machines 10. – Coût heures MOI main d'œuvre indirecte 11. Taux de rendement des machines 12. Taux déchet matière première 13. Taux rebut

Décliné   ⬌   X
par Centre de production   Ressources

B - Objectifs opérationnels	D - Achat / Stock
7. CA 8. Quantité livrée 9. Prix moyen de vente constaté 10. Coût production vendue 11. Quantité produite 12. Montant production 13. Prix moyen production 14. Marge sur vente *(CA - coût prod. vendue)* 15. Marge sur production *(Montant prod.)* 16. Valeur ajoutée *(Prod.-Entrant consommé)* 17. Marge sur entrant consommé	14. Achat matière première coût 15. Achat matière première kg 16. Achat matière première prix kg moyen 17. Achat emballage coût 18. Achat emballage quantité 19. Achat emballage prix moyen 20. Autres achats coût 21. Stock PF jour équivalent production 22. Stock approvisionnement jour équivalent prod.

X   X
Produits   Achats

Schéma 5.18
Exemple d'indicateurs de pilotage, modèle de production industrielle

Les centres support

La planification des ressources que les **centres support** mobilisent et mettent à disposition des autres centres s'effectue selon la démarche, par exemple, pour les ressources humaines (schéma 5.19) :

- les **besoins opérationnels** (1) sont calculés en nombre de JHF EQPT productifs (voir exemple p. 74). Ces calculs de besoins sont effectués par les centres opération (exemple précédent) ou par les centres coordinateurs, support, par référence à leurs objectifs d'activités ;
- les **plans d'effectifs internes et les plans d'intérim** (4) sont établis par synthèse des besoins des centres après prise en

compte des ressources disponibles (2) et calcul des ressources complémentaires nécessaires (3).

Ces plans fixent des objectifs de travail (contributions) des centres support, qui appliquent à leur niveau le raisonnement de planification (traduction des objectifs du plan d'effectif en contributions à assurer, calcul des ressources physiques du centre, des budgets, des achats à prévoir).

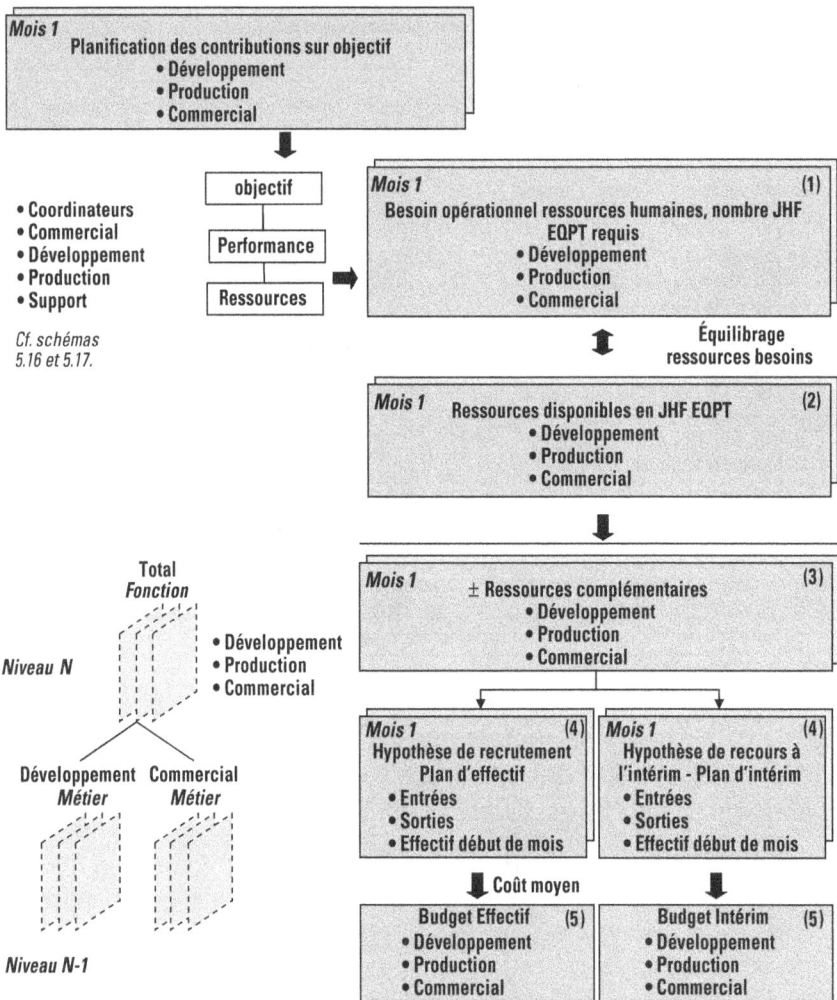

Schéma 5.19
Exemple de raisonnement de pilotage transversal, ressources humaines

Les indicateurs correspondants (besoins d'effectifs, ressources disponibles, mouvements de personnes, masse salariale) sont mesurés au total de l'entreprise et par fonction, développement, commercial, production (colonnes du cube RH, de niveau N), avec des déclinaisons par métier, puis par centre, selon les besoins (cubes de niveau N-1).

S'approprier les raisonnements, les modèles de pilotage

Pendant la phase de mise en place du prototype de pilotage, les chaînes de raisonnement sont écrites et restituées sur des supports pédagogiques. L'objectif est d'expliquer aux personnels les raisonnements de pilotage sur objectif, le sens des ratios de performance, les engagements qu'ils impliquent, les facteurs de performance, leurs relations avec les gestions de terrain.

Le prototype de Bureautique sert de plate-forme pédagogique pour préciser l'organisation pratique, le fonctionnement des modèles avec des informations qui concernent directement les intéressés. Le but est que les responsables, les encadrements intermédiaires s'approprient les logiques, les calculs de pilotage, utilisent les modèles, les perfectionnent, pour préparer des décisions, planifier, structurer leurs arguments et leurs dialogues, au sein et à l'extérieur de l'entreprise.

Naviguer sur objectif

À chaque niveau de responsabilité, le tableau de bord de navigation sur objectif, documenté à partir de cubes :

- situe, tous les mois, les positions par rapport aux objectifs (de contribution, de performance, de ressources), en se référant aux indicateurs de pilotage correspondants ;
- met en évidence les écarts (positifs, négatifs), par rapport à la trajectoire initialement planifiée, les causes de ces écarts, les centres contributeurs concernés ;
- trace le chemin qui reste à faire, en tenant compte de l'analyse des causes d'écarts et en modifiant éventuellement les objectifs et/ou les étapes intermédiaires (prévision révisée).

Construire les courbes de cheminement

Pour chaque indicateur de référence, ici le volume d'affaires total de l'entreprise en euros, un graphique de navigation sur objectif est organisé comme il suit :

- la courbe (1) indique le cheminement prévu sur objectif. Elle est établie à partir des prévisions mensuelles cumulées, par exemple pour 12 mois, les six mois passés et les six mois à venir ;
- la courbe (2) indique le cheminement réalisé. Elle est établie à partir des réalisations mensuelles cumulées, ici pour les six mois passés ;
- l'écart sur objectif (3) est mis en évidence par différence ;
- la trajectoire prévisionnelle (4) pour rejoindre l'objectif initial ou un objectif modifié est établie après calcul dans le tableau de travail adéquat (prévisions mensuelles initiale, avec révision des données des mois à venir).

Indicateur de pilotage de référence, exemple : volume d'affaires, total business unit Presse Édition

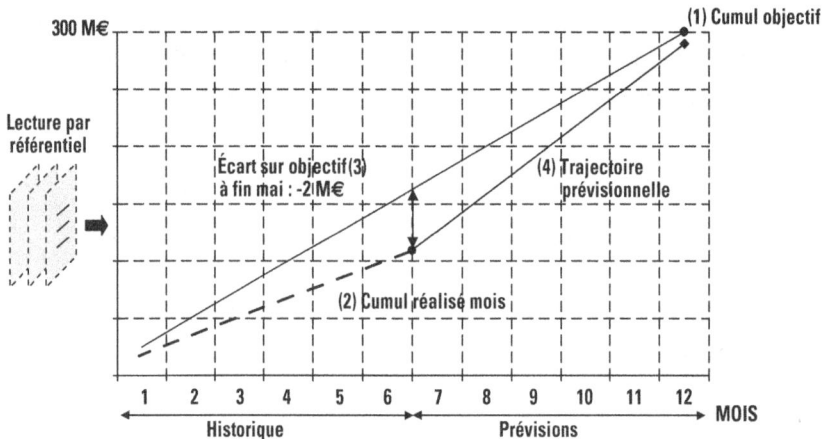

Schéma5.20
La navigation sur objectif, les courbes de cheminement

Le volume d'affaires associe les indicateurs les plus **significatifs de l'activité produits** sur les marchés, ceux auxquels se réfèrent les commerciaux dans le cas d'exemple : d'une part, les ventes presse, d'autre part, les prises de commandes scolaires, parascolaires. Il faut que ces choix d'indicateur soient clairs, stables, reconnus dans toute l'entreprise.

Les courbes de cheminement sont calculées par référence à des mois, pour suivre la réalisation des objectifs opérationnels fixés à l'année, ou par année, pour suivre les réalisations d'un plan moyen long terme. Elles sont établies en formule «horizon mobile» (ici, avec l'affichage chaque mois des six derniers mois réalisés et des six mois à venir). Le graphique d'ensemble est accompagné de commentaires de la part du centre de responsabilité concerné, sur les situations constatées, sur les estimés de tendance (5).

Les calculs correspondants sont gérés sur le poste de Bureautique, après sélection des tableaux de travail utiles. Les graphiques de navigation s'appliquent à tout indicateur de pilotage pour les référentiels, par rapport auxquels il est mesuré (référentiels des cubes de niveau N, N–1, etc.).

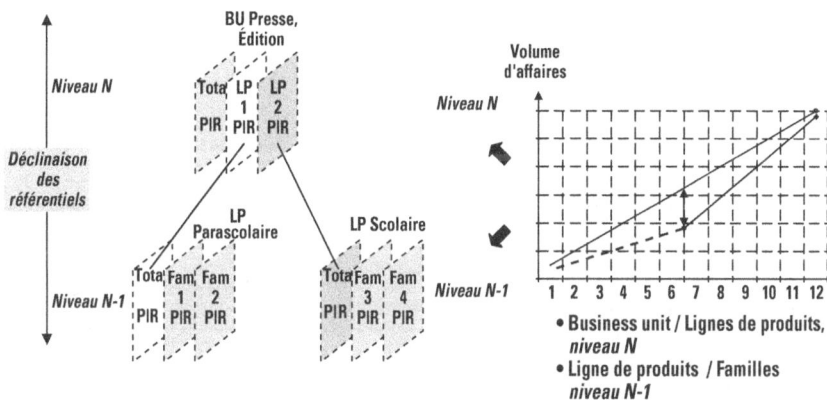

Schéma 5.21
La déclinaison des courbes de cheminement selon la hiérarchie des référentiels de pilotage

Identifier les causes d'écart sur objectif

Le graphique de synthèse est donc complété par des graphiques complémentaires pour analyser l'écart constaté sur le volume d'affaires :

- soit par «produits», pour la *business unit* presse édition, la ligne de produits presse (en montant des ventes) et les lignes de produits scolaire et parascolaire (en montant des prises de commande);
- soit par centre, avec une attention particulière pour les prises de commandes de la ligne de produits parascolaire par les régions commerciales.

Total business unit Presse Édition

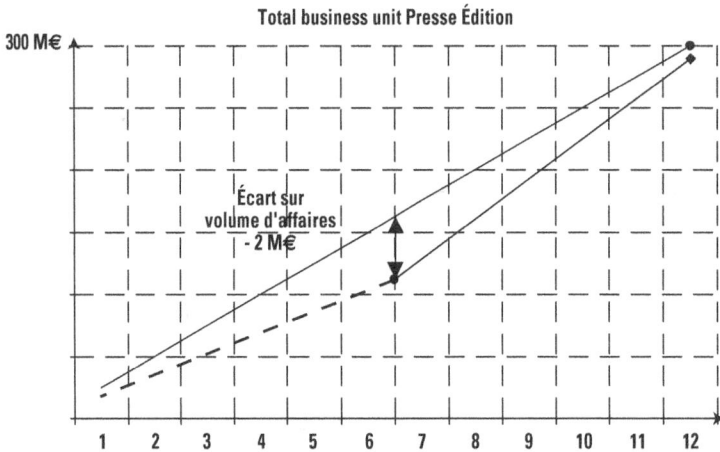

Analyse de l'écart, « zoom » par famille (1)

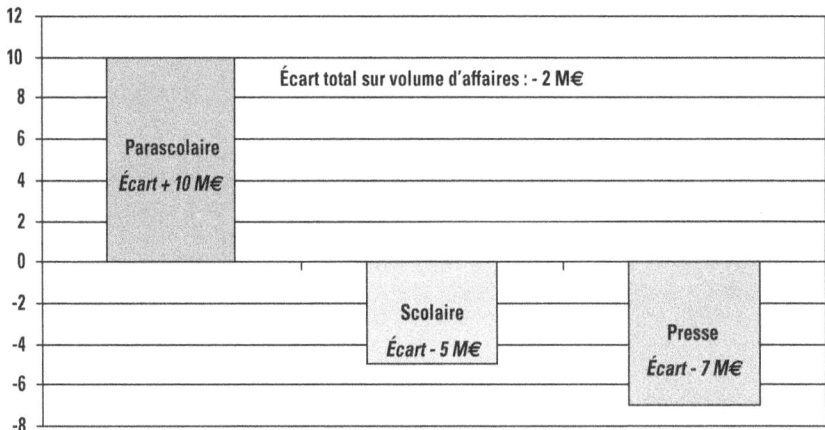

Schéma 5.22
L'analyse de l'écart sur objectif par produit

Ligne de produits Parascolaire, écart par région de vente

	1	2	3	4	5	6	7 = 5 - 3	8 = 5 / 3
Situation à fin mai Commandes Tarif Facial	Prévu annuel		Prévu fin mai		Réalisé fin mai		Écart fin mai (M€)	% réalisation Objectif à fin mai
	M€	%	M€	%	M€	%		
Région Nord	44,3	26 %	14,3	26 %	11,8	18 %	- 2,53	82 %
Région Est	44,6	26 %	14,3	26 %	17,7	27 %	+ 3,39	124 %
Région Sud	48,6	29 %	16,6	30 %	20,4	31 %	+ 3,81	123 %
Région Ouest	32,3	19 %	9,9	18 %	15,8	24 %	+ 5,83	159 %
TOTAL	**169,8**	**100 %**	**55,2**	**100 %**	**65,7**	**100 %**	**+ 10**	**119 %**

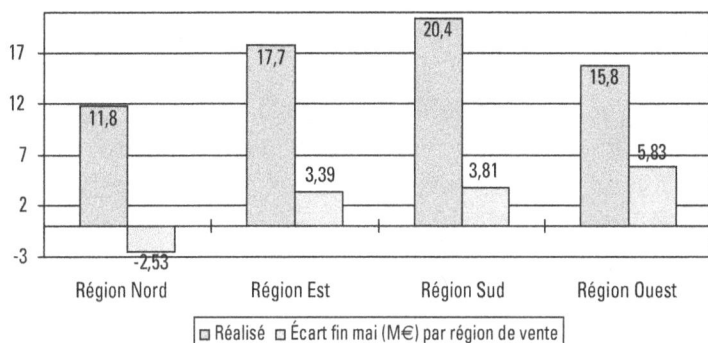

Schéma 5.23
L'analyse des écarts sur objectif par produit et par contributeur

Il faut noter, sur ce second exemple, que la position difficile de la région Nord, qui aurait **pu être masquée** par la situation positive de la ligne de produits Prascolaire est identifiée et appelle des choix. Cet exemple laisse à méditer : tout va bien à un certain niveau, alors que des difficultés se préparent, non identifiées ou masquées, si le pilotage de l'entreprise n'est pas en prise sur le pilotage opérationnel des centres.

Il est donc nécessaire de comprendre la cause des écarts en revenant aux hypothèses initiales de travail des centres contributeurs concernés, notamment la région Nord, c'est-à-dire aux logiques, aux ratios, aux facteurs de performance du raisonnement de planification initial.

Les informations de pilotage correspondantes sont dans le cube centres de la direction du réseau régional, éventuellement décliné par le cube de la région Nord. Elles sont aussi utilisées pour des graphiques d'écart sur standard et une *reverse approach* qui vise à vérifier ce qui n'a pas marché, par rapport aux choix et aux hypothèses de départ (voir exemple p. 98).

Le tableau de bord, support des dialogues de pilotage

Le tableau de bord de l'entreprise est constitué par les graphiques de navigation sur objectif des différents centres, construits selon les normes que nous venons d'indiquer. Il n'est pas inutile de rappeler qu'ils sont accompagnés de commentaires, d'explications sur les positions constatées, les causes d'écart, les estimés de cheminement des mois à venir, sous la signature des responsables.

Ce tableau de bord est un **tableau de bord réparti** et hiérarchisé du général au particulier, des marchés produits aux ressources, selon l'organisation présentée en début de chapitre (schéma 5.1). Il est géré sur les postes de Bureautique.

Chaque centre de responsabilité estime donc périodiquement ses positions par rapport aux objectifs de contribution et les facteurs d'écart. Il engage, sur des bases claires, les dialogues de prise de décision, avec ses hiérarchies verticales ou transversales.

Une synthèse papier de l'ensemble des tableaux de bord est établie puis diffusée, après une formation à la lecture des chiffres et des courbes. Cette synthèse marque la communauté d'intérêts de l'ensemble des acteurs et favorise les dialogues ou les échanges... On ne fait jamais assez en la matière.

L'expérience indique que certains responsables préfèrent des chiffres plutôt que des graphiques, d'autres plutôt les graphiques. Lors de l'évaluation de l'existant, il est important d'identifier ces particularités pour adapter à leur mode de lecture les premières synthèses de pilotage. Parallèlement, même les informations sont affichées sous les normes évoquées ci-dessus pour démontrer et imposer leurs avantages. Ce n'est qu'une question de traitement, dans tous les cas, les données de pilotage sont identiques.

Les exemples de tableaux de bord ci-après situent les cheminements de l'entreprise, par rapport à des objectifs marchés produits déclinés au niveau des centres, avec mise en évidence des écarts sur les contributions, les performances, les ressources et les coûts associés.

L'ensemble est cohérent, les tableaux se complètent et se relient de façon transparente, du fait de l'organisation hiérarchisée et répartie des informations de pilotage selon les règles du chapitre 4, et de l'application des normes des paragraphes précédents. À chaque niveau, deux types de présentation, que nous avons commentées pour le suivi des écarts sur standard (p. 100), se complètent mutuellement :

- la **vision film** qui indique un cheminement dans le temps par rapport aux objectifs, c'est la courbe de cheminement ;
- la **vision photo** qui met en évidence les situations intermédiaires, mensuelles, annuelles, par produit (cubes produits) ou par centre (cube centres).

Le tableau 5.24 indique, au niveau global de l'entreprise, pour les commandes, la situation d'un mois de l'année en cours, replacée dans la perspective des plans à moyen et à long terme.

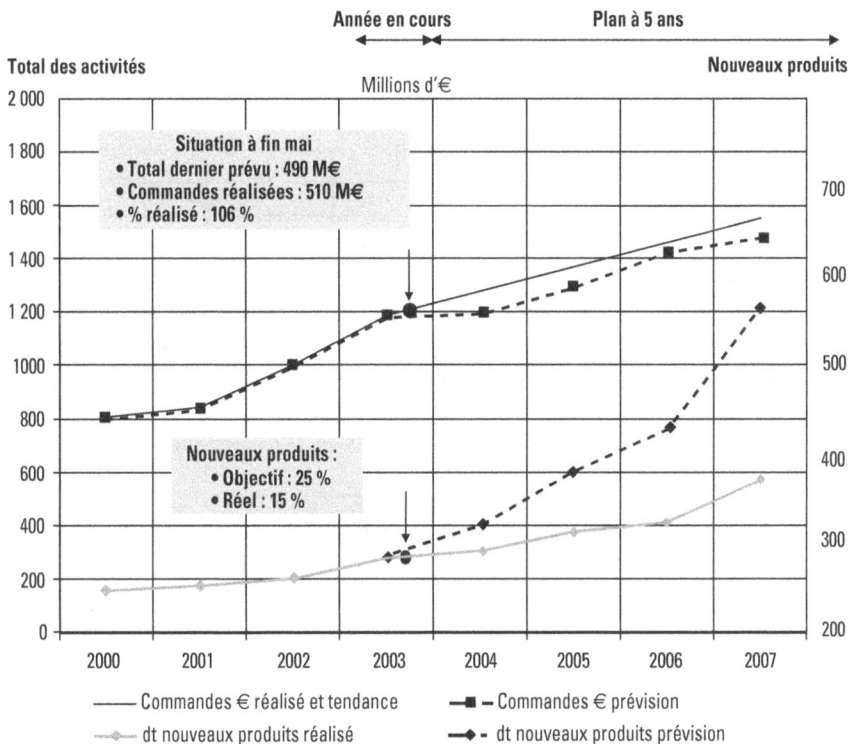

Schéma 5.24
Les commandes produits, navigation globale sur objectif

Cette courbe est déclinable par *business unit,* ligne famille de produits, et par centre de responsabilité, direction du réseau régional, région, etc.

Le tableau et le graphique associés suivants indiquent, en revenant sur l'exemple de la ligne de produits Parascolaire, l'évolution globale des prises de commandes au prix client (prix effectivement pratiqués, compte tenu des concessions commerciales), opposée à l'évolution des commandes estimées au prix facial (en appliquant aux quantités commandées le tarif officiel public) et l'évolution des montants de retour et des annulations de commandes.

AU TOTAL – PAR PAYS – PAR RÉGION – ETC.

Valeur en M€	1	2	3	4	5	8 = 5/4	9 = 5/1
GESTION COMMERCIALE	**Année**	**À fin avril**		**À fin mai**			**Année**
BU Presse Édition *Ligne de produits Parascolaire*	Prévu	Prévu	Réalisé	Prévu	Réalisé	% Réel / Prévu	% Réel / Prévu
Commandes tarif facial	169,8	45,8	50,4	55,2	65,7	119,0 %	38,7 %
Commandes enregistrées	144,7	38,7	40,7	46,5	52,5	112,8 %	36,3 %
Concessions commerciales	25,1	7,2	9,7	8,7	13,2	152,4 %	52,5 %
Concessions / Commandes	15 %	16 %	19 %	16 %	20 %	128,1 %	135,7 %
Retour, annulation sur commandes	-	-	1,6	-	2,0	-	

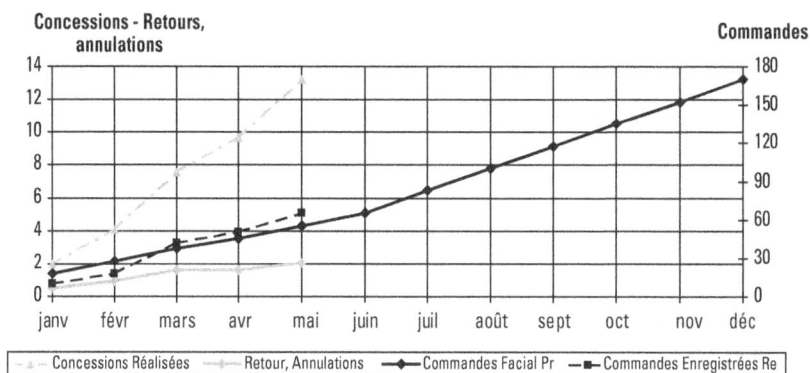

Schéma 5.25
Les commandes produits, facteurs globaux de performance

Le suivi comparé des courbes en valeur (avec la possibilité d'y associer les quantités, non affichées ici) soulève des questions, par exemple sur :

   ● les difficultés du marché, malgré un chiffre d'affaires plus élevé que prévu, il exige des efforts commerciaux croissants, mar–

qués par la différence d'évolution entre les commandes au prix client, et les commandes au prix facial, avec le pourcentage de plus en plus élevé des remises sur chiffres d'affaires ;
* la justesse des politiques éditoriales, des prévisions marketing, la fiabilité des prises commandes, et donc de certains modes de distribution, du fait du montant croissant des retours, des annulations.

L'écart est donc analysé en se référant aussi au statut marketing des produits (produits sans promotion, produits avec opérations commerciales, nouveaux produits) et aux informations correspondantes du département marketing, avec, par exemple, la mise en évidence du retard sur les produits en cours de lancement. Il peut aussi être analysé par produit et par région commerciale, etc., pour en tirer les conclusions utiles par région (exemple p. 201).

BU PRESSE ÉDITION, LIGNE DE PRODUITS PARASCOLAIRES

	1	2	3	4	5	6	7 = 5-3	8 = 5/3
Situation à fin mai	Prévu annuel		Prévu fin mai		Réalisé fin mai		Avance/ Retard fin mai (M€)	% réalisation Objectif à fin mai
Commandes Tarif Facial	M€	%	M€	%	M€	%		
Produits gestion de base	92,5	54 %	29,2	53 %	36,1	55 %	+ 6,89	124 %
Produits avec opérations commerciales	49,7	29 %	19,3	35 %	24,3	37 %	+ 4,95	126 %
Nouveaux produits	27,6	16 %	6,6	12 %	5,3	8%	- 1,35	80 %
Total	169,8	100 %	55,2	100 %	65,7	100 %	+ 10,5	119 %

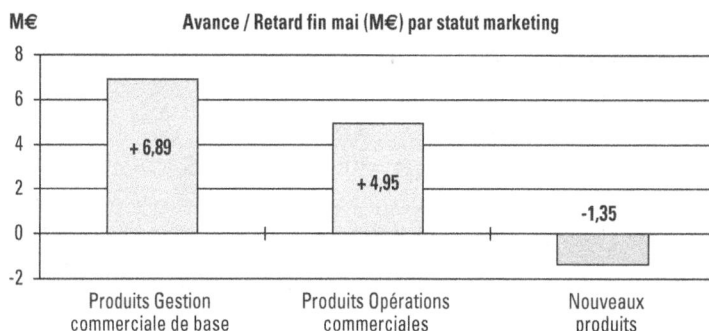

Schéma 5.26
Les commandes produits, contributions par statut marketing

Le tableau de bord de suivi des programmes de développement établi par la direction éditoriale confirme le retard de lancement d'une nouvelle collection, famille de produits parascolaires, pour l'enseignement supérieur.

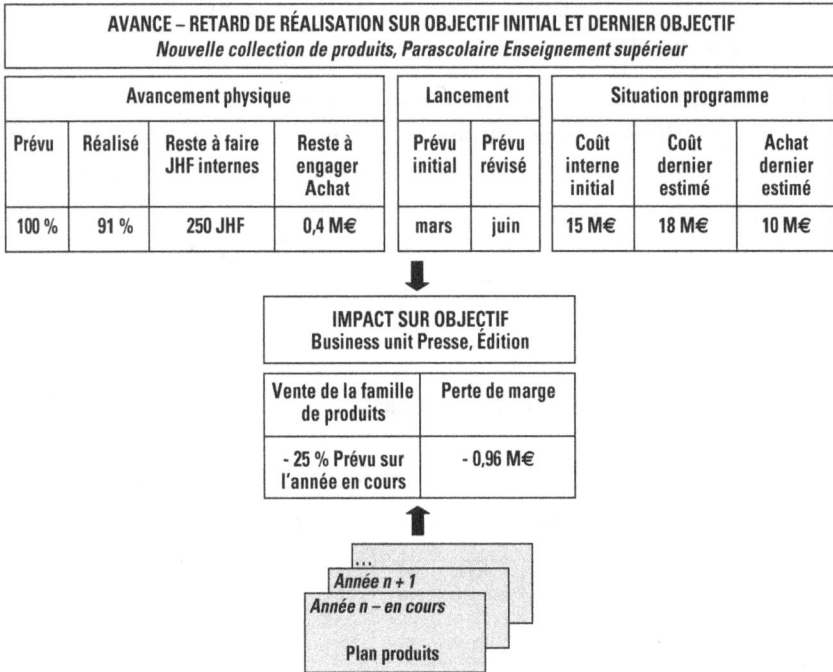

AVANCE – RETARD DE RÉALISATION SUR OBJECTIF INITIAL ET DERNIER OBJECTIF
Nouvelle collection de produits, Parascolaire Enseignement supérieur

Avancement physique				Lancement		Situation programme		
Prévu	Réalisé	Reste à faire JHF internes	Reste à engager Achat	Prévu initial	Prévu révisé	Coût interne initial	Coût dernier estimé	Achat dernier estimé
100 %	91 %	250 JHF	0,4 M€	mars	juin	15 M€	18 M€	10 M€

IMPACT SUR OBJECTIF
Business unit Presse, Édition

Vente de la famille de produits	Perte de marge
- 25 % Prévu sur l'année en cours	- 0,96 M€

...
Année n + 1
Année n – en cours
Plan produits

Schéma 5.27
Le programme de développement, pilotage des contributions aux objectifs produits

Il est possible de revenir aux prévisions initiales, de développement de la nouvelle collection (cube produits de la direction éditoriale), aux contributions par centre (cube centres de la direction éditoriale), pour une revue de la situation, avant de prendre les dispositions utiles.

Contributeurs Nouvelle collection Parascolaire Enseig. sup.	Total Programme Plan moyen, long terme	Cumul réalisé années antérieures	Année en cours			
			Prévu	Réalisé cumul	Réalisé mois	% Reste à faire
JHF EQPT	1 900	1 400	500	250	50	50 %
• Responsables éditoriaux	400	300	100	50	10	50 %
• Maquette, Prépresse	500	350	150	100	20	33 %
• Organisation logistique	1 000	750	250	100	20	60 %
ACHATS DIRECTS M€	10,00	5,00	5,00	4,60	0,20	8 %

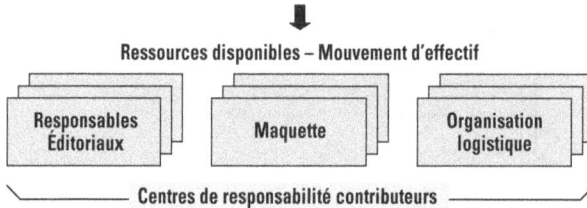

Ressources disponibles – Mouvement d'effectif

Responsables Éditoriaux   Maquette   Organisation logistique

Centres de responsabilité contributeurs

Schéma 5.28
Le programme de développement : pilotage des contributions, des contributeurs internes, des achats

Une réunion entre le responsable de la ligne de produits parascolaires et les centres contributeurs, qu'il coordonne transversalement, peut aussi faire apparaître des problèmes de ressources liés à des départs non prévus de personnes en charge du développement et des maquettes produits. Ceux-ci sont mesurables par les indicateurs de pilotage de la direction ressources humaines, avec pour exemple un indicateur sur les départs, décliné par cause de départ, par catégorie de ressources, par centre.

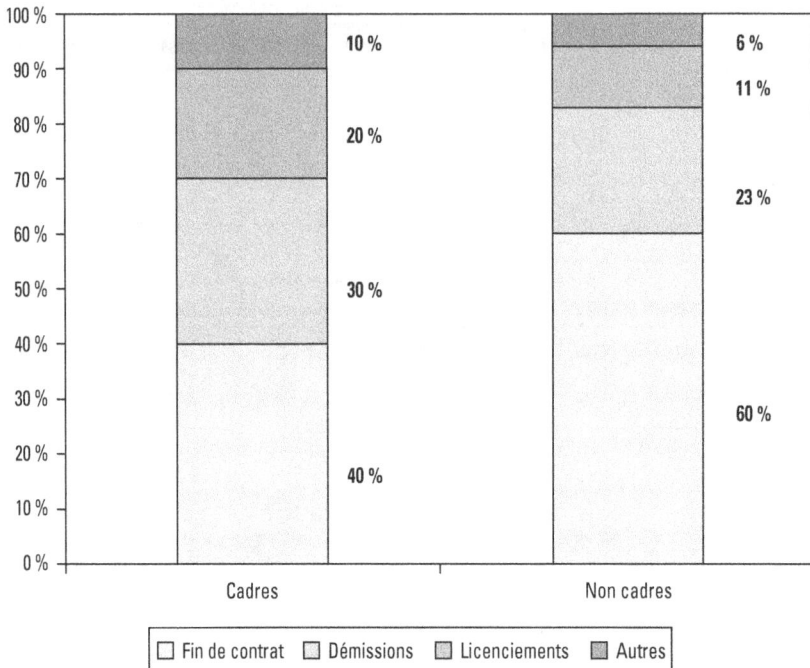

Schéma 5.29
Exemple d'indicateurs sur les départs de personnel

Le responsable du plan de progrès achats indique les économies réalisées par rapport aux objectifs de l'année, 15 M€ pour la ligue Parascolaire, l'exécution des contrats passés avec les fournisseurs, les remises commerciales associées, les contributions des différents centres aux économies, notamment ceux qui travaillent pour la ligne de produits parascolaires.

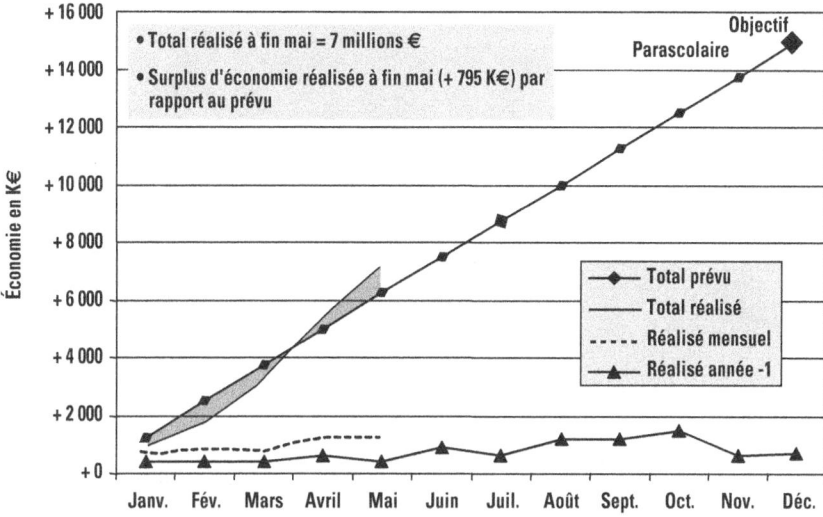

Schéma 5.30
**Le pilotage des performances achat, au total,
déclinable par catégorie d'achat**

Économie totale = 7 millions €

Par fournisseur	Poids dans le total	
	Prévu	Réalisé
Économie totale	100 %	100 %
ARJOMARI	25 %	36 %
PROMO SA	24 %	24 %
CELLULOSE	15 %	12 %
Etc.	36 %	28 %

Par centre	ARJOMARI	
	Prévu	Réalisé
Économie Fourn.	100 %	100 %
Dir. Marketing	34 %	36 %
Dir. Réseau	26 %	26 %
Dir. Édition	24 %	22 %
Autres	16 %	16 %

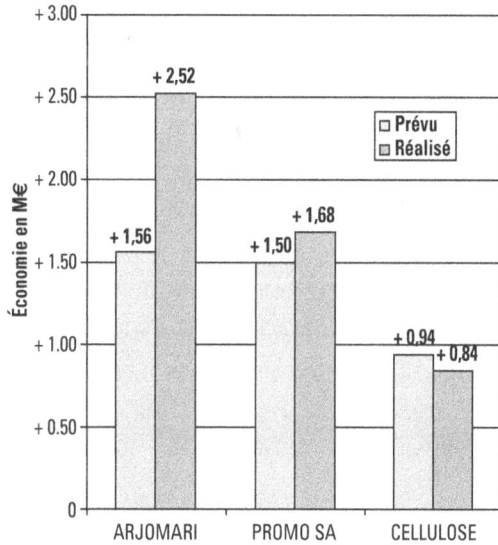

Schéma 5.31
**Le pilotage des performances achat, par contributeur interne,
fournisseurs sous contrat**

Il commente les prix d'achats constatés pour le papier, par l'application des clauses de contrats signés en début d'année, aux évolutions du prix de marché (suivi des mercuriales).

Réalisé M / Mercuriale M-1 : Prix du papier

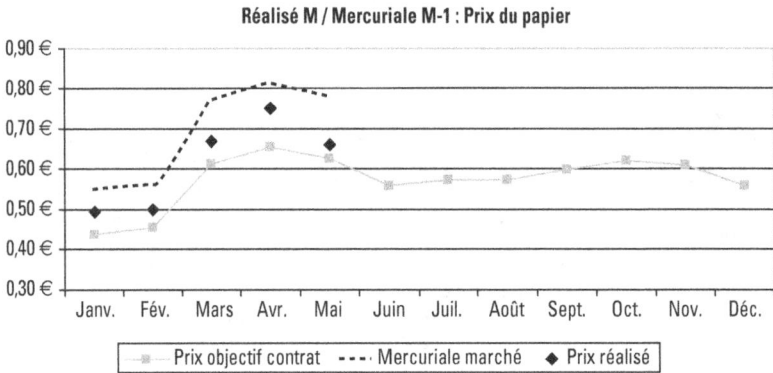

Prix en €/KG	Jan.	Fév.	Mars	Avr.	Mai	Juin	Juil.	Août	Sept.	Oct.	Nov.	Déc.
Prix objectif contrat	0,44	0,45	0,61	0,65	0,63	0,56	0,57	0,57	0,60	0,62	0,61	0,56
Mercuriale marché	0,55	0,57	0,77	0,82	0,78							
Prix réalisé	0,49	0,50	0,67	0,75	0,66							

Schéma 5.32
La comparaison des prix réalisés, par rapport sur objectif de contrat, au marché

Il apparaît que la politique de contrat fournisseur a permis de contenir les prix d'achat, malgré un marché à la hausse, mais avec des difficultés à rester dans les objectifs de contrat, du fait d'achats *spot* initialement non prévus.

Cette démarche de lecture hiérarchisée des tableaux de bord s'applique à toute l'entreprise pilotée sur objectif, avec en support le fonctionnement d'une vingtaine d'indicateurs de pilotage par centre.

Chaque centre est ainsi une entreprise particulière investie d'une partie des enjeux, des objectifs, des problèmes de l'entreprise, des choix qu'elle effectue et des actions qu'elle engage.

Construire les synthèses de pilotage à partir des informations de gestion

Nous précisons dans les paragraphes qui suivent les relations entre le système de pilotage et les systèmes de gestion, du point de vue de la construction des synthèses de gestion nécessaires pour suivre les réalisations sur objectif. Nous avons indiqué en conclusion du chapitre 4 les données disponibles dans les différents systèmes de gestion de l'entreprise : données comptables, budgétaires, sur les ressources physiques, les opérations de base ; avec des commentaires sur la disponibilité, la qualité de ces données ; en fonction des niveaux de gestion de l'entreprise.

Il s'agit maintenant de présenter les outils disponibles pour construire les synthèses de gestion et la façon dont il faut les utiliser, de notre point de vue, pour qu'elles répondent aux exigences de pilotage.

Le schéma suivant situe la position du système de pilotage (3), réparti les postes de pilotage par rapport aux systèmes de gestion et aux informatiques associées de l'entreprise (2) (3).

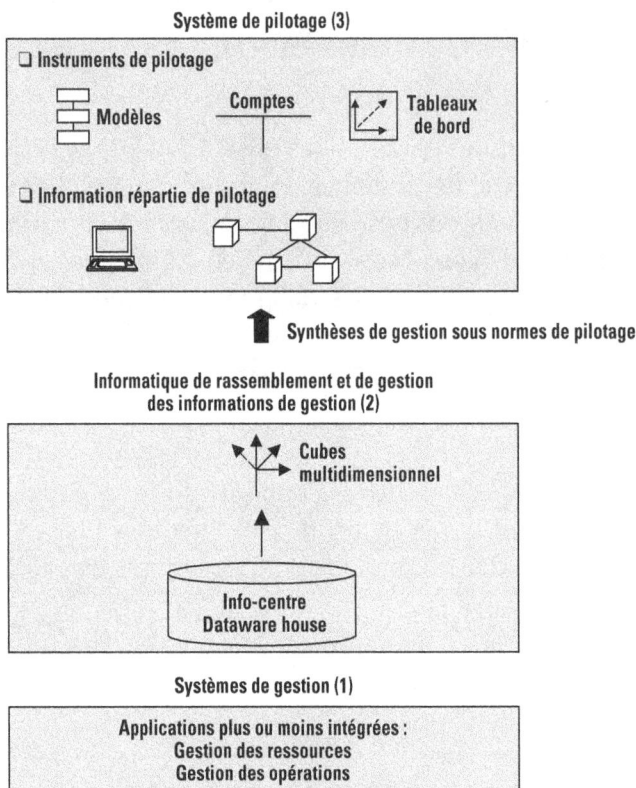

Schéma 5.33
**La position du système de pilotage par rapport
aux systèmes de gestion**

Les info-centres, entrepôts de données, data-warehouse

Les informations de gestion des opérations élémentaires de l'entreprise (prix de commande client, production d'un article, paiement d'un salaire, enregistrement d'une facture, etc.) sont gérées dans les systèmes de gestion de base de l'entreprise. Les applications informatiques correspondantes (paie, comptabilité, gestions opérationnelles) sont plus moins reliées entre elles par des chaînages et des transactions automatiques, d'une application à l'autre. L'idéal est de tracer au niveau le plus fin des écritures, toutes les opérations de la chaîne de travail présentée chapitre 1 (p. 10).

Cette démarche s'appuie sur l'emploi de logiciels dits «intégrés», par exemple, pour relier les données sur les ventes, les entrées et les sorties de stock, les productions, les achats, etc., du point de vue des flux physiques et des comptabilités associées.

Les entreprises de dimension importante mettent ainsi en œuvre des entrepôts de données, qui rassemblent ces informations de gestion pour faciliter leurs consultations et leurs emplois (2 a).

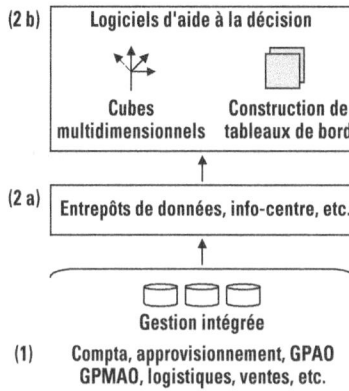

Schéma 5.34
Les systèmes de gestion, entrepôts de données, les info-centres, les logiciels d'aide à la décision

Ces entrepôts de données sont désignés par des noms différents, info-centre, *data-warehouse ou datamart*, selon les volumes de données, des aspects techniques non utiles ici, les outils logiciels, les fournisseurs.

Les logiciels d'aide à la décision

Des logiciels proposés sous plusieurs noms : logiciels d'aide à la décision, *decision support system, executive information system*, etc. facilitent la sélection des informations et la construction de synthèses à partir de ces info-centres ou des systèmes de gestion intégrée (2 b). Selon les logiciels utilisés, ces opérations s'effectuent soit directement par les utilisateurs, soit par l'intermédiaire d'informaticiens, dans les deux cas, après formation aux outils.

Les applications intégrées, les info-centres en service et les logiciels dont dispose l'entreprise sont identifiés par le haut, pendant l'évaluation de l'existant de même que leurs possibilités d'emploi pour construire des synthèses de gestion à «remonter» vers les postes de pilotage. Citons parmi les plus connus :

- SAP, Oracle, BAAN, J. Edwards, Hypérion, etc., pour les logiciels intégrés ;
- les outils d'extraction de données, de construction de cubes multidimensionnels, disponibles avec les logiciels intégrés précédents ou rapportés à ces logiciels, notamment Cognos, SAP/BW, Dimensional Insight, Business Object, SAS.

Ces logiciels varient par les techniques d'appel et de gestion des données, les conditions d'emploi, ainsi que les prix. Distinguons, par exemple, les logiciels :

- de construction de tableaux de bord, après spécification précise des données à prendre en compte. Ces logiciels requièrent généralement l'intervention d'un informaticien avec une programmation en «dur» ;
- de définition et de gestion d'un univers de lecture, l'équivalent d'un cube multidimensionnel, avec des indicateurs et mesurés par rapport à plusieurs dimensions de lecture, ou référentiels, sélectionnées dans le système de gestion, ou l'info-centre. Cet univers de lecture est documenté avec les informations du système de gestion, tenues à jour en fonction des opérations. Les données disponibles sont celles de la dernière consultation avec annulation et remplacement des données antérieures, dernière photo d'une situation ;
- de reprise des données existantes dans un ou plusieurs systèmes de gestion, en vue de documenter des cubes multidimensionnels et de reconstituer des historiques.

L'emploi des cubes multidimensionnels pour les synthèses de gestion

Les cubes multidimensionnels (a), schéma ci-après, offrent la possibilité de lire les données de gestion (1), mesurées au niveau élémentaire en les agrégeant par référence à plusieurs dimensions définies par les nomenclatures et les identifiants de gestion (2) : l'exemple suivant concerne un fichier de gestion des commandes. Les mesures de base par code article, client, agent commercial, date de commande, etc. sont relues en termes d'indicateurs de gestion par exemple : quantités commandées, livrées, par code, famille d'articles, client, catégorie de clients, jour, mois, agent commercial, région de rattachement, etc.

Les tableaux de synthèse (3) sont des tableaux par période, par indicateur, par référentiel.

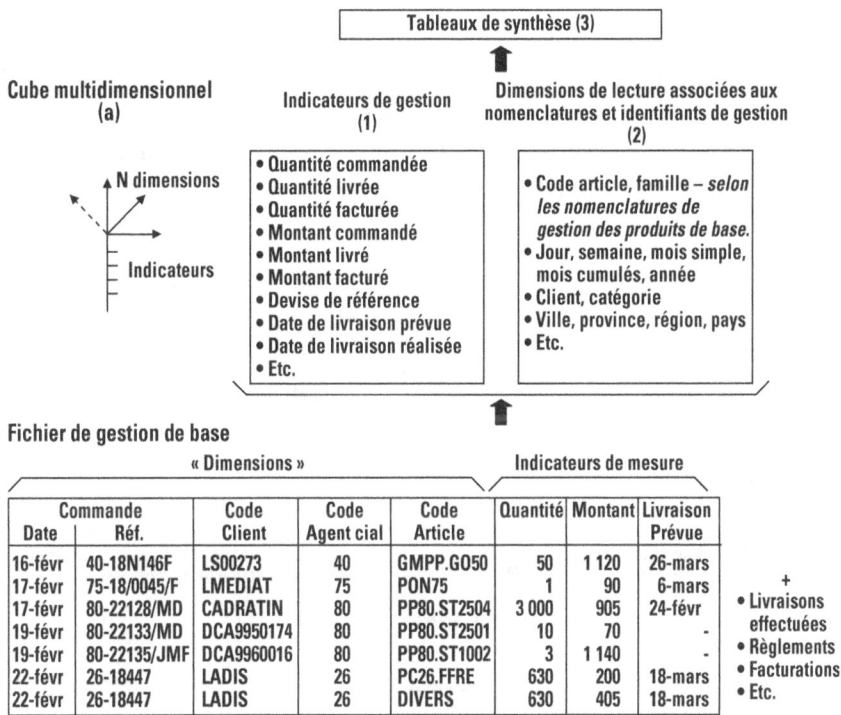

Schéma 5.35
L'organisation et les dimensions de l'information de gestion et des cubes multidimensionnels

Les tableaux de synthèse peuvent être construits avec un logiciel de gestion des ventes, mais l'emploi des logiciels cubes multidimensionnels ouvre la possibilité de toutes combinaisons de lecture, à partir des informations de base. Les cubes sont généralement construits, avec l'intervention des spécialistes concernés, après définition des besoins de synthèse des utilisateurs (directeurs commerciaux, directeurs de production, responsables de tel ou tel centre de responsabilité), avant que ne soient paramétrés les synthèses et les tableaux de sortie.

Si chaque utilisateur dispose des synthèses de gestion qu'il juge nécessaires (1), schéma suivant, rien ne garantit qu'il prenne en compte les informations requises pour le pilotage sur objectif des produits, des centres, des ressources qui le concernent, en cohérence avec les exigence de pilotage de toute l'entreprise, en particulier de pilotage transversal.

Enfin, reste posé le problème des prévisions et de leur répartition entre centres, des transactions, années, mois, de la mémorisation des hypothèses de performance, etc., tout autant de données pratiquement réparties dans l'entreprise, dont la centralisation marquerait une inquisition dans les donnés de travail des centres.

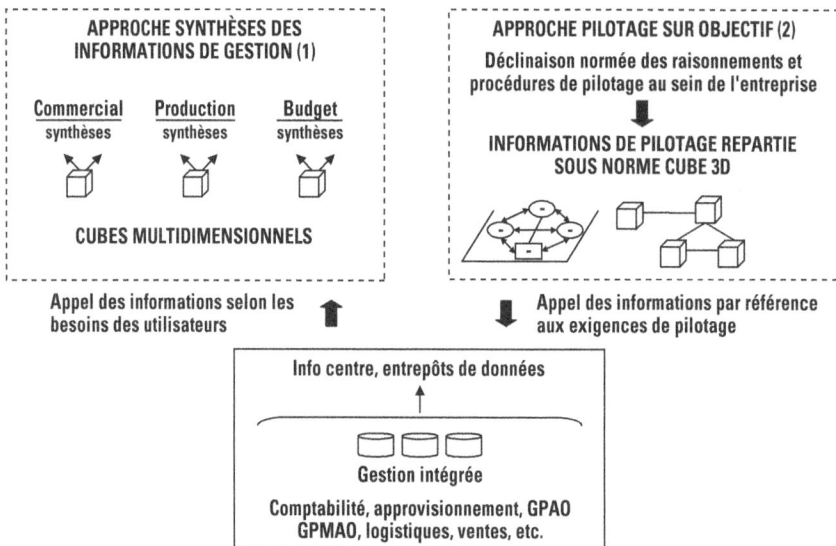

Schéma 5.36
Les synthèses de gestion, les lectures de pilotage

Il n'est donc pas suffisant de disposer d'info-centres, de cubes multidimensionnels, construits selon les demandes des utilisateurs, pour prétendre disposer d'un système de pilotage.

Les indicateurs de pilotage, en valeur, en volume, sont déterminés par des principes et des règles de management, les référentiels de pilotage sont définis par rapport à des enjeux. À partir du moment où il est question d'organiser un système de pilotage :

- les sélections d'informations de gestion sont guidées par des objectifs de documentation des indicateurs de pilotage, mesurés selon les référentiels de pilotage (2) ;
- les synthèses de gestion sont rassemblées et retravaillées sur les postes de Bureautique en fonction de normes de pilotage, communes à tous les centres pilotés sur objectifs.

Utiliser les cubes multidimensionnels par référence à la norme cube 3D

Les logiciels cubes multidimensionnels sont utilisables pour reprendre les informations disponibles dans pratiquement n'importe quel système de gestion, puis construire et documenter les cubes multidimensionnels par référence à norme cube 3D, pour disposer des synthèses de pilotage. L'utilisation de certains de ces outils est du niveau Excel.

Notons qu'avant de traiter des informations sur les opérations de gestion, il faut s'assurer des vocabulaires utilisés dans les enregistrements de base et de leurs correspondances avec les termes utilisés pour les indicateurs de pilotage. Selon les concepteurs, les systèmes de gestion peuvent indiquer les mêmes sujets par des termes alternatifs : par exemple, commande enregistrée, ordre reçu, prise de commande, etc.

Pour que tout soit transparent, il est important de tenir à jour le lexique des termes utilisés dans les applications de gestion, et dans les cubes multidimensionnels sous normes 3D, tout en gérant leurs correspondances.

Les travaux suivants sont alors effectués :

- les données de gestion sont rassemblées dans les cubes multidimensionnels, avec la mesure des indicateurs de gestion (1), schéma ci-dessous, par les diverses dimensions de gestion (2) (voir explication schéma 5.35) ;
- de nouvelles dimensions sont définies, par exemple la nomenclature de pilotage produits (3), et paramétrées dans le logiciel,

après avoir indiqué les règles de correspondance (4) entre, d'une part, les dimensions, ou référentiels de gestion articles, groupe et, d'autre part, les dimensions, ou référentiels de pilotage produits (familles, ligne de produits, *business unit*).

	INDICATEURS DE GESTION (1)	DIMENSION DE GESTION (2)		DIMENSIONS DE PILOTAGE (3)
Dimensions Indicateurs	• Quantité commandée • Quantité livrée • Quantité facturée • Montant commandé • Montant livré • Montant facturé • Devise de référence • Devise de l'achat • Date de livraison prévue • Date de livraison • Etc	• Code article, Groupe famille – *selon les nomenclatures de gestion des produits* • Jour, semaine, mois simple, mois cumulés, année, • Client, catégorie • Ville, province, région, pays • Ligne de production, usine de production • Etc.	Correspondance (4) ⬌	• Familles de produit - - - • Lignes de produit - - - • Business unit

(4) Paramétrage des correspondances, nomenclatures de gestion, nomenclatures de pilotage, via le logiciel cubes n axes – adjonction et gestion de nouvelles dimensions

Schéma 5.37
La construction des informations de pilotage via l'emploi de cubes multidimensionnels

Toutes les données de gestion, remontées des fichiers de base, sont désormais lisibles :

- par rapport à l'une ou (et) l'autre des dimensions de pilotage, avec la production du fichier de synthèse à remonter dans le cube 3D concerné, exemple ci-après ;
- sous réserve d'avoir introduit les nomenclatures de pilotage utiles (produits, ressources, centres) dans les dimensions des cubes multidimensionnels qui rassemblent les informations de gestion.

Cube 3 Dimensions

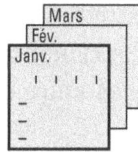

Mars
Fév.
Janv.

↑ Remontée

Synthèses de gestion

Avril
Mars

Février - *Synthèse Direction Réseau Régional*				Commandes	
Mois	Client	Région	Ligne de produits	Quantité	Montant
févr.	Privé	Nord	Parascolaire	5 000	172 200
	Privé	Sud	Parascolaire	2 000	68 900
	Grand compte	Nord	Parascolaire	3 000	103 300
	Grand compte	Ouest	Parascolaire	4 000	137 800
	Professionnel	Nord	Parascolaire	2 000	68 900
	Professionnel	Ouest	Parascolaire	4 000	137 800

↑

Cube multidimensionnel   Cube multidimensionnel avec adjonction des nomenclatures de pilotage : produits, ressources, centres.

↑

Fichier de gestion

Commande		Code	Code	Code	Quantité	Montant	Livraison
Date	Réf.	Client	Agent cial	Article			Prévue
16-févr	40-18N146F	LS00273	40	GMPP.GO50	50	1 120	26-mars
17-févr	75-18/0045/F	LMEDIAT	75	PON75	1	90	6-mars
17-févr	80-22128/MD	CADRATIN	80	PP80.ST2504	3 000	905	24-févr
19-févr	80-22133/MD	DCA9950174	80	PP80.ST2501	10	70	-
19-févr	80-22135/JMF	DCA9960016	80	PP80.ST1002	3	1 140	-
22-févr	26-18447	LADIS	26	PC26.FFRE	630	200	18-mars
22-févr	26-18447	LADIS	26	DIVERS	630	405	18-mars
...							

Schéma 5.38
Exemple d'une synthèse de pilotage à partir d'une synthèse de gestion

Organiser, tester, stabiliser les phases de construction

Quels que soient les logiciels utilisés, logiciels cubes, logiciels de gestion classiques avec sélection de tableaux, le schéma suivant résume toutes les étapes de travail, à organiser, par exemple, pour des indicateurs de pilotage à croiser par produit :

- identification des données de gestion, des vocabulaires utilisés dans les enregistrements de base (1) ;

- rassemblement des informations de gestion dans des cubes multidimensionnels (2);
- introduction des dimensions de pilotage, après avoir établi les correspondances entre dimensions de gestion et dimensions de pilotage (3);
- relecture des informations de gestion sous dimension de pilotage (4);
- travaux de construction des informations de pilotage de base (5);
- documentations des cubes 3D de pilotage (6).

Le tableau comprend des indicateurs de situation (7) (commandes en cours début et fin de mois) et des indicateurs de flux (commande du mois). Avant de construire les synthèses, il faut préciser leurs définitions, les règles de calcul, de même que les indicateurs de gestion, les sources concernées. On rejoint le problème de la gestion du lexique des indicateurs.

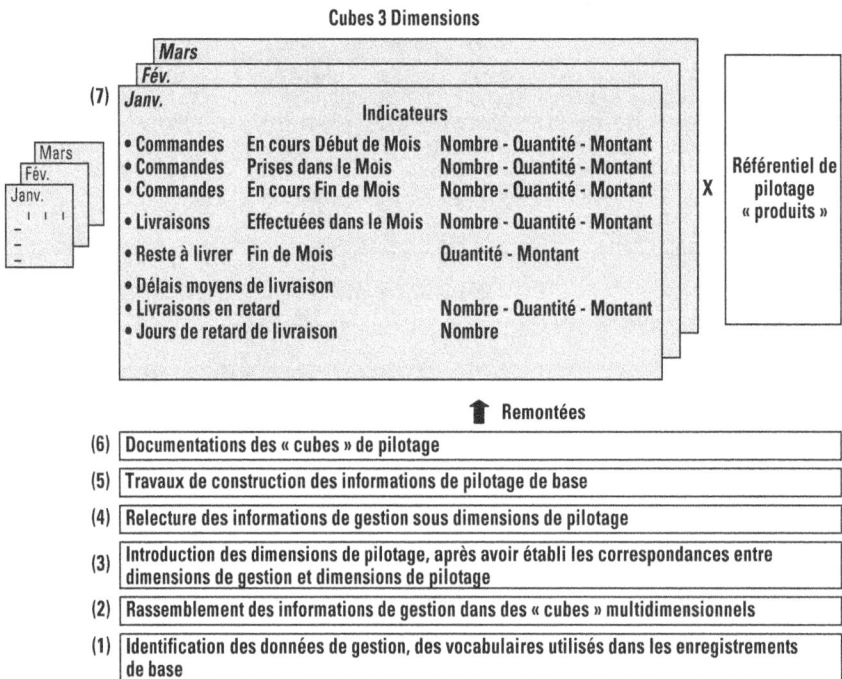

Cubes 3 Dimensions

Janv.	Indicateurs	
• Commandes	En cours Début de Mois	Nombre - Quantité - Montant
• Commandes	Prises dans le Mois	Nombre - Quantité - Montant
• Commandes	En cours Fin de Mois	Nombre - Quantité - Montant
• Livraisons	Effectuées dans le Mois	Nombre - Quantité - Montant
• Reste à livrer	Fin de Mois	Quantité - Montant
• Délais moyens de livraison		
• Livraisons en retard		Nombre - Quantité - Montant
• Jours de retard de livraison		Nombre

Référentiel de pilotage « produits »

↑ Remontées

(6)	Documentations des « cubes » de pilotage
(5)	Travaux de construction des informations de pilotage de base
(4)	Relecture des informations de gestion sous dimensions de pilotage
(3)	Introduction des dimensions de pilotage, après avoir établi les correspondances entre dimensions de gestion et dimensions de pilotage
(2)	Rassemblement des informations de gestion dans des « cubes » multidimensionnels
(1)	Identification des données de gestion, des vocabulaires utilisés dans les enregistrements de base

Schéma 5.39
Les étapes de construction des informations de pilotage

La construction d'un tel dispositif de synthèses est simple, comparée aux «usines à gaz» de production de synthèses et de tableaux de bord, constatées dans beaucoup d'entreprises, en particulier lorsqu'elles sont complexes par le nombre de leurs centres de responsabilité et par leurs organisations verticales ou transversales.

La règle de base est de procéder du haut, c'est-à-dire des quelques informations de pilotage définies par rapport à des exigences de management, vers le bas, c'est-à-dire les milliers, les millions d'informations de gestion mesurées quotidiennement par rapport à des processus particuliers de métiers.

Il faut commencer par les principaux indicateurs, par exemple, les commandes prises dans le mois, les quantités livrées, dont l'opposition est déjà significative d'un mois sur l'autre, avant de les préciser par le calcul des commandes en cours, début et fin de mois.

À partir du moment où les besoins d'informations de pilotage sont clairement définis, la recherche des informations à extraire des systèmes de gestion est dirigée, donc plus efficace. Comme nous l'avons indiqué au chapitre 4, elle s'effectue par «taraudages successifs».

Dans cette perspective :

- toute entreprise peut organiser le travail de construction de ses informations de pilotage, suivi des réalisés, et les dialogues internes utiles pour apprécier leur utilité et améliorer leur qualité;
- un travail d'explications et de pédagogie est à faire auprès des demandeurs, consommateurs de synthèses de gestion, pour qu'ils s'approprient les raisonnements de pilotage et ordonnent en conséquence leurs besoins;
- les cubes multidimensionnels permettent de rassembler la matière première à travailler et donnent la puissance de travail nécessaire. Des versions de Bureautique ergonomiques, utilisables après quelques séances de formation, à portée de tout utilisateur, sont disponibles sur le marché, mais encore peu diffusées vers les petites entreprises;
- la difficulté à documenter certains indicateurs de pilotage signifie que des procédures, des paramètres de gestion sont à préciser et à clarifier.

Chapitre 6

Le pilotage réactif, coordonné de l'entreprise

Pratiquer le pilotage sur objectif

Les chapitres précédents expliquent principalement le pilotage de la chaîne de travail marchés produits, contributions intermédiaires, ressources, par rapport à des objectifs opérationnels, en tenant compte des partages de responsabilité entre centres (fonction planification opérationnelle, point 2, schéma 1 p. 12).

Nous expliquons dans ce dernier chapitre comment préparer les choix stratégiques en amont des choix opérationnels et comment les exprimer pour leur attacher clairement les objectifs opérationnels (fonction planification stratégique, point 1 du schéma 1.2).

Nous indiquons ensuite comment organiser le pilotage de l'entreprise avec la coordination des travaux et des dialogues entre pilotes et le rôle correspondant des responsables du système de pilotage.

Les dirigeants peuvent ainsi naviguer des objectifs stratégiques aux objectifs opérationnels, à leur réalisation, et réciproquement.

Dans cette perspective :

- l'entreprise anticipe les futurs environnements, évalue situations, risques et perspectives de marché, mais aussi ses forces et ses faiblesses pour préparer les choix stratégiques qui fixent ses ambitions, traduites par un projet d'entreprise (point 1 du schéma) ;

- les choix stratégiques (1) cadrent les objectifs d'évolution à moyen long terme du portefeuille produits (2), en relation avec les équilibres du plan de financement et les objectifs financiers à prévoir. L'approche inverse, des objectifs financiers aux objectifs d'évolution du portefeuille produits, est possible. Elle traduit une autre priorité, nous revenons sur ce point un peu plus loin ;
- la planification opérationnelle de l'entreprise (2) décline les objectifs stratégiques du portefeuille au niveau produits, puis des centres contributeurs. Chacun d'entre eux met en évidence les performances d'emploi des ressources, les ressources à mobiliser, les centres support établissent les plans de ressources, les budgets associés d'exploitation et d'investissement et leurs affectations par centre. L'organisation, le fonctionnement du pilotage sur objectif partagé entre les différents centres « entreprises particulières » ont été expliqués dans les chapitres précédents. Les objectifs des plans opérationnels pluriannuels sont répartis par année, puis précisés mois par mois pour l'année à venir ;
- en cours d'année, les « pilotes » se réfèrent aux tableaux de navigation pour situer les écarts sur position (prévue par rapport au dernier objectif fixé), le chemin parcouru, le chemin restant, puis, en fonction des causes d'écart, pour revenir à certains estimés du plan de vol, *reverse approach*, refaire les calculs et ajuster les paramètres de pilotage (3) ;
- les objectifs initiaux de l'année en cours ont été validés ou révisés en fonction des réalisés mensuels, par exemple à mi-parcours ;
- au terme de chaque année, les comptes de l'année qui se termine (N-1) sont bouclés. Les ajustements utiles sont effectués entre données comptables officielles, bilans d'activités, comptes d'exploitation et données de pilotage des plans et des budgets, avec les enseignements à tirer des écarts significatifs.

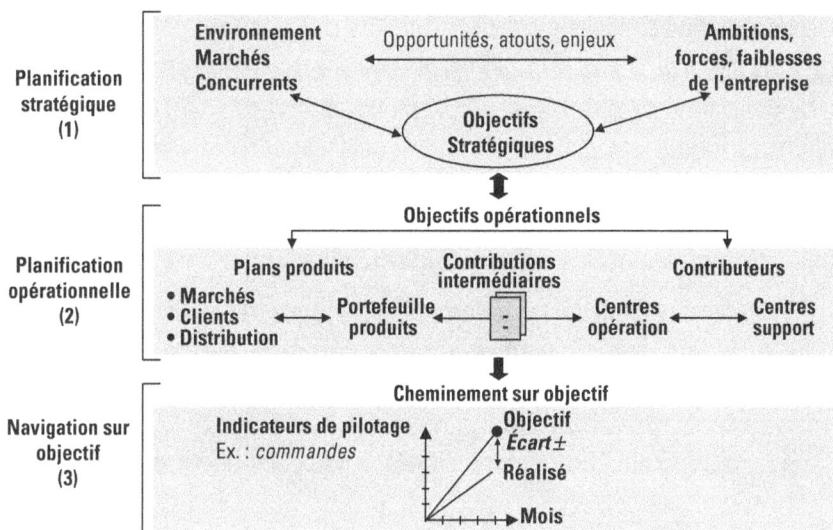

Schéma 1.2
Les fonctions du pilotage sur objectif

Du long au court terme pour les prévisions, du court au long terme pour les suivis des réalisations, toutes les fonctions du pilotage sur objectif sont gérées, de façon **interactive**.

À un instant donné, les plans et les budgets fixent les objectifs (initiaux ou derniers révisés de l'année), leurs conditions de réalisation, selon des hypothèses d'évolution des marchés, des clients et du niveau des performances internes, qui varient dans le temps, avec parfois des remises en question, alors que l'élaboration de ces plans est à peine terminée.

Les causes ne manquent pas : crise internationale, problèmes sociaux, effondrement d'un marché à l'exportation, nouveaux contextes locaux, arrivée d'un concurrent, impact d'une nouvelle législation sur l'environnement, le travail ou, plus prosaïquement, un incident de consommation, la perte d'un marché, le décalage d'une commande, la faillite d'un fournisseur, le départ d'un personnel expérimenté, etc.

Dès lors, la vigilance s'impose pour anticiper et préparer les passages difficiles, adapter aux turbulences les trajectoires et les vitesses de pilotage. Il faut donc être **réactif** sans perdre de vue les objectifs essentiels, avec des temps de réflexion, de réunion et de calcul pour les «pilotes» concernés par la réalisation des objectifs qui posent problèmes.

Ce sont les exigences de base d'un pilotage sur objectif, par référence à des marchés de plus en plus complexes, incertains, ouverts à tous les effets et influences de la mondialisation avec, d'ailleurs, des conséquences variables selon les secteurs d'activité. Dans ces perspectives, la planification, c'est aussi la **capacité permanente** des responsables des différents centres, entreprises particulières, à :

- **reprogrammer** rapidement les «plans de vol», les cheminements sur objectif, voire les objectifs, en recherchant les meilleurs équilibres entre les projets initiaux les réalités constatées, l'emploi optimisé des ressources ;
- **expliquer** aux personnels les enjeux, les choix et les efforts à partager.

Le système de pilotage (informations, modèles, compte, tableaux de bord de navigation), réparti sur les postes de Bureautique des centres de responsabilité, est construit pour cela. Il rassemble les informations de pilotage qui balisent toute la chaîne des relations marchés produits, contributions intermédiaires, ressources, réparties entre les centres qui se partagent les responsabilités. Les indicateurs de mesure sont normés, les référentiels de pilotage des uns et des autres (reliés entre eux dans les nomenclatures) sont significatifs des enjeux.

L'organisation du système sur les postes de Bureautique de pilotage garantit l'intégrité des historiques, des transactions d'information, la transparence des synthèses verticales ou transversales, adaptées en fonction des organisations. Elle garantit aussi l'application, à tous les niveaux, des mêmes logiques du pilotage pour établir les plans de vol, mesurer les écarts sur les cheminements prévus, établir les dialogues de prise de décision entre «pilotes», entre «pilotes» et membres d'équipage.

Le fonctionnement du système est **ordonné** par le calendrier des allers-retours entre les réunions de définition des choix, d'arbitrage des pilotes et les travaux effectués sur les postes de travail pour établir les plans, suivre les réalisés mensuels, et gérer les échanges d'information entre postes.

Le **chef d'orchestre** de ce dispositif est le **responsable du système de pilotage** de l'entreprise, qui anime et coordonne le réseau de ses correspondants dans chaque entreprise particulière. Ces personnes assurent de fait des misions de planification, de coordination qui étaient les leurs, avant la mise en service du système. Mais elles appliquent désormais les logiques du pilotage à leur domaine de travail (plan, budget, contrôle de gestion, méthode – organisation de l'entreprise, de tel ou tel de ses centres), tout en coordonnant les formations, les dialogues, les travaux utiles dans leurs centres respectifs.

Tous les acteurs de l'entreprise sont orientés sur le **futur**, ils appliquent leurs intelligences et leurs compétences à l'anticipation des situations, à la préparation des plans d'action, à l'optimisation des performances, en partageant des objectifs dynamiques, qu'ils reconnaissent et qui sont transparents.

De ce point de vue, le pilotage :

- ce n'est plus la préparation des budgets qui mobilise, parfois de façon très lourde, pendant des mois les forces vives de l'entreprise, sans possibilité réelle de refaire l'exercice en fonction des changements de situation ;
- ce n'est plus le tableau de bord au rétroviseur avec l'affichage des écarts budgétaires comptables sans explication des causes ;
- ce n'est pas non plus la gestion du court terme, en particulier quand les affaires sont florissantes, que la croissance est forte, qu'il faut faire face en urgence aux obligations de commandes, de délais, de besoins en ressources, sans avoir le temps de penser au lendemain ou, à l'inverse, quand tout va mal avec les chiffres d'affaires qui se détériorent, la réduction en catastrophe des coûts toujours constants, sinon croissants de l'effectif, l'hypothèque de charges à payer, calculées lorsque tout allait bien (taxe professionnelle, acomptes d'impôts sur les bénéfices, etc.).

Préparer les stratégies

Développer la réflexion prospective

La prospective est une démarche de réflexion pour situer les futurs possibles ou probables à long terme (dix, quinze, vingt ans, des milliers d'années, si l'on gère les déchets nucléaires). Elle vise à s'interroger sur des facteurs de changement, à prendre conscience des marges de manœuvre, des possibilités d'action, au-delà de ce qui semble déjà «écrit» pour les années à venir, et donc à ouvrir les perspectives.

En relation avec des préoccupations d'entreprise, la prospective s'applique aux futurs :

- de la demande, en fonction de scénarios sur les comportements, les modes de vie, de consommation, envisageables dans quinze, vingt ou trente ans ;
- de l'offre, avec des hypothèses d'exploitation d'idées, de techniques, encore au stade des laboratoires, en présumant de l'évolution de leurs coûts d'accès et de mise en œuvre ;
- des métiers, avec les réflexions sur les «numérisations», les formations, les modes d'organisation qui conduiront l'entreprise et ses personnels à vivre et à travailler différemment ;
- etc.

Certaines entreprises disposent d'équipes dédiées à un travail systématique d'évaluation de réflexions prospectives, d'autres appartiennent à des réseaux, au sein desquels s'échangent des idées, se discutent les travaux des uns ou des autres.

Il faut toutefois noter que l'esprit «prospective», qui prévalait fortement en Europe dans les années 1985-1990, souffle beaucoup moins depuis quelques années. C'est peut-être une façon de rentrer dans l'avenir à reculons…

Désormais, c'est principalement aux États-Unis que des sociétés de conseil, des universités réfléchissent pour des administrations publiques, des groupes d'industries et de services ; cela, qu'il s'agisse d'établir des scénarii géopolitiques, de situer la «famille», ses comportements dans les années 2020 ou l'évolution des biotechniques, du génie médical, des puces électroniques et leurs futurs impacts.

Un retour quelques années en arrière indique bien l'importance des changements de marchés, de produits, de métiers (services Internet, distributeurs bancaires, téléphones portables, e-commerce, gestion des transports, etc.), résultats d'évolutions techniques engagées et repérables dès les années 1980.

Quels que soient les domaines, les sources d'informations, il est donc toujours utile de mesurer quelques indicateurs essentiels par référence aux idées, thèmes de réflexion à mentionner dans une nomenclature «prospective». Le système d'information correspondant, dessiné sous la norme cube 3D (schéma suivant), indique les travaux à effectuer :

- rassembler, dans un seul système de lecture, les hypothèses, les résultats de travaux, disponibles de diverses organisations, ne serait-ce que pour mettre en évidence leurs convergences ou leurs divergences et s'interroger sur les raisonnements sous-jacents ;
- surveiller par idée, par thème, l'évolution de tel ou tel indicateur d'estimé ;
- comparer les estimations relatives à plusieurs idées, etc. ;
- s'interroger régulièrement sur l'évolution des estimés.

C'est en effet la meilleure façon d'approfondir les réflexions, même si beaucoup d'experts n'aiment pas revenir sur leurs estimés, sinon leurs certitudes…

Réfexion prospective, organisation des informations

Dans l'exemple ci-dessous, les thèmes de réflexion sont en colonnes des cubes, l'idée (1) porte pour exemple sur la «saisie automatique d'un document, à partir d'une simple dictée», les indicateurs mesurent en résultat des réflexions, le fait que l'idée est clairement exprimée ou non, (niveau d'expression), sa faisabilité, l'effort estimé pour la mettre en pratique, la capacité correspondante de l'entreprise.

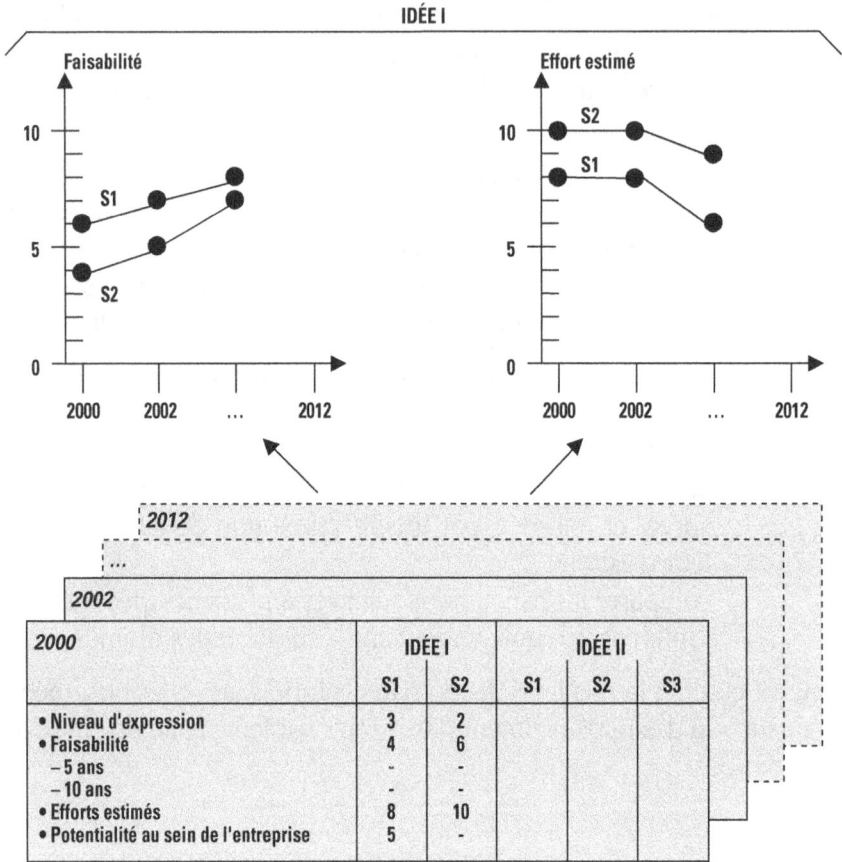

Schéma 6.1
Exemple de réflexion prospective, information de pilotage

Les évaluations s'effectuent par notation, par exemple de 1 à 10, les sources (source interne à l'entreprise S1, sources externes S2, S3) sont en sous-colonnes.

Les courbes de faisabilité (1) indiquent que les experts de l'entreprise (source S1) sont plus optimistes que les experts extérieurs (source S2) sur la possibilité d'appliquer l'idée. Leurs estimés des efforts à déployer pour développer des produits en appliquant l'idée (2) vont dans le même sens.

Les scénarii sont comparés régulièrement, par exemple tous les deux ou trois ans, ce qui requiert une certaine constance dans l'animation du dispositif, l'organisation des synthèses et une capacité à transmettre régulièrement les historiques et les explications sur les estimés initiaux aux nouveaux «arrivants».

Pratiquer l'«intelligence économique»

Les travaux d'évaluation et d'anticipation des marchés, des positions des concurrents, à court ou à moyen terme, justifient un effort de collecte, de rassemblement et de traitement d'informations de natures diverses (plusieurs fois évoquées dans les chapitres précédents). Ces informations portent par exemple sur :

- l'évolution des économies, les risques pays ;
- les tendances, les comportements des marchés ;
- l'annonce d'une innovation technique qui modifie l'offre ;
- la sortie de produits concurrents, les rapprochements de sociétés, les réorganisations commerciales ;
- la défaillance ou le succès d'un client principal, d'un fournisseur ;
- etc.

Cela rejoint la capacité de l'entreprise, de ses centres de responsabilité, à s'interroger sur les environnements, à identifier des enjeux en déployant à leur niveau la fonction «intelligence économique». Sous la coordination d'une personne (mi-temps, plein temps) ou d'une équipe de plusieurs personnes, selon les dimensions de l'entreprise, les personnels sont sensibilisés à la démarche de collecte et d'exploitation de renseignements extérieurs et formés à la synthèse des informations dont ils disposent dans le cadre de leurs activités. Par exemple, synthèse des :

- commerciaux, sur les marchés, les pratiques de la concurrence, les raisons d'un échec commercial ;
- acheteurs et producteurs sur les dernières offres fournisseurs, les possibilités d'un nouvel équipement, les tendances technologiques, les prix, les risques de dépendance, etc. ;
- personnes revenant de mission sur les résultats de séjours à l'étranger, les participations à un séminaire professionnel, avec en retour des évaluations de tendances, d'opinions, etc.

Avec des réunions périodiques pour effectuer régulièrement la revue des opinions des uns et des autres et en tirer les enseignements utiles.

Beaucoup d'entreprises utilisent mal, ou pas du tout, les connaissances de leurs personnels sur l'environnement, les marchés et les concurrents. Elles ne gèrent pas les informations qu'elles reçoivent de l'extérieur, bien qu'elles les paient parfois fort cher au niveau de tel ou tel service qui les utilise de façon exclusive et partielle. L'information de renseignement n'est pas traitée en profondeur, en prenant en compte le temps utile pour l'organiser, établir et suivre des synthèses, estimer des risques, anticiper des situations, par rapport auxquelles chaque acteur de l'entreprise adaptera ses pilotages.

Estimer les risques

L'information prospective, les évaluations de situation sont utilisées pour s'interroger sur des risques de telle ou telle décision. Au plan du court terme, et sous réserve de certaines précautions de méthode, ce peut être le sondage, auprès des consommateurs, construit pour évaluer des attentes des besoins, avant de décider des produits.

Au plan plus global des stratégies, des décisions opérationnelles à moyen long terme, ce peut être la réunion périodique des experts de l'entreprise, de consultants extérieurs pour procéder à des évaluations de situation et de risques. Ces évaluations sont étalonnées de façon simple avec la tenue à jour, discutée entre experts (toujours par adjonction), de la liste des facteurs de risques.

Évaluation des risques, organisation des informations

Cet exemple, dessiné sous norme cube 3D, puis construit pour appuyer les dialogues relatifs à des estimés de risques, est présenté ci-dessous. Les participants d'un groupe de travail, réunis selon les calendriers de pilotage, établissent une liste de leurs préoccupations quant aux évolutions susceptibles d'affecter les choix, les plans de l'entreprise, exemple ci-dessous :

- la liste des préoccupations est tenue à jour (I);
- chacun exprime ses appréciations par référence à une échelle de valeur : par exemple, note 1 = fort, 2 = moyen, 3 = faible, pour les estimés de situation; note 1 = amélioration, note 2 = stabilité, note 3 = dépréciation, pour les estimés d'évolution des situations;
- les notes correspondantes sont mémorisées dans un cube d'appui (II), les préoccupations sont en ligne, les participants, le total groupe, sont référencés en colonne;

● des réunions périodiques, par exemple tous les trois mois, portent sur la revue des préoccupations prioritaires (III) avec la tenue à jour des historiques, de l'évolution des opinions sur les risques (IV).

Ici, le risque technique «réalisation des nouveaux produits» est évalué, par exemple, au mois de mars :

● l'estimé (a) affiché est la moyenne des estimés de situation des différents participants. Cet estimé est comparé à la prévision effectuée trois mois plus tôt, estimé de tendance au mois de janvier (b), ;
● une prévision de niveau du risque est effectuée pour juin (c), période de la prochaine évaluation.

En janvier, le groupe de travail estimait le risque moyen sans perspective d'évolution de janvier à mars. En mars, il estimait le risque plus faible et en diminution (tendance à juin).

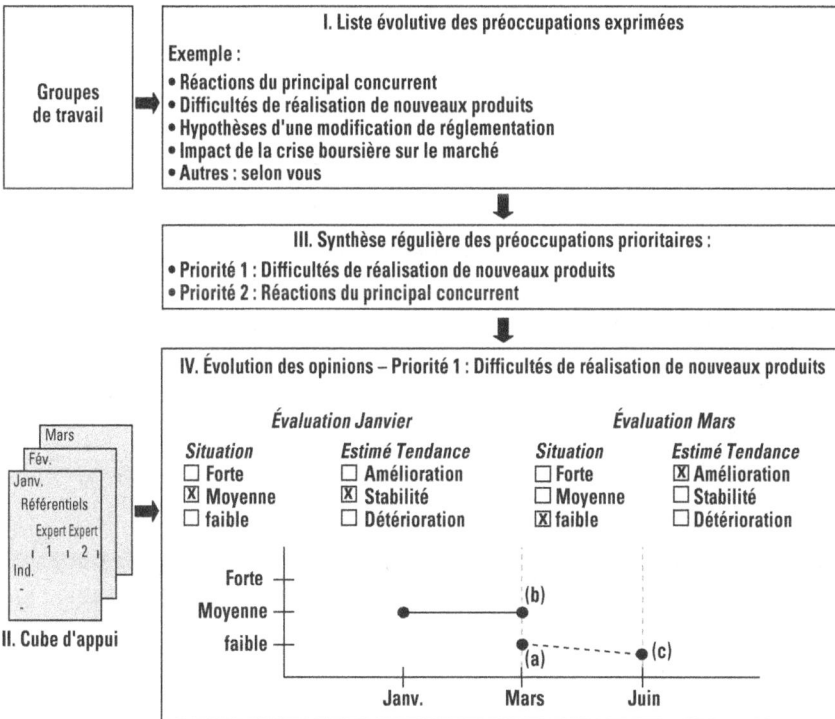

Schéma 6.2
Exemple d'estimé des risques, information de pilotage

Cette démarche est applicable à tous les niveaux de l'entreprise (programmes de développement, achats, domaine social, etc.), avec la définition d'indicateurs appropriés.

Exprimer les choix stratégiques, en amont des objectifs opérationnels

Les objectifs stratégiques de l'entreprise sont les objectifs généraux qu'elle se fixe à plus ou moins long terme, en définissant par là même des priorités de développement et des axes de travail. Ces objectifs relèvent de l'expression des priorités du dirigeant d'entreprise, selon ses ambitions, son tempérament, ses intuitions (en particulier dans les entreprises où il a la légitimité de fondateur), appuyée ou non par un travail systématique de réflexion.

Plusieurs démarches et méthodes sont appliquées, parfois en fonction d'effets de mode, car il y a toujours la dernière méthode en provenance des États-Unis. Les principales sont enseignées dans les écoles de management, proposées par les cabinets de consultants, matrice stratégique du Boston Consulting Group, modèle des cinq forces de Michael Porter, modèle *SOWT*, forces, opportunités, menaces, faiblesses, etc.

Chacune apporte un ou plusieurs éclairages pour situer les marchés, évaluer les portefeuilles produits, les concurrences, les facteurs clef de réussite, sous telle grille de lecture, pour s'interroger sur les situations, les positions de l'entreprise et surtout pour définir ses objectifs stratégiques marchés produits. Ces travaux sont prolongés par des démarches complémentaires, *Balance score card, break trough objectives,* en particulier dans de grandes entreprises, pour identifier et réduire les problèmes d'application effective des stratégies.

Ces méthodes sont décrites dans de nombreux ouvrages, dans les cours d'universités, d'écoles de commerce, etc. Sans plus aller dans leur détail, nous devons remarquer que toutes requièrent des informations sur les marchés, les produits, l'entreprise qui sont des informations de pilotage. Il est donc intéressant de ne pas limiter l'intérêt de ces méthodes à la définition des stratégies. Elles indiquent en effet des critères d'analyse stratégique, des calculs à effectuer sur les informations marchés produits, (par exemple, les courbes du Boston) qui sont applicables régulièrement.

Il faut alors prendre en compte les référentiels stratégiques marchés produits et mesurer les indicateurs associés sur les postes de pilotage. C'est développer ainsi une capacité d'évaluation stratégique, avec la relecture des informations de réalisés sous les référentiels stratégiques, désignés dans la nomenclature de pilotage produits, dont ils constituent le niveau le plus haut, avec la définition de catégories de marchés, de clients ou de regroupements de produits commercialisés (p. 124).

Relier objectifs stratégiques et objectifs opérationnels

Les choix stratégiques de l'entreprise se traduisent par les objectifs d'évolution du portefeuille produits, planifiés plus précisément dans le compte de pilotage produits (p. 14). Comme nous l'avons alors indiqué, les plans d'évolution du portefeuille produits sont établis à partir :

- d'évaluations des marchés, des opportunités de développement (voir explications ci-dessus) ;
- d'une revue du portefeuille des produits en exploitation, pour analyser les positions, les performances des produits ;
- de projets de développement nouveaux produits.

Avec des synthèses par segment de marché, modes de distribution. La nomenclature de pilotage produits peut être croisée avec une nomenclature des marques commerciales, si besoin est.

Les objectifs produits sont ensuite déclinés au niveau de tous les centres responsabilité, qui la planifient leurs comptes sur objectif.

Construire le compte d'exploitation, sous normes de pilotage

La planification du compte de pilotage produits indique pour la durée du plan opérationnel moyen long terme :

- les marges prévisionnelles d'exploitation des produits ;
- les coûts d'exploitation, de développement, des produits, qui sont les montants des contributions des centres opérations.

De façon complémentaire, la planification des centres de responsabilité met en évidence leurs amortissements prévisionnels, c'est-à-dire le coût de mise à disposition des actifs, avec le rappel du montant des investissements concernés, disponible aussi au niveau des centres support.

Le compte d'exploitation prévisionnel, sous normes de pilotage, placé au niveau des directions générales (entreprise, *business unit*) est la **passerelle** entre, d'une part, les comptes produits, les comptes de contribution qu'elles coordonnent et, d'autre part, le compte de financement.

En premier lieu, le compte d'exploitation prévisionnel rassemble :

- les prévisions du total des recettes et des coûts (concessions commerciales, montant des contributions aux produits), la marge d'exploitation, les besoins en fonds de roulement du compte produits ;
- le montant des amortissements intégrés dans les coûts des produits, mesurés dans les comptes des centres contributeurs, et le montant des investissements qui les déterminent.

La marge d'autofinancement est calculée (marge d'exploitation plus amortissement, dans le schéma d'exemple suivant sans les provisions). Les provisions liées aux produits, dans le compte produits ou aux ressources, dans l'un ou l'autre des comptes de centres contributeurs, s'y ajouteraient sans incidence pour les explications du chapitre.

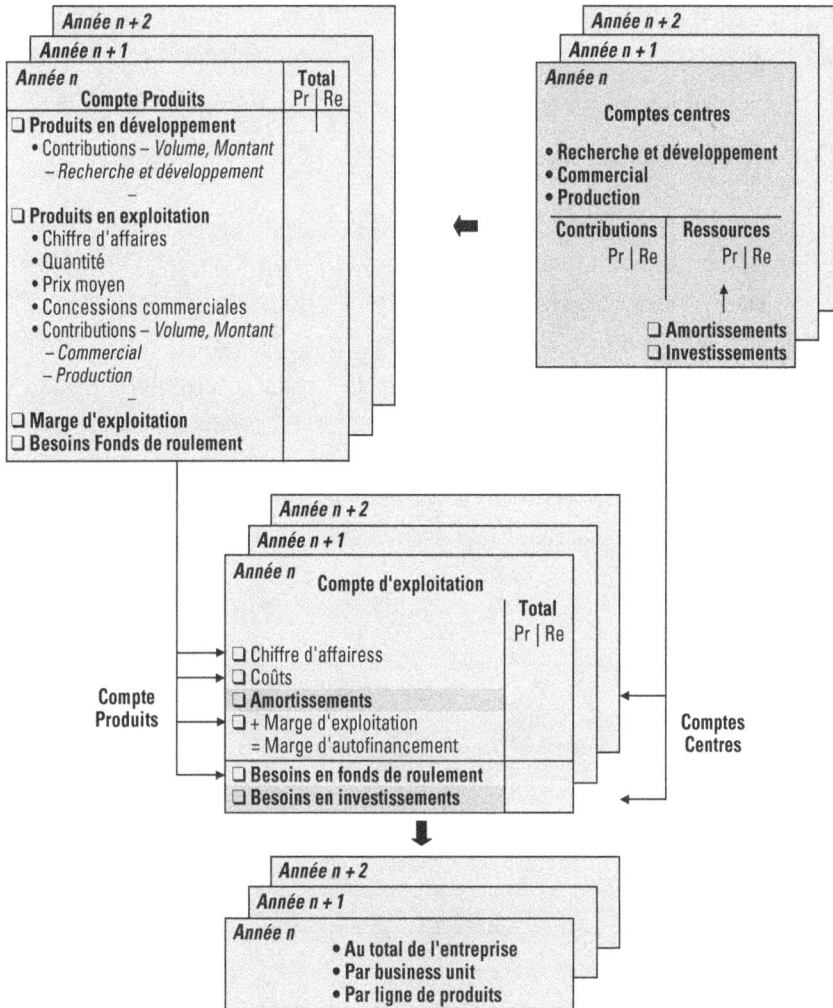

Schéma 6.3
Le couplage compte produits, comptes centres, compte d'exploitation

En second lieu, il indique les ressources (marge d'autofinancement) et les besoins de financement de l'exploitation (investissement et fonds de roulement), à prendre en compte dans le plan de financement de la stratégie de l'entreprise.

Selon l'organisation, les dimensions de l'entreprise, cette construction est effectuée au global par *business units*, lignes familles de produits, par filiales, etc.

Construire le plan de financement

Le compte de financement (schéma ci-après) est complété par les prévisions sur les ressources, autres que l'autofinancement, à mobiliser pour couvrir les développements de l'entreprise, investissements, fonds de roulement.

Ces prévisions distinguent les apports de capitaux (augmentations de capital), les emprunts sous diverses formules, etc., mais aussi les sorties de capitaux pour les charges financières liées au mode de financement retenu (rémunération, remboursements d'emprunts, rémunération des actionnaires) et aux acteurs concernés (banques, marchés financiers, etc.).

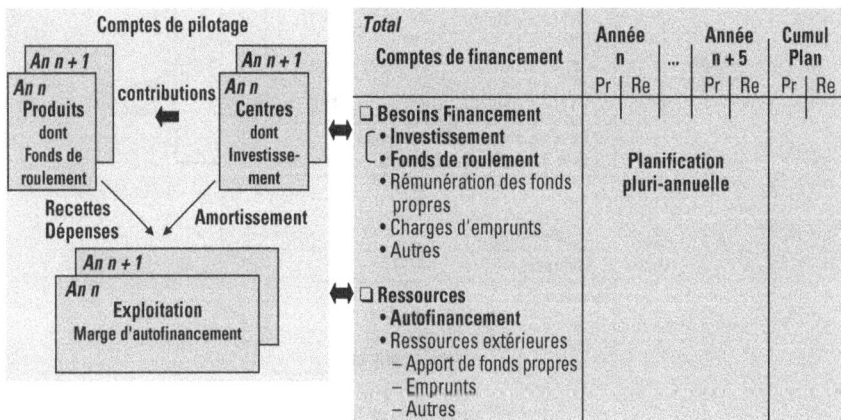

Schéma 6.4
Les relations, les arbitrages entre comptes

Les équilibrages du compte de financement sont effectués par ajustement réciproque des ressources et des besoins de financement, avec la possibilité de remonter dans les comptes produits, les comptes centres, etc., dont les données sont mémorisées dans le système de pilotage.

Bien sûr, les indicateurs du compte de financement et du compte d'exploitation sont mesurés au total de l'entreprise, par *business unit,* par filiale, etc. déclinables par lignes de produits, etc., selon l'organisation de l'entreprise et des responsabilités financières.

Des indicateurs de bilan les complètent pour disposer d'un bilan prévisionnel, sous norme de pilotage, avec le bouclage : compte d'exploitation, compte de financement, bilan.

Les informations correspondantes sont gérées selon la norme cube 3D, avec toutes les possibilités de lecture et de traitement associées. Les modèles de pilotage sont utilisés pour simuler et planifier du compte d'exploitation au compte de financement, vice-versa, puis effectuer pour les allers retours utiles vers les comptes de pilotage produits, centres, et caler les hypothèses de travail sur les objectifs globaux d'exploitation et de financement finalement retenus, après arbitrage.

Chaque centre de responsabilité, direction générale, *business unit,* centre opération, etc., peut simuler à son niveau des options à étudier, leurs conséquences en amont et en aval dans la chaîne des comptes.

Cette démarche générale de pilotage sur objectif est applicable à toutes les entreprises, quelles que soient leurs stratégies de croissance :

- une stratégie de **croissance interne**, basée principalement sur le renouvellement et le déploiement de portefeuilles produits existants, avec des efforts de développement interne, et les financements associés ;
- une stratégie de **croissance externe** basée sur le rachat d'entreprises extérieures. Notons qu'il est important d'évaluer le niveau et les pratiques de pilotage, la transparence des informations opérationnelles d'une entreprise à racheter (évaluation de l'existant). C'est en effet une garantie de moindre risque pour «prendre possession» de l'entreprise, suivre la justesse des hypothèses d'exploitation avec la mise en place d'indicateurs de pilotage, pour rallier les personnels au pilotage sur objectif et promouvoir l'exercice des responsabilités ;
- ou la combinaison des deux, selon les *business units,* les pays.

Certaines entreprises de forte culture industrielle privilégient la prospective stratégique, les évaluations de marché, le pilotage du portefeuille produits, sur des critères de rentabilité. Elles en déduisent les plans d'investissement, d'exploitation, les équilibres de financement, et ajustent en conséquence leur politique de développement.

D'autres élaborent des stratégies financières basées sur la recherche des meilleurs rendements du capital investi. Elles cherchent à construire le portefeuille d'activités le plus rentable, en pratiquant des politiques d'acquisition, avec revente ultérieure des activités les moins avantageuses. Dans ce second cas, les démarches précédentes s'appliquent à «l'envers», en planifiant le compte produits sous les contraintes d'autofinancement et d'investissement, dictées par les objectifs de rentabilité du compte de financement. Ses équilibres sont alors déterminés par la meilleure rémunération des capitaux amenés par les actionnaires avec, en amont, les montages financiers qui leur permettent de les mobiliser à leur profit, à partir d'une mise initiale.

Les cubes de base (financement, exploitation) sont les mêmes, les modèles de pilotage gèrent les tableaux de travail dans un ordre différent.

D'autres entreprises enfin sont contraintes par une limite de mobilisation des ressources extérieures et d'ouverture de leur capital. Par exemple, préserver l'indépendance de leur actionnariat les limite dans leur développement. Elles peuvent alors simuler des alternatives de développement : positionnement sur les activités les plus rentables, réaménagement de leurs emprunts, etc.

Piloter sur objectif les contributions des centres

Chaque centre de responsabilité planifie ses objectifs de contributions, suit les cheminements sur objectif, selon les démarches expliquées dans les chapitres précédents, avec l'emploi associé de son poste de Bureautique de pilotage. Le schéma suivant résume le dispositif correspondant expliqué en détail chapitre 5.

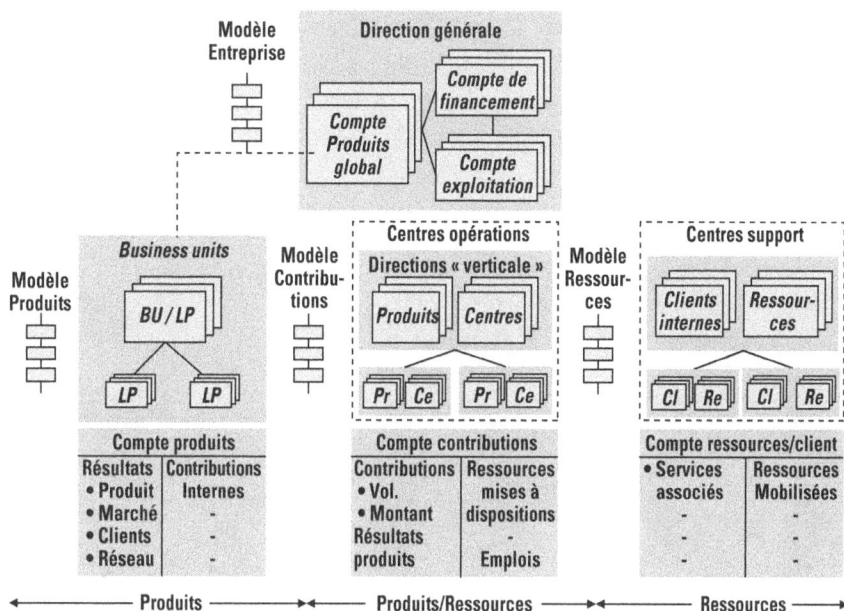

Schéma 6.5
Les comptes de pilotage sur objectif, synthèse

Coordonner le pilotage de l'entreprise et de ses centres

La coordination du pilotage général de l'entreprise avec celui de ses différents centres requiert l'organisation de réunions entre pilotes pour choisir les objectifs, préparer les plans de l'entreprise, dont chacun détient une partie, avoir les dialogues nécessaires sur les engagements de performance, la régulation des cheminements sur objectif, etc.

Il faut donc mettre en place des instances de synthèse et d'arbitrage (comité stratégique, comité opérationnel) et leur démultiplication dans l'entreprise. Cette organisation varie selon les entreprises.

Il s'agit également d'établir le calendrier des séquences de pilotage de l'entreprise, décliné dans toute sa structure. Ce calendrier général précise l'organisation et le chaînage des travaux, en prenant en compte :

- la préparation des stratégies, des plans à moyen terme, des plans annuels (1);
- les allers-retours entre les hiérarchies verticales, transversales (centres coordinateurs) et les centres opération, support, pour les prises de décision liées à leurs domaines (2);
- les «productions» associées du système de pilotage, avec l'emploi des modèles, comptes et tableaux de bord (3).

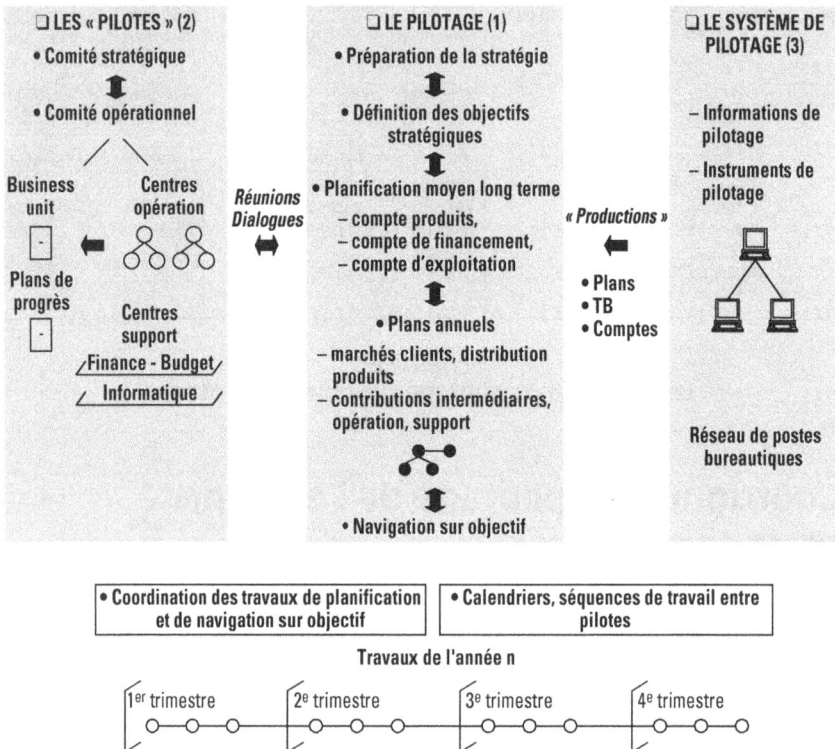

Schéma 6.6
La coordination du pilotage de l'entreprise et de ses centres

C'est un dispositif qui n'est pas complexe :

- comparé aux systèmes de planification en place dans certaines entreprises, à leurs conditions réelles de fonctionnement, à leurs coûts et aux résultats obtenus;
- si l'entreprise a engagé, au préalable un effort d'organisation

de ses informations, de ses raisonnements, tout en plaçant ses responsables en position de «pilotes».

Une condition de base est la disponibilité des responsables, des personnels, désignés pour effectuer les travaux intermédiaires et participer aux groupes de travail. Ce n'est pas toujours le cas, si l'entreprise est prisonnière :

- des priorités, des urgences quotidiennes, et n'a pas le temps de la réflexion avant l'action, ne comprend pas que la majeure partie de ses difficultés résulte d'un manque de préparation et de maîtrise de ses plans sur objectif;
- de procédures de planification administrative, centralisées, axées principalement sur la préparation de budgets financiers, le contrôle des écarts de résultats, de coûts, par les «technocraties internes», sans relation transparente avec les opérationnels;
- de problèmes de méthode et de management pour intégrer les diverses lectures de planification (plan moyen terme, plans, budgets annuels, etc.), parce qu'elles relèvent de différentes équipes et approches, avec des systèmes d'information parallèles.

Calendrier de pilotage sur horizon mobile

Durant le premier trimestre de l'année, qui s'engage, année N, et après clôture des gestions de l'année N-1 :

- les objectifs des plans à moyen et à long terme, sont «revisités», une année complémentaire (année N+5 sur le schéma suivant) est prise en compte, **prévision sur horizon mobile**;
- les travaux de révision des objectifs de l'année N, à mi-parcours sont engagés, tout en situant les cadrages de l'année N+1 dont les objectifs globaux sont déclinés du plan à moyen et à long terme.

Ces travaux sont conduits en tenant compte des constats effectués sur les réalisés de l'année N-1, des enseignements apportés tous les mois par les tableaux de bord de navigation sur objectif de l'année N, en particulier sur les causes d'écart, les centres impliqués, les difficultés rencontrées.

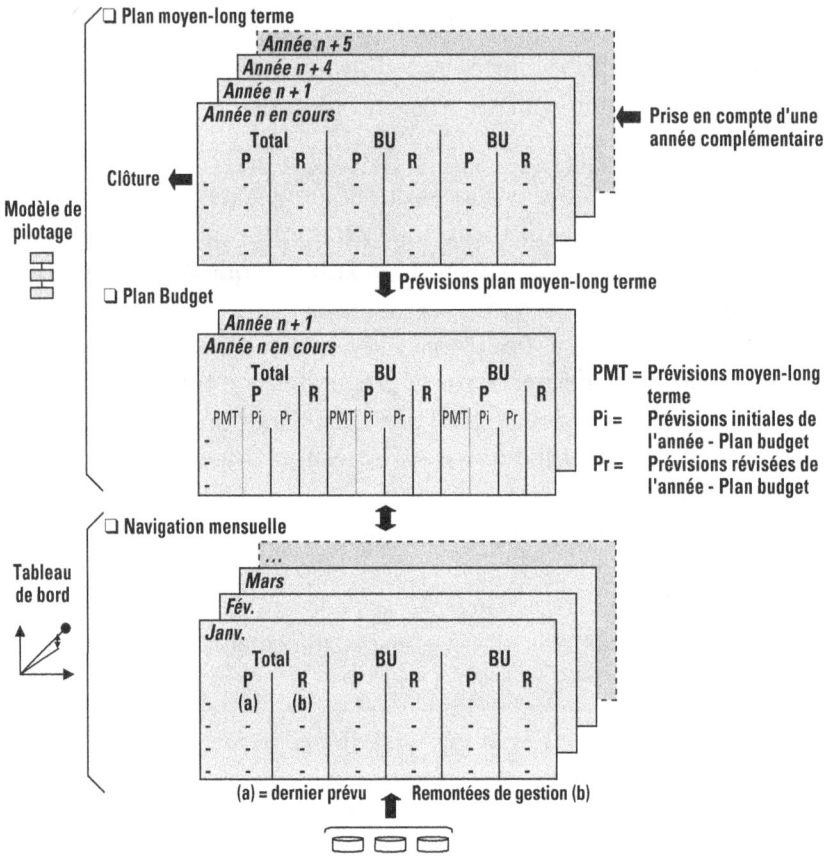

Schéma 6.7
**Le pilotage réactif, les allers retours long terme,
moyen terme, court terme**

Le système des cubes 3D est géré en conséquence, avec les transactions utiles entre cubes, ce qui garantit la cohérence des lectures et la réactivité du système de pilotage.

Le tableau suivant indique pour exemple, trimestre par trimestre :

- les travaux effectués par référence aux différents horizons de planification, plan moyen long terme, révision de l'année en cours, préparation de l'année N+1 ;
- les résultats des diverses étapes de travail.

1er trimestre

Année N-1 ➡	Plan moyen, long terme ➡	Année en cours N ➡	Année à venir N + 1
• Bilan d'expérience de l'année : – Résultats sur objectif produits contributions intermédiaires – Résultats sur objectif de performance opérationnelle – Résultats sur objectif de mobilisation des ressources ⬇ • Causes d'écarts, leçons à tirer – *idem pour les plans de progrès*	• Adaptation du plan moyen, long terme en tenant compte de la « remontée » des réalisés de l'année N-1 et d'évolutions de la stratégie • Prise en compte d'une année complémentaire « horizon mobile » – *ex : N + 5*	• Évaluation des cheminements sur objectif, réalisés de l'année N-1 • Navigation mensuelle sur objectif • Préparation du plan – budget annuel révisé par exemple pour la mi-année	• Cadrage des évolutions de l'année à venir N + 1 en cohérence avec les autres exercices, *plan moyen, long terme, révision de l'année en cours*

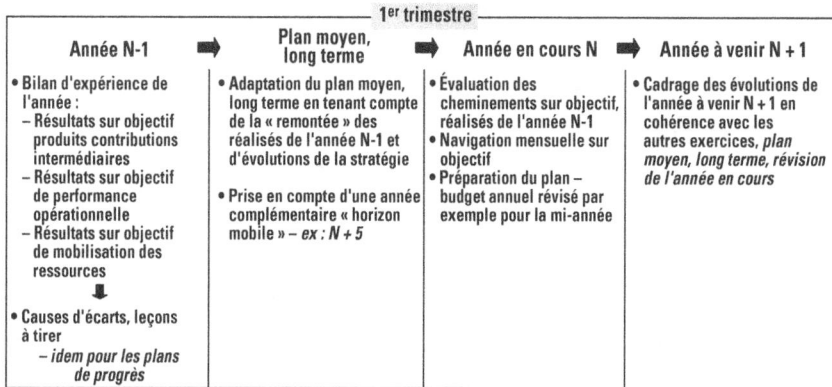

❑ Résultats : • Plan moyen-long terme actualisé
　　　　　　　 • Cadrage des plans et des budgets révisés de l'année en cours N
　　　　　　　 • Cadrage des évolutions de l'année à venir N + 1
❑ L'horizon de lecture des plans opérationnels est de 9 mois, avec :
　　　　　　　 • des données mensualisées, pour l'année en cours,
　　　　　　　 • un cadrage général de l'année à venir

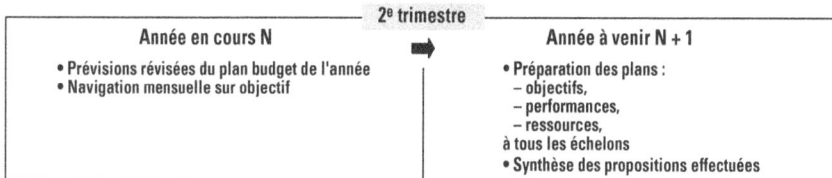

2e trimestre

Année en cours N ➡	Année à venir N + 1
• Prévisions révisées du plan budget de l'année • Navigation mensuelle sur objectif	• Préparation des plans : – objectifs, – performances, – ressources, à tous les échelons • Synthèse des propositions effectuées

❑ Résultats : • Plan révisé de l'année en cours N
　　　　　　　 • Synthèse des propositions année à venir N + 1, premier cadrage
❑ L'horizon de lecture des plans opérationnels est de :
　　　　　　　 • 6 mois pour l'année en cours N,
　　　　　　　 • avec une première version avant arbitrage de l'année à venir N + 1

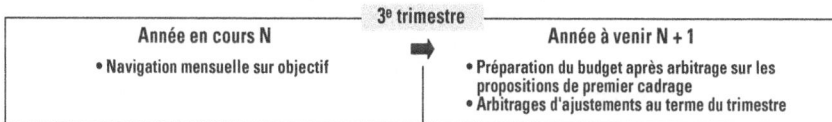

3e trimestre

Année en cours N ➡	Année à venir N + 1
• Navigation mensuelle sur objectif	• Préparation du budget après arbitrage sur les propositions de premier cadrage • Arbitrages d'ajustements au terme du trimestre

❑ Résultats : • Suivi et régulation de l'année en cours N
　　　　　　　 • Budget de l'année à venir N + 1
❑ L'horizon de lecture des plans opérationnels est de :
　　　　　　　 • 3 mois pour l'année en cours N,
　　　　　　　 • avec la première version du budget de l'année à venir N + 1 mensualisé

4e trimestre

Année en cours N ➡	Année à venir N + 1
• Navigation mensuelle sur objectif	• Mise en place des plans et du budget « initial » • Mensualisation des plans

❑ Résultats : • Suivi et régulation de l'année en cours N
　　　　　　　 • Budget mensualisé de l'année à venir N + 1
❑ L'horizon de lecture des plans opérationnels est de :
　　　　　　　 • 12 mois pour l'année à venir N + 1
　　　　　　　 par référence aux objectifs du plan moyen-long terme

Schéma 6.8
Exemple de calendriers et séquences de pilotage

La lisibilité des objectifs opérationnels et de leurs conditions de réalisation varie de 15 mois (à la fin du troisième trimestre) à 6 mois (à la fin du deuxième trimestre), avec, dans ce dernier cas, la possibilité de se référer à un cadrage des objectifs de l'année N+1 avant arbitrage (lisibilité de 12 mois).

Ce tableau intègre les étapes et les séquences de travail d'une entreprise, qui prend en compte toutes les fonctions du pilotage sur objectif, avec l'emploi des cubes et instruments de pilotage.

Ce modèle est adapté sur le terrain, selon les enjeux, les dimensions de l'entreprise, le système de planification dont elle dispose déjà.

Une entreprise reprise dans des conditions difficiles exigera peut-être une planification **dirigée par le haut** alors que, pour une autre, il sera préférable, compte tenu de l'expérience, des capacités de management interne, de planifier **par arbitrage** sur les propositions des centres.

Dans tous les cas, les informations de pilotage sont identiques, les modèles de pilotage fonctionnent simplement sur différents scénarii, avec la possibilité de **passer** d'un mode de planification à l'autre, selon les circonstances et l'utilité à le faire.

Mettre en place l'équipe projet de pilotage de l'entreprise

Le dispositif qui vient d'être présenté est mis en place et géré, comme nous l'avons indiqué en début de chapitre, par le(s) responsable(s) du projet pilotage de l'entreprise qui anime(nt) et coordonne(nt) des correspondants dans les centres placés sous normes de pilotage et, de surcroît, principaux utilisateurs des postes de pilotage.

Il y a donc une relation exacte entre le réseau des entreprises particulières, le réseau des postes de Bureautique de pilotage, le réseau des correspondants

Les objectifs techniques de l'équipe projet pilotage sont, selon les cas et les étapes :

> * la sensibilisation des personnels, la formation des cadres aux méthodes du pilotage, avec les actions pédagogiques correspondantes, la mise en œuvre des lexiques, des règles, des pro-

cédures d'application, appuyée par l'emploi de tableurs normés, la coordination d'actions auprès de l'informatique pour que des synthèses périodiques de gestion soient organisées. Tout cela concerne aussi une petite entreprise;

- la mise en œuvre d'un poste de pilotage prototype «communautaire» pour plusieurs centres, afin d'organiser les informations sous normes cubes 3D, de construire et faire fonctionner les instruments de pilotage, d'assurer l'optimisation des traitements, avant de répartir le système sur les postes de Bureautique de chaque centre et d'accompagner le déploiement des méthodes de pilotage;
- l'administration du réseau de postes, des remontées de gestion, des échanges d'informations entre cubes optimisés, et un fonctionnement des postes en phase avec les séquences de pilotage général de l'entreprise déclinées à tous les niveaux. Cette administration porte sur la tenue à jour du lexique des indicateurs et des nomenclatures, l'évolution des modèles de pilotage, des tableaux de bord, selon les pratiques et le niveau des pilotes, les adaptations du réseau de postes en fonction des changements d'organisation.

Dans tous les cas, cette équipe perçoit rapidement les véritables enjeux :

- la mesure de données de pilotage (prévu, réalisé) fiables, car les raisonnements et les conditions de synthèse des données de gestion sont clairs;
- la transparence des vocabulaires, des relations entre directions, services et personnes, la capacité de lecture des problèmes dans leur dimension économique;
- des comportements d'entrepreneurs à tous les échelons.

Avec les options de direction, les dialogues, les pédagogies, les formations que cela appelle dans toute l'entreprise.

La quantité de Bureautique à mettre en support n'est pas une barrière. À l'époque des GPS individuels, des agendas électroniques, des téléphones portables, elle se justifie très vite par les facilités de traitement qu'elle apporte pour suivre, au niveau de chaque centre, entreprise particulière, une vingtaine d'indicateurs, points d'appui des calculs et des raisonnements de pilotage.

L'équipe projet et son responsable sont donc les **chefs d'orchestre**, les **catalyseurs**, les **ambassadeurs** d'une démarche de progrès. Le responsable met en évidence les décisions à prendre au niveau des dirigeants, anime le réseau des correspondants relais dans les centres. Il coordonne aussi des groupes de travail pour promouvoir la démarche, établir les relations utiles avec l'informatique de gestion, coordonner les séquences, les productions de pilotage.

L'évaluation de l'existant est une première étape de son action pour jauger la situation, établir la diplomatie de terrain. Une seconde étape est la mise en place d'une maquette de démonstration, puis d'un prototype opérationnel. Il s'agit de prouver, dans un délai court, l'intérêt et les résultats d'une démarche de pilotage, tout en provoquant la prise de conscience des nouvelles dimensions que peuvent prendre l'entreprise, ses responsables et ses personnels.

Conclusion

Le schéma suivant résume les exigences auxquelles il faut répondre (2) pour mettre en œuvre le pilotage sur objectif d'une entreprise et de ses centres de responsabilité (1), de la stratégie à l'action.

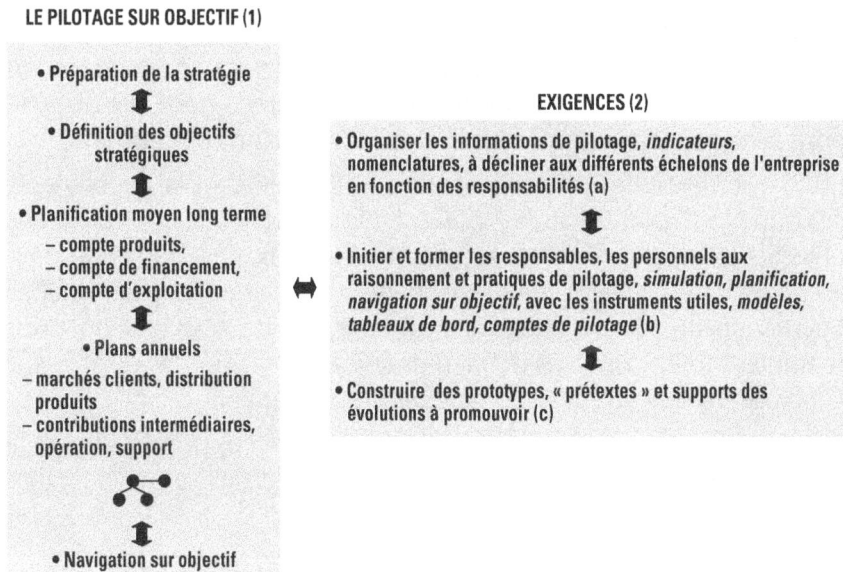

LE PILOTAGE SUR OBJECTIF (1)

- Préparation de la stratégie
- Définition des objectifs stratégiques
- Planification moyen long terme
    - compte produits,
    - compte de financement,
    - compte d'exploitation
- Plans annuels
- marchés clients, distribution produits
- contributions intermédiaires, opération, support
- Navigation sur objectif

EXIGENCES (2)

- Organiser les informations de pilotage, *indicateurs*, nomenclatures, à décliner aux différents échelons de l'entreprise en fonction des responsabilités (a)

- Initier et former les responsables, les personnels aux raisonnement et pratiques de pilotage, *simulation, planification, navigation sur objectif*, avec les instruments utiles, *modèles, tableaux de bord, comptes de pilotage* (b)

- Construire des prototypes, « prétextes » et supports des évolutions à promouvoir (c)

Schéma 6.9
De la stratégie à l'action, piloter sur objectif

Les relations entre objectifs stratégiques, objectifs d'évolution du portefeuille produits, de contributions intermédiaires et de ressources à mettre en œuvre sont balisées et gérées par des **comptes de pilotage**, les entrées des uns étant les sorties des autres (schéma 6.5).

Ces comptes sont établis par les centres (coordinateur, opération, support) qui se partagent la préparation et la réalisation des plans en fonction des partages de responsabilités dans l'entreprise.

À chaque niveau, ils indiquent les conditions de réalisation des objectifs (**prévus**), en particulier les hypothèses de performances. Le suivi des **réalisés** est établi par synthèse des données de gestion opérationnelles des centres.

Le couplage entre le **système de pilotage** et les **systèmes de gestion** est assuré avec prise sur l'opérationnel.

Pour tenir à jour ses comptes, chaque centre mesure une vingtaine d'**indicateurs**, en se référant aux termes de la nomenclature de pilotage de l'entreprise pour les marchés, les modes de distribution, les produits, les contributions, les ressources, qui le concernent. Cette nomenclature des **référentiels** de pilotage, par rapport à laquelle se mesurent les prévisions, les réalisations de chaque centre et de l'entreprise, est la **colonne vertébrale** du système des informations de pilotage.

C'est une première exigence que de mettre en service les indicateurs et une première nomenclature de pilotage de l'entreprise (point a du schéma) et de les documenter par les informations dont elle dispose pour l'engager dans une démarche de pilotage sur objectif.

Chaque centre effectue ses raisonnements, ses calculs de pilotage, ceux que tout pilote pratique, pour établir ses plans de vol (calcul des objectifs à atteindre, des ressources nécessaires, des étapes de progression intermédiaire), mettre évidence des ratios de performance opérationnelle, des indicateurs économiques de résultats ou pour remonter aux hypothèses de plan de vol, en fonction des dérives sur la trajectoire prévue et reprogrammer la suite du vol.

À ce niveau, ce qui est en question (point b), c'est l'**apprentissage** et la **pratique** d'une démarche, l'acquisition de réflexes, au même titre qu'on apprend à conduire une voiture : en allant de la méthode à son application sur le terrain.

Enfin, chaque centre de responsabilité (entreprise de quelques personnes, centre coordinateur, opération, support d'une grande entreprise) dispose d'un poste de Bureautique de pilotage pour gérer les informations, faire fonctionner les instruments de pilotage (modèle, comptes de pilotage, tableau de bord de navigation sur objectif) avec des outils de Bureautique simples.

Les postes de Bureautique de pilotage garantissent l'intégrité des informations, des raisonnements de pilotage, des échanges entre centres.

Les pilotes en retirent tous les avantages pour les travaux de planification, de tableaux de bord, les synthèses **verticales** ou **transversales**, à partir d'un **seul** jeu d'information. Le pilotage de l'entreprise est sim-plifié, réactif, coordonné entre les pilotes.

La construction d'un prototype (point c) est une première étape pour disposer d'une plate-forme de travail, de pédagogie et tester le fonc-tionnement des instruments de pilotage, avant de déployer le système sur d'autres postes dotés de leurs données spécifiques.

L'ensemble de cette organisation garantit que les enjeux, les objectifs et les problèmes de l'entreprise sont **partagés** et **répartis** entre ses dirigeants, son encadrement intermédiaire et ses personnels. Chacun, placé en position d'**entrepreneur**, est conscient des environnements complexes, au sein desquels évolue l'entreprise. Chacun connaît les objectifs stratégiques de l'entreprise, leurs exigences à son niveau, la part de ses responsabilités dans leur réalisation. Chacun tient ses comptes de pilotage, par rapport à ses engagements, et optimise en conséquence ses décisions et ses actions.

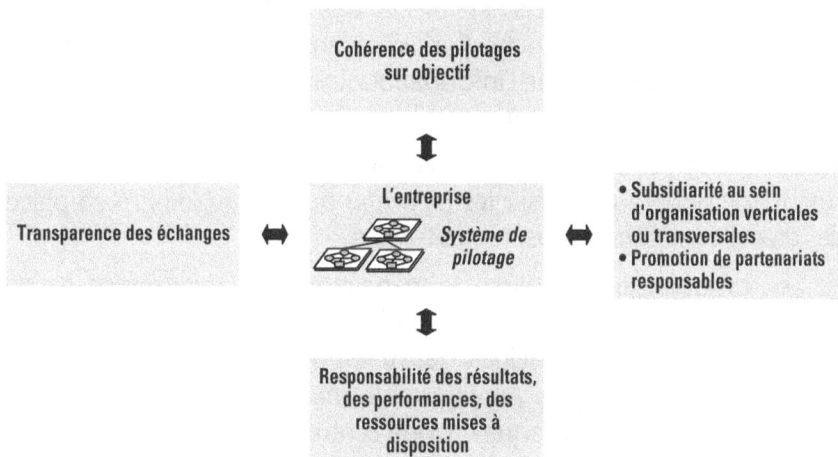

Cohérence des pilotages sur objectif

↕

| Transparence des échanges | ⬌ | L'entreprise
Système de pilotage | ⬌ | • Subsidiarité au sein d'organisation verticales ou transversales
• Promotion de partenariats responsables |

↕

Responsabilité des résultats, des performances, des ressources mises à disposition

Schéma 6.10
Cohérence, transparence, performance, responsabilités partagées

L'entreprise est **reconfigurée** autour de ses centres de responsabilité, **reconnus** et **promus** comme des entreprises particulières qui se coor-donnent par la référence à un même vocabulaire de pilotage, par des échanges d'information de pilotage ordonné en transversal et en ver-tical et par la véritable application du **principe de subsidiarité**.

La démarche de pilotage est conduite en associant, selon l'entreprise, sa situation managériale et ses dimensions :

- les actions techniques de construction des informations et des instruments de pilotage, en procédant par étape, du général au particulier ; chaque étape justifiant la suivante par ses résultats ;
- les explications de méthode, les exercices pratiques sur poste de Bureautique, les réunions de définition et d'emploi des informations, instruments de pilotage et les discussions sur les résultats.

Il faut alors s'interroger en permanence sur les meilleurs chemins à pratiquer pour obtenir l'adhésion des responsables, des personnels, faire en sorte qu'ils s'approprient les méthodes et les instruments. Ce n'est pas toujours simple, en particulier si :

- l'entreprise n'est pas transparente, car soumise à des conflits internes avec des «baronnies» de pouvoir d'information, ou satisfaite des seules approches financières ;
- les dirigeants, tout en pensant promouvoir les responsabilités, n'ont aucun doute sur l'organisation en place, les états d'âme de leurs personnels et le niveau des performances ;
- les problèmes de gestion de management sont supposés réglés demain, car l'informatique nous promet ses nouvelles applications, ses nouveaux logiciels d'aide à la décision.

Mais, au-delà des efforts souvent engagés pour optimiser les processus opérationnels, organiser le *reporting* de gestion, mettre en place de nouvelles organisations, ne faut-il pas :

- moderniser le pilotage, le management de l'entreprise, associer toutes ses forces à un projet motivant ?
- appliquer des principes, des méthodes, des outils simples ?,
- considérer que le pilotage et le management de l'entreprise sont efficaces, lorsque chaque centre sait se piloter et se gérer efficacement ?
- doter ses responsables, ses personnels, de «bottes de 7 lieues» (informations, instruments, formations de pilotage), pour qu'ils regardent devant, imaginent des stratégies, fassent des plans et les adaptent rapidement aux événements, se prennent au jeu d'être les meilleurs, sans attendre que le ciel ne leur tombe sur la tête ?

> «À ceux qui voient loin il n'est rien d'impossible,
> mais pour bâtir haut, il faut creuser profond.»
>
> ANONYME

Glossaire et termes clés

Centres de responsabilité, entreprise particulière

Les centres de responsabilité sont les centres **coordinateurs** (direction générale, états-majors de *business unit*, de directions du développement, de la production, du commercial, direction d'un centre), les centres **opération** responsables de la commercialisation, du développement, de la production, de la logistique des produits, les centres **support** qui gèrent les ressources physiques (effectifs, actifs de travail) des autres centres, ou qui assurent des prestations internes (comptabilité, informatique, juridique, finance, etc.).

Dans une démarche de pilotage sur objectif, tout centre de responsabilité est considéré comme une entreprise particulière, parce qu'il est toujours client ou fournisseur d'un autre centre de l'entreprise, avec la responsabilité et les engagements que cela indique. Chaque centre, entreprise particulière, dispose d'un système de pilotage et applique les logiques du pilotage. Le système de pilotage de chaque centre est l'un des «maillons» du système de pilotage coordonné de l'entreprise.

Une entreprise de quelques personnes est un centre de responsabilité unique, tandis qu'une entreprise de grande dimension peut rassembler des centaines de centres de responsabilité.

Cohérence

La cohérence du pilotage d'une entreprise est garantie par le fait que chaque centre pilote ses activités, en se référant aux nomenclatures de pilotage (des produits, des ressources) de l'entreprise. Ces nomenclatures sont déclinées du général au particulier : par exemple, pour les produits, par *business units*, puis par lignes, par familles de produits, et ce jusqu'au niveau des nomenclatures de travail (nomenclature commerciale des produits, des productions, des projets en développement, etc.) de chaque centre.

Contribution

Les contributions de chaque centre de responsabilité sont mesurées en volume d'unités d'œuvre de pilotage (jour homme femme équivalent plein temps, heure d'actifs de travail). Les montants correspondants sont les valeurs ajoutées du centre aux produits et aux services de l'entreprise.

Les contributions en UO sont rapportées à des quantités et à des valeurs de produits ou de prestations (produits, prestations commercialisées, contributions intermédiaires), qui sont délivrés par le centre et désignés dans la nomenclature de pilotage produits de l'entreprise.

Coordination verticale et transversale

Un système de pilotage par objectif permet de planifier et de coordonner les activités de l'entreprise par référence à des objectifs verticaux (objectifs liés aux ressources, à leurs emplois par les centres de responsabilité) et par rapport à des objectifs transversaux (objectifs marchés, produits, de progrès internes).

Cubes 3D©

Le cube 3D est une norme de dessin de l'organisation des informations de pilotage. Le dessin des cubes 3D d'un système d'information de pilotage met en évidence les diverses lectures d'une information, les calculs et les raisonnements liés à ces lectures, la façon d'organiser et de documenter les instruments de pilotage (modèles, comptes, tableaux de bord).

Cette approche facilite le travail de conception et de spécification du système de pilotage en préalable à son automatisation (avec Excel, Access ou des logiciels dits «d'aide à la décision», cubes multidimensionnels).

Organisation, changement de

Un système de pilotage est adapté à tout changement d'organisation. Les informations sont alors réparties entre les responsables grâce à un paramétrage différent des échanges entre leurs postes de pilotage *(voir Pilotage, réseau des postes de)* avec la prise en compte éventuelle de nouveaux référentiels.

Performances

Les performances d'une entreprise, de ses centres sont indiquées par le rapport entre le coût et la performance des ressources mises en œuvre, le taux d'emploi des capacités de travail qu'elles représentent, des indicateurs de maîtrise des processus de travail et des contributions, le niveau des prix de revient, des marges, etc.

Les indicateurs correspondants sont calculés à partir des indicateurs de pilotage de base.

Pilotage, comptes de

Le compte de pilotage **produits** porte sur le chiffre d'affaires, les marges, les coûts d'exploitation, de développement des portefeuilles produits, les besoins en fonds de roulement. Ce compte est établi au total de l'entreprise par *business unit,* ligne, famille de produits, etc. Les objectifs du compte produits de l'entreprise sont déterminés par ses objectifs stratégiques.

Le compte d'**exploitation** met en évidence les équilibres d'exploitation et les marges d'autofinancement qui en résultent.

Le compte de **financement** présente les équilibres entre emplois et ressources de financement, en relation avec le compte d'exploitation, pour les ressources d'autofinancement, et les comptes de pilotage des centres, pour les besoins d'investissement, le compte de pilotage produits pour les besoins en fonds de roulement.

Les comptes des **centres contributeurs** opposent les informations de pilotage sur les ressources dont ils disposent à leurs contributions aux objectifs de l'entreprise. Ils mettent en évidence des indicateurs de performance opérationnelle et économique.

Tout centre de responsabilité, entreprise particulière, dispose d'un compte de pilotage.

Les différents comptes de pilotage sont reliés entre eux et fonctionnent en interaction.

Pilotage, indicateurs de

Les indicateurs de pilotage mesurent des volumes physiques et, selon les cas, des coûts ou des valeurs. Ils désignent les ressources mises en œuvre (effectifs, actifs), les capacités de travail, les contributions et, grâce à des calculs entre eux, les performances opérationnelles et économiques. Les indicateurs de pilotage sont identiques, quels que soient les centres et les entreprises. En revanche, les indicateurs de performance varient selon le mode de calcul utilisé.

Pilotage, informations de

Ce sont les informations utiles pour piloter sur objectif l'entreprise et ses centres de responsabilité : prévisions qui résultent de raisonnements de planification ; suivis des réalisations à partir de calculs sur des agrégats de gestion. Dans les deux cas, les indicateurs de pilotage sont mesurés par rapport à des référentiels de pilotage.

Les informations de pilotage sont donc des **informations de synthèse construites** qui ont un coût et une valeur élevés. Leur valeur et leur fiabilité dépendent du niveau de management de l'entreprise (maîtrise des logiques et des procédures de planification et de gestion, qualité de ses systèmes de gestion).

Pilotage, instruments de

Les instruments de pilotage (modèles de pilotage, tableaux de bord, comptes de pilotage) fonctionnent sur les postes de Bureautique de pilotage, en interaction avec le système d'information de pilotage.

Les **modèles** de pilotage permettent de simuler ou de planifier des objectifs et les conditions de leur réalisation.

Les **tableaux de bord** de navigation permettent de situer les positions par rapport aux objectifs, de mettre en évidence les écarts et leurs causes et de préparer les décisions de régulation.

Les **comptes de pilotage** *(voir ci-dessus)*.

Pilotage, mesures de

Les indicateurs sont l'objet de plusieurs mesures, selon l'organisation des plans et du suivi des réalisations de l'entreprise. Par exemple, le chiffre d'affaires peut être pris en compte dans les budgets initiaux (prévu initial), les budgets révisés (prévu révisé), les déclarations des unités commerciales (réalisé estimé), puis du contrôle de gestion (réalisé validé), etc.

Pilotage, modèle de

Modèle simple de calcul structurant les raisonnements de pilotage sur objectif.

La construction de ces modèles est basée sur la mise en évidence des relations entre un objectif, des hypothèses de performance qui déterminent sa réalisation, les ressources à mettre en œuvre (par exemple, calcul d'un besoin en effectif commercial pour atteindre un objectif de chiffre d'affaires, avec le ratio chiffre d'affaires par personne).

Un modèle de pilotage permet de planifier des objectifs aux ressources ou des ressources aux objectifs *(reverse approach)* et de décliner les raisonnements correspondants du **général** (planification de l'entreprise) au **particulier** (planification par centre de responsabilité).

Pilotage, nomenclatures des référentiels de

Ces nomenclatures indiquent les référentiels de pilotage par rapport auxquels raisonnent les pilotes : environnements, marchés, clients et fournisseurs ; produits et services dont ils ont la responsabilité ; ressources dont disposent les centres, les départements, les services que coordonnent ces pilotes.

Pour un centre donné, l'information de pilotage résulte de la mesure d'une vingtaine d'indicateurs de pilotage pour les référentiels qui définissent son périmètre de travail et de responsabilité (une dizaine au maximum).

Ainsi, un chiffre d'affaires (indicateur) peut être mesuré par marché, par client, par produit, par centre de vente, etc. (référentiels).

Pilotage, organisation du

Cette organisation précise les calendriers de travail et de réunions qui ordonnent la préparation de la stratégie et des plans de l'entreprise, les prises de décision et la coordination de ses pilotes. Elle prend en compte la réflexion stratégique, le choix et l'expression des objectifs stratégiques, la préparation des plans opérationnels à moyen et long terme, puis des plans et des budgets à l'année, leur révision en cours d'année, le suivi mensuel des cheminements sur objectif.

Cette organisation garantit, au suivi des réalisés, la capacité d'aller-retour des objectifs moyen long terme, et vice-versa, avec la possibilité d'adapter rapidement les plans à toute nouvelle situation ou perspective. C'est ce qu'on appelle le «**pilotage réactif**».

Les plans sont établis par rapport à un **horizon mobile** *(revolving planning)*. Le fonctionnement des postes de pilotage et leurs échanges sont réglés en conséquence.

Pilotage, poste de

Poste équipé de logiciels de Bureautique (Excel, cubes, Access) qui sont utilisés par référence à la **norme cubes 3D.**

Un poste assure la gestion du lexique des nomenclatures et des indicateurs de pilotage, le rassemblement des informations de pilotage et leurs traitements (simulation de décisions, préparation des plans, suivi des réalisés, construction des comptes, des tableaux de bord, etc.).

Pilotage, répartition des informations de

Les informations de pilotage sont réparties entre les centres sur leurs postes respectifs, en fonction des partages de responsabilité.

Pilotage, réseau des postes de

La notion de réseau indique des échanges structurés d'information entre plusieurs postes de Bureautique, qui sont organisés par référence à la norme 3D.

Ces échanges s'effectuent manuellement (envoi de CD) ou sur les réseaux de messagerie interne de l'entreprise (Internet, Intranet), selon les situations. Les échanges d'information entre centres sont déterminés par la façon dont ils se partagent les responsabilités.

Pilotage, système de

Ensemble des informations, des instruments, des outils de traitement (logiciels), des procédures, méthodes et séquences de travail, qui permettent de pratiquer le pilotage sur objectif.

Pilotage, tableaux de bord de

Un tableau de bord de pilotage d'entreprise met en évidence l'évolution des risques qui concernent l'entreprise, ses cheminements sur objectif, les écarts correspondants par rapport aux prévisions, leurs causes par centre concerné, de même que l'évolution des ressources physiques mises en œuvre, de leurs coûts, des budgets de fonctionnement et d'investissement, etc.

Le tableau de bord de l'entreprise est de fait constitué par les tableaux de chaque centre, placé en position d'entreprise particulière.

Transparence

Une information de pilotage est transparente lorsque la source, son responsable et le mode d'élaboration de l'information (procédure de collecte et de calcul) sont bien identifiés, définis et reconnus de tous. Une procédure de calcul (par exemple, le calcul d'un coût direct d'unité d'œuvre, d'un prix de production, d'une marge) indique une règle de management.

Le système des informations de pilotage de l'entreprise est cohérent et transparent lorsque les informations, les raisonnements, les comptes de pilotage, les tableaux de bord des divers centres sont clairement situés les uns par rapport aux autres et se complètent mutuellement, et lorsque les échanges associés entre centres sont clairement définis.

www.ingramcontent.com/pod-product-compliance
Lightning Source LLC
Chambersburg PA
CBHW061355210326
41598CB00035B/5991